I0516681

アート・クロッシング
ART✚CROSSING #01

創刊号　特集：池田一＆WATERS

池田一
宮田徹也
河合孝治
織田理史
斎藤恵
らり琉O郎
今村純子
相田アキラ
末冨健夫
北山聖子
小森俊明

発行：TPAF

January 2017

Art Crossig First Issue (Black&White Edition)
Copyright©2017 by TPAF
All Right reserved
Published by TPAF
1-42-8-107 Minamiogikubo Suginamiku
Tokyo, Japan
ISBN 978-4906858101

アート・クロッシング創刊号(モノクロ版)
著者：池田一、河合孝治、宮田徹也、織田理史、
　　　相田アキラ、末冨健夫、斎藤恵、小森俊明、
　　　今村純子、北山聖子、らり琉O郎、
編集：河合孝治、織田理史
表紙デザイン：　池田一
表紙写真：児玉龍郎
発行者・発行所：TPAF
東京都杉並区南荻窪1-42-8-107
ISBN　978-4906858101

ART CROSSING 'flowable' issue #01
アート・クロッシング 創刊号
目次

創刊に向けて
- 6　Chaosmos：間－共創成へ向けて --------- 河合孝治

特集：池田一 & WATERS
- 12　池田一・インタビュー
- 33　フォト・ギャラリー「Ichi Ikeda Earth Art」
- 50　池田一の水語録
- 58　WATER POLITICS ------ 池田一
- 82　Waterpolis @ Delhi　デリー日記＆水句 ------ 池田一
- 99　池田一／屋久島アースアート『天水の島』レポート ---- 織田理史
- 109　池田一論序説　------- 宮田徹也
- 123　水奏：Water Crossing Project With 池田一（Ichi Ikeda）公演評
　　　　 ----- 宮田徹也
- 130　池田一とガストン・バシュラールにおける水の形而上学
　　　　－存在論化された水と形態を巡って ------- 織田理史
- 144　池田一に関する参考文献・資料一覧

- 152　「水」 ------- らり琉０郎
- 158　水の思想－シモーヌ・ヴェイユと折口信夫 ------ 今村純子
- 170　「雨を題材にした音楽－こどものうたを中心に」------ 斎藤恵
- 185　「Composition: Horizontal Half ／水平構図」------ 相田アキラ
- 190　汝の傷を見せよ－パフォーマンスアーティストと傷跡 ------ 北山聖子
- 197　現代のダンスという未知なる領域へ、あるいは多木浩二へのオマージュ
　　　　 ------ 小森俊明
- 209　Water Disk Review ------ 末冨健夫、小森俊明、織田理史
　　　　あとがき

Art Crossing — First Issue

'flowable' issue #01

CONTENTS

Towards First Issue
- 06 Chaosmas : Inter Co-Creation   *Koji Kawai*

A feature on "Ichi Ikeda & WATERS"
- 12 Interview to Ichi Ikeda
- 33 Photo Gallery [Ichi Ikeda Earth Art]
- 50 Sayings on 'water'   *Ichi Ikeda*
- 58 WATER POLITICS   *Ichi Ikeda*
- 82 Waterpolis @ Delhi   *Ichi Ikeda*
- 99 Report on Yakushima <Water Island> Earth Art 2016 Performed by Ichi Ikeda: Heavenly Water from Space?   *Masafumi Oda*
- 109 Towards a theory of Ichi Ikeda   *Tetsuya Miyata*
- 123 Performance Review about " Water Crossing project with Ichi Ikeda "   *Tetsuya Miyata*
- 130 "A Metaphysics of Water in Ichi Ikeda and Gaston Bachelard - Study on Ontologicalized Water"   *Masafumi Oda*
- 144 A Bibliography of Literature Cited and Reference Data on Ichi Ikeda

- 152 Water   *Lali Luleroh*
- 158 Thought of the water on Simone Weil and Shinobu Orikuchi   *Junko Imamura*
- 170 Music about rain - with a Focus on Children's Songs   *Megumi Saito*
- 185 Composition : Horizontal Half   *Akira Aida*
- 190 Show thy Wound-Performance Artists and Their Scars   *Seiko Kitayama*
- 197 To the Unknown Field as "Dance in the Present Age" - or A Homage of Koji TAKI"   *Toshiaki Komori*
- 209 Water Disk Review   *Takeo Suetomi, Toshiaki Komari, Masafumi Oda*

Afterwords

創刊に向けて

　1980年以降様々な分野で「ポストモダン」と言う言葉が盛んに使われ、不安定で流動的な社会の基、それは「価値の相対化」「大きな物語の終焉」などと言われた。あれから数十年がたち、最近ではポストモダンもすでに消費され切ってしまったようにも思えるが、相変わらず私達を取り巻いている社会状況は不安定で流動的なように思える。が、しかし冷静に考えて見ると社会が安定した時などいままであったのだろうかと逆に問いたいのである。そもそもアートも自然も人間も、生成・流動的で不確実なものである。昨今言われる「繋がり」や「絆」も流動的で不確実だからこそ新たに繋がり得るのではないか。従って私達が開かれた社会、開かれたアートを望むならそのような無常の世界に喚起する以外に生きるすべはないのかもしれない。従って大事なのは私達人間は自然や世界との静的な共生を望むより、動的で無固着な共生成（あるいは共創成）にあるのではないだろうか。
　これこそまさにアート・クロッシングの理念そのものなのである。

　This book" Art Crossing" is the first issue.
　What is the basic idea of Art Crossing?
　Since 1980, the word "Postmodern" has been used extensively in various fields, and it indicated "Relativization of value" and "End of a big story" in the unstable and fluid society.
　A few decades have passed since then, and it seems like Postmodern has already been fully consumed, but our society still seems unstable and fluid.
　However, thinking about it calmly, I would like to ask if the society has ever been stable.
　In the first place, art, nature and humans are both fluid and uncertain.
　Therefore, if we wish for open society and open art, we may have no other option but to focus on the world of dynamic impermanence, rather than wishing for static coexistence with the nature and the world.

Chaosmos：間-共創成へ向けて

河合孝治

　音楽における演奏の多くは、洋の東西を問わず分別された音楽理論を基本とした楽器の構造に身体が従属されているが、他方、プリミティブな民族楽器や一部のサウンド・オブジェのように、無意識を含む身体のエネルギーをパフォーマンスと言う行為の内にギリギリまで無分別状態を保ちながら分別した音を発する楽器（と言うより音具と言った方がよいだろうが）を現動化させる場合、逆に楽器は身体に従属しているとも言えるのである。ただ、「身体＜楽器」であれ、「身体＞楽器」であれ、音楽は音や楽器を使用すると言うあらかじめ限定されたシステムに頼っていることに変わりはないのである。ちなみに前者が「同一性」からの「差異」であるなら、後者は「差異」からの「同一性」であろうが、今重要なのはすでに知覚されている感覚可能な表象ではなく、「差異」から「差異」を連続的に生み出す感覚されることしかできない、強度による非連続的な連続の行為なのである。
　そもそもアートとは身体であれ道具であれ、何を使って表現するか、それを考えるところから始まる。つまりそれは自らが境界を構築していくことに他ならない。つまり音楽に依拠すればそれはなぜ音を使うのか、なぜ楽器を使うのか。と言う根源的な反証を行うことこそがアートへの一歩なのである。それには、音楽以外の所作から音楽を考察すると共に、音楽を聴覚体験としてだけでなく、触視覚聴体験として捉えることが大切なのである。それはまた自らが音の時空間＝境界を構築するというアートとしての音楽行為なのである。
　たとえばごく単純に言えば私たちを取り巻く世界は本来、複雑で動的なメカニズムで成り立っている。しかし人間は言葉で世界を分節化し、複雑なものを複雑なまま受け入れるのではなく世界を静的、固定化、単純化し、様々な制度化を作った。確かにそれによって人間はいちいち身体のエネルギーを使って判断する負担から逃れることが可能になったものの、そこからこぼれ落ちる無意識レベルのカオスは、表層の理性との間に様々なギャップを生じることになった。
　音楽もまさしく言語である。日常言語よりは抽象的だが、言語によって音楽と非音楽に分別しているのである。分別するからこそ、「これは音楽である」と宣言すれば車の音でも、犬の鳴き声でも音楽になりうるが、逆に宣言しなければ「犬の鳴き声は犬の鳴き声」なのである。そう言う意味で音楽とは音を聴かせるシステムであると共に音を聴かせないシステムで

もある。従ってまず必要なことは、音楽におけるシニフィアン（音）とシニフィエ（概念）の固定した関係を取り除き、音を「無記」と捉えることである。

　ケージの代表作品である「4分33秒(1952)」は（鈴木大拙を通じて学んだ禅思想からの影響が大きいが）、そのような分別された音楽へのアンチテーゼを含み、よく「沈黙の音楽」と言われるが、この曲では演奏者が主体的に一音も発しないように演奏家の自由を規制する。そして、聴衆はコンサート会場内に響く音に集中しながら、音を唯現象としてのみ聴取し、創造（あるいは想像）という分別を行わないことが要求され、その時音は人間の自己意識によらない、分化される以前のありのまま（無分別の音）へと開放しようと言うのである。それはあたかも表層の「理性・意識・分節」を基本とした主観的なエクリチュール主義を否定すると共に固定したシニフィアンとシニフィエの関係を取り除き、自己意識を自我から非我へと導くことでもある。従ってケージにとって創造とは仏教的な言い方をすれば観想による「発見」や「気づき」とも言えるのである。

　確かにこれは非常にユニークな発想には違いなかった。しかし、今我々にとって必要なのはケージの「ありのまま」の状態からもう一度創造へと喚起する方法それは「言葉にならない言葉」を「音楽にならない音楽」をいかに表現するかと言う事なのである。

　そのための実践として「Chaosmos」と言う思想を基に私は作品やパフォーマンスを行って来た。Chaosmos の思想は生の哲学、ドゥルーズやデリダのポスト構造主義、そして仏教の「空」の思想から導きだされた方法であるが、中でも禅からは多くの影響を受けている。

　禅は「空」の思想を基にありのままの自己を発見することが求められる。「空」を時間軸で考えると「世俗の世界」から一端「聖なる世界」を目指した後、現実の「世俗の世界」へ舞い戻る。その場合、通常俗は Chaos（混沌）であり、聖は Cosmos（秩序）と考えがちである。しかし仏教では逆に俗は事物を分別・固定化する Cosmos であり、聖は無分別の Chaos となる。つま Cosmos（俗・分別）→Chaos（聖・無分別）→新たな Cosmos=Chaomos（聖化された俗・無分別の分別）という否定作業の連続を永遠と続けて行くことである。換言するなら、Cosmos が「同一性からの差異」なら、Chaos「差異からの同一性」、Chaosmos はそのどちらに固定されない「差異からの差異」これこそが、「音楽でない音楽」を連続的に続けて行くことに他ならないのである。（下図参照）

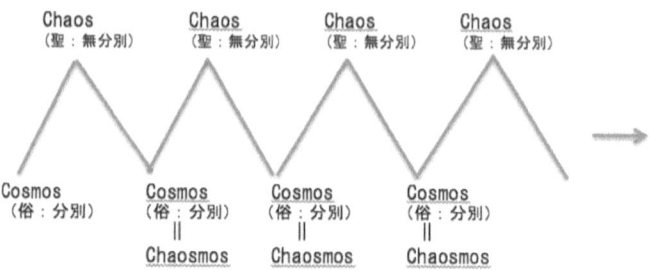

Chaosmos の実践プロセス

　たとえば現実を離れ「聖なる世界」へ留まってしまえばそれは神秘主義に他ならない。そうではなく現実の世俗世界へ舞い戻り、固定のない連続する自己否定というプロセスの内に自己を発見し気づくことこそ大事なのである。これを「Chaosmos の実践プロセス」と名付けておこう。ではその「Chaosmos の実践」を私の作品とパフォーマンスから見ていくことにする。
　「Dimension of Chaosmos(2008)」(Santa Fe International Festival of Electroacoustic：サンタフェ国際電子音楽祭で演奏)。
　この作品で多用される「ししおどしは」流水に一瞬一瞬の「一時的固定性」を喚起する、前後断絶、非連続の連続という刹那滅の象徴である。
　水琴窟などもそうであるが、一つの音は世界そのものであり、一つを通じて世界と繋がり、世界はすべてが生成変化しながら相互に関係している。
　その様相はChaosにもCosmosにも換言されないChaosmosである。
　また「Being Time For Dogen Zenji」(ISCM World new music days 2010：ISCM 世界音楽の日々で演奏)は道元の思想「有時」にインスピレーションを受けた作品。
「有時」はハイデッガーの「存在と時間」の哲学に影響を与えたとしばしば指摘されることがあるが、この作品は「ししおどし」に加え、ホワイトノイズを多用する。ホワイトノイズはすべての周波数を含む言わば無分別の象徴でありその音響エネルギーは急激に上下し、「生成」「関係性」「無意識」という固定した実体をもたない無常の世界を露にする。それはChaosmos の実践プロセスを永遠に続け、一瞬一瞬自己を発見し気づくことでもある。
「声境：Gapping spinner (2013)」（坂本美蘭（朗詠、プリペアード大正琴）花田和加子（Violin）川口静華（Cello））は、坂本美蘭の朗詠をフィーチャーした作品。

産業社会による機能化、細分化は神話作用を伴うジェンダー性アイデンティティを崩壊させたが、坂本未蘭の朗詠はそのような理性によって抑圧された無意識の本能を呼び覚まし、固定された境界に裂け目を与え、強烈なGapping Spinner となって現代の神話となってよみがえるのである。そのような坂本未蘭の朗詠を私はあえて仏教の六境の中の「声境」と呼ぶことにした。

「水奏：Water Crossing project With 池田一(2016)はアースアーチスト池田一の映像パフォーマンスとのコラボレーション。

　今日、瞬間に発する音の意味的現前を問題にするなら現象学の「生き生きとした現在」という実在性を批判する、ベルグソンやドゥルーズの生成・流動にせよ、デリダの痕跡という概念にせよ、それは仏教の無我や空の後追いの浅薄な思想のように思われる。

　空海の５大とは「地（五感）、水（表層意識）、火（潜在意識）、風（深層意識）、空（情報物質）」であり（サンスクリット語では「地（ア）、水（バ）、火（ラ）、風（カ）、空（キャ）」それはシニフィエに伴われた無数のシニフィアンがあらゆる方向へ「響き」わたる壮大な宇宙が生成される。このパフォーマンスではそのうち水（バ）を意識しながらパルスセンサー、シェイクセンサー（下図参照）を使用し、一般的に人間が直接的に音を発する方法、つまり吹く、弾く、擦る、叩くといった行為だけではなく、投げる、転がすという行為を通じて音を生成させる。それは鳥が自己を取り巻く世界を羽ばたきながらその都度動きを制御するように上から奏で（聴き）、横から奏で（聴き）、下から奏で（聴き）、斜めから奏で（聴き）と言うように中心も定点もない全体的領域から奏でる（聴く）ことでより直観を研ぎすますような行為つまり、先に述べた通り、固定された音の時空間に従属するのではなく、自らが作動のまま環境を構築する触聴的空間(Sound tactual space)なのである。

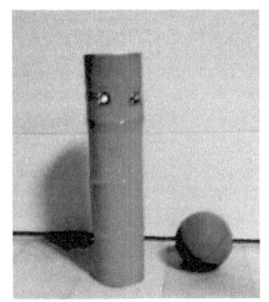

Special feature on
ICHI IKEDA & WATERS

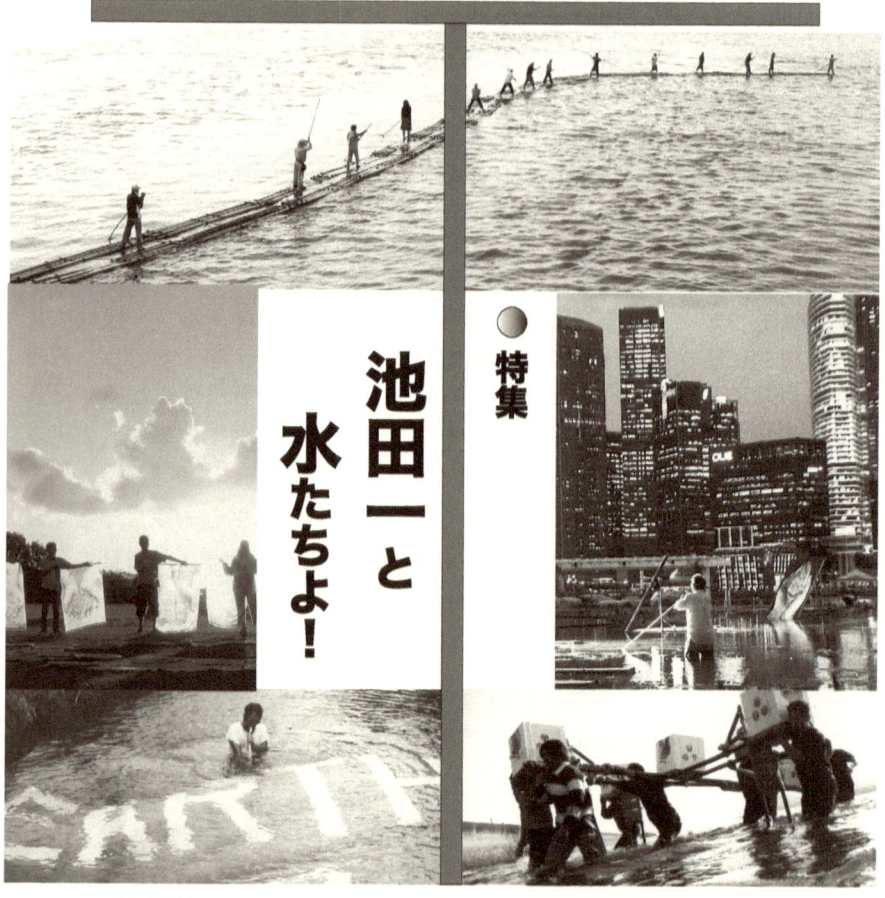

● 特集

池田一と水たちよ！

『標準的なアートの歴史では、60年代初期のランドアートから、大阪出身のアーティスト・池田一などの環境アートへのシフトについて記述するだろう。』世界のアースアートをリードするアーティストとして、現在もっとも注目されている一人である。

池田一の活動はロバートスミッソン、クリスト、ウォルター・デ・マリアといったアーチスト達とともに一般的にはアースワークあるいは環境芸術と言われているが、地球環境問題、特に水に関する問題と強く結びついたアートワークを世界的規模で展開し内外で高い評価を受けている。
　特に1991年21回サンパウロ・ビエンナーレでは、特別招待アーティストとして、日本人で初めてメイン・ステージを担当（ちなみにその前年度メインステージはヨーゼフ・ボイスであった）。1995年、国連50周年記念アートカレンダーでは「世界の12人のアーティスト」に選抜され、また2008年5月には、ニューヨークの国連本部で行われた環境セミナーで東・東南アジア、オセアニア地域の代表として選抜され環境アートプロジェクトからの提案を行う。
　「環境」は「身体」と共に２０世紀以降の芸術思想において重要なテーマでもある。特に自然と人間との共生という試みはある程度周期的に繰り返されるテーマとして、たとえば1970年代前後に起こったヒッピー、ベトナム反戦といった出来事は一方で近代化、工業化を批判しつつ自然のもつ根源的な世界への回帰を目指すものでもあった。アースワークも美術館やギャラリーといった絶対的内部空間を出て自然と人間との共生を通じダイナミックな関係を見直し、人間の原初的な精神の回復もめざすものであった。しかしそれらの試みの多くは自己表現を強調するあまり客観化された自然を過度に変容させていくか、また逆に自然という客体の脅威に自己が規定をうけるという疎外状況になってしまったともいえるのである。
　それに対して池田一の水による作品やパフォーマンスはそうした主客のどちらか一方が他方に従属されるような試みではない。池田一が志向する水は存在であるとともに非存在と言える。なぜならその作品やパフォーマンスは水＝身体を通じて触覚、嗅覚、直観を研ぎすませながら、自己と世界との相関、対話、そして葛藤を通じ、万物の根源である水というシニフィエに伴われた数限りないシニフィアンがあらゆる方向へ拡散し、天地万物、壮大な自然と宇宙へと繋がっていくのである。それは水も身体と同様に固定のない生成や流動であり、自然も宇宙もまた同様だからである。そのような池田の試みを触視的空間と名付けておこう。（河合孝治）

INTERVIEW with ICHI IKEDA
インタビュー「池田一」

インタビューアー／河合孝治・織田理史

最新の「池田一」／その活動から

---　先ず始めに、最新の池田一についてお聞きします。もっとも最近のプロジェクトと言えば、鹿児島県の屋久島でのプロジェクトですね。なぜ、屋久島だったのですか？

ICHI:　屋久島には、毎回出向く度に、地球の大きな懐に吸い込まれて行くような感じがしましてね。アースアーティストにとっては魅惑的だよ、なんと言っても。突然の思いつきや戦略的なアイデアでは、そんな体験は引き寄せられない。鹿児島で、1997年から、池田一アートプロジェクトを押し進めてきてくれた人たちとの自然な形での展開というか、長年の活動の延長線上に、屋久島プロジェクトが立ち現れたわけで―。
だから、昨年、枕崎でのシンポジウムで提案した後も、当然のごとく展開の早いこと。自然と共に生きている人たちの底知れぬエネルギーが、推進力であって―。そういえば、「池田一さんが語るのは、裸のことばだ」と言ってくれた女性がいたなあ。そこに、通常のアート言語では及びもつかない継続と推進力が生まれるのです。

---　屋久島と言えば、世界自然遺産の島ですよね。アーティストは、そのような自然環境と、どのように向き合うのですか？

ICHI:　地形で言えば、花崗岩が隆起して出来た島で、洋上アルプスと呼ばれるような景観である。1月に35日雨が降るというぐらいだから、山肌のいろんな所から、汗ならぬ、水が吹いている。その雨が、花崗岩のため、不純物を含まない、ほとんど純なままで保たれているので、水は超軟水なわけだ。これは、天にもっとも近い島だと確信したね、そして「天水の島」プロジェクトと命名したのです。
島の有力者は言ったね、「水の島とは誰もが言うが、天水の島と言ったのは池田一さんが初めてだ」、と。あの観光地として有名なヤクスギランドの地名を、「天水の森」に変えたいという動きが既に始まっている。これは、世界の環境アートのモデルになると確信してますね。

---- 屋久杉、中でも縄文杉などが、屋久島の代名詞のようになってますが、そこへのアプローチはされるのでしょうか？

ICHI： 点的な思考には、重大な問題があると思うよ。縄文杉がある山奥の地点まで、老人や身体の弱い人、障害のある人など、弱者は行けないに決まっているでしょう。私もその中に入るのだが、私は全く興味がない。関心があるのは、島を丸ごとつかまえること。私が主唱しているWater's-Eyeって視点でね、屋久島を、水系として、川という線をたぐっていく。そうすると、新たな屋久島の像が出現してくるんですよ。

---- 水系というか、川に注目すると、何が見えてくるのですか？

ICHI： 先ず、島の水系を徹底的に調べて、＜天水マップ＞Water Channel Map をつくることだね。そのための情報収集が、かなり大仕事となる。行政の協力を得ても、管轄地域の川の情報しかわからない。要するに、行政上とか経済面では、全体を網羅すると、かえって混乱するのか、特定の情報しか所有してない。結局、ネットも駆使して、部分を繋ぎ合わせる作業は、自らやる以外にない。そして、＜天水マップ＞Water Channel Map を完成させたんです。周囲が約 130km のほぼ円形の島に、名前がついている大小の川が、なんと 150 近くある。それをマップにすると、まるで地球という生命体の、肝心要の脳髄のように見えてくる。屋久島全体を丸ごととらえて、やっとアースアートの立ち位置が見えてくるもんなんです。

---- それで、具体的にアートプロジェクトをスタートさせたのですか？どのようなコンセプトがあるのですか？

ICHI： 自然というのは、それ自体において充足してる訳でね、人間の仕業を待ってる訳ではない。だから、自然と人間という二元論では解決がない。（そういう二元論では）自然を加工したり操作したり自然に対して人間の仕業を施すような仕事になってくると思うが、そうでなく、造形よりもむしろ出現させたいわけでね。「出現」というのが、敢えてコンセプトという言い方をすると、新しいアートコンセプトかな。出現と言っても、私が出現させるわけでないからね。私は自然に対して手を貸すだけ。自然の中で何かが立ち現われてくるところでの立会人、今まで他に誰もいなかった立会人なんだ。だからだろうね、隙間という概念が好きだね。隙間というのは「無い」んだけれども、それを見出すのがアーティストの仕事。隙間というのは、共に自然の隙間でもあり、人間の隙間でもあるので、それに私が関わることで、何かもっと大きなものが開けてくる、出現してくる、そういう可能性がある。

ART CROSSING

春田浜に、早朝出かけて、水神宿る家たちの窓の中に日の出が立ち現れるシーンを見た時、もっと壮大ななにかが出現する予感に浸ることが出来る、それが水神の出現かもしれぬ、と思ったわけ。そういう「アートの出現」に遭遇することが屋久島でやることの大きな魅力のひとつだね。

--- アートで、アートを超える、そんな感じですね。島民との、どのような対話があったのでしょうか？

ICHI：アーティストが来たからと言って、アーティストと住民の関係というのは、見る・見られる関係、あるいはエンターテインメントといった関係でしか、通常はありえない。それをまず根底から覆さねばならない。私がそこで何をやるかと言ったら、私のやれることはいったいどこまでやれるのか、ということをはっきり言うわけ。というのは、私はどこの場所にも固有の世界性があると思っている。その固有の世界性なるものを見出すというか、それを見出して実際に世界に広げることがアーティストの役割なんだと思うわけでー。
だから、必ずまず住民が集まって会合をやる。もちろん皆最初は疑っているよ。よそ者が来て、「アーティスト？何するの？」とそう思っている。「アーティストの言うことはわけわからん」というのを「こんなにわけわかることを言う奴はいない」という風に逆転させなきゃダメでしょ？君たちも一緒になってわけわかろうとしてるんだ、あなたも一緒になればもっとわけわかることを出来るんだという風に、逆転させるんだ。それで、少しづつ色んな連中が一歩二歩と、日常を超えて動き始めるのです。

--- 今まで、芸術や文化といったものに見向きもしなかった人たちですよね。それが、協働する、池田さんの類希な能力だと思うのですが——

ICHI：屋久島と言えば、飛び魚漁が盛んなので有名だと、知ってるでしょう？ その飛び魚漁の漁船15隻が、自らの「水を汲む手」の写真をプリントした大旗を掲げて、「水主最前線の動く日」ということで、横一列になって、安房港を海上パレードした。これは、画期的だよ、島の多くの人は、漁師等の第一次産業従事者は、まったく文化・芸術には見向きもしないと思っている。それが、アートの主役になったのだから、驚天だよね。社会の仕組みは変えられなくても、アートには人間の仕組みを変えることができる。これこそ、未来のためのアートのなすべきことでしょう。

「池田一」という消息−大阪・京都時代

--- 地球がテーマのアートプロジェクトが出現した背景を知りたいですね。少年時代から、順を追って、話をしてください。子供の頃はどんな生活をしていましたか？　将来の夢はなんでしたか？

ICHI：「遊びと勉強との境がない子」と言ったら、いいかもしれない。
大阪の吹田駅から歩いて5、6分、昔は長屋が多かった。その二軒長屋の、ガラスの開き戸をガタピシ開くと、玄関の3畳間がある。そこに一応勉強机が置いてあるけど、まあ、半分外のようなところで、ゆっくり勉強する環境じゃなかったなあ。
でも、小学校の成績はいつもクラスでトップだったのは、多分、集中力が人一倍強かったからかもしれない。小学2年の時の視力検査で、両目とも0.2ぐらい。当然、メガネをかけなければならないのに、ずっとかけずに通した、黒板の字が、よく見えない。眼を細めて、必死に集中して、やっと字が読める。ノートもろくに取れないし、読書も殆どしない。これで、集中力は自ずと身についたんじゃないかなあ。
中学校は、吹田3中といって、当時大阪で一番のマンモス中学で、全校で2千人ぐらいはいたのではないか—。担任の先生に言わせると、私は中学校始まって以来の、高い知能指数の持ち主だったらしい。高校受験にしても、家でやる場所がないので、自転車で30分ぐらいかけて、関西大学に行って、ベンチで勉強する。遊びと勉強とが、ごちゃまぜで、その方が居心地がいい少年だったようだ。40歳ぐらいの時に、私を評して、「天空浮遊術」と称した知人がいたが、その原点は子供の頃からあったらしい。だから「今を生きる」ことに夢中で、将来の夢など、特になかったなあ。

--- 京都大学に入られて、大学院へ進んだのは研究者になろうと思ったのですか。

ICHI：京大の高分子化学科というのは、日本で初めて出来た学科でね。その最先端の第一期生というのに合格したのに、合格発表も見にいかないというから、押し付けられた制度的なものには本能的に拒否していたらしい。大学に入っても、家が貧乏なので、一切仕送りはなし。とにかく授業料免除になったのはラッキーだったが、下宿代、生活費など、最低自分で稼がなければならない。そのせいで、金がなくても、滅法我慢強くなったなあ。池田は研究室の角砂糖を食べて暮らしてたという伝説がまことしやかに語られてたくらいだから——。まあ、劇団の活動に夢中で、時にアルバイトをして、勉強など皆目してない。実験の授業にたまに行くと「お前、もう大学止めたんじゃないの」と言われる。有機化学演習では、毎回テストが

あって、「池田、今回も零点」と発表される。計算尺を買う金がないとは、弁解したくない。要するに、ワースト3と言われていたわけだ。
それが、たまたま上演予定の「焼けたトタン屋根の上の猫」が上演中止になり、ぱかーんと空白が出来た。夢中で、今を生きてきたので、先のことなど一切考えてない。就職のことなど考えもしなかったし、残された道は大学院に進む以外ない。とはいえ、試験まで、あと3ヶ月しかないというのに、何を勉強したらいいのか、皆目わからないんだからね。大学院に行かないという友だちの本をもらって、それらを片っ端からやる以外ない。豚の残飯あさりって気がしたもんだ。でも、これは驚くよ、なんと大学院の入試をトップで合格した。これには、教授たちも驚いたらしい、「授業の仕方が間違ってたのか」と一。当然、一斉に期待が集まる。研究者になろうとは思わなかったが、「芸術と科学の間」を自在に往来する人でありたいとは思ったなあ。

---- 劇団を作ったきっかけと、劇団時代のことで印象に残っていることはなんですか。

ICHI: 大学院に入ってまもなくのことだ。京都のプロ、アマの精鋭を集めて、合同演劇公演をやるという話が持ち上がり、美術監督は池田しかいないと口説かれて、参加することになった。10年前に、大島渚らが企画して実現しなかった合同演劇公演で、結局我々も主役の役者が見つからず実現出来ないことに。でも、せっかく精鋭達が集まってるので、新たに劇団を作ろうということになり、創立メンバーになったわけだ。その劇団は、京大の西部講堂を本拠地にして、ベケットやイオネスコといったアンチテアトルしかやらないというユニークというか、ラディカルな活動で評判だったね。それで、更なる飛躍のために、経済的基盤を求めて、静岡の富士市に移動するという話が持ち上がった。これは、重大な選択をしなければならない。博士課程に入って、大学からの期待も大きい。京都にいるなら、「芸術と科学の間」をまたいで活動しようと思ってたのが、ついに決断せざるをえなくなった。先端的な科学の道を進むより、社会の全体と向きあっていたい。周りの強い反対を押し切って、劇団の道を選んだわけです。

---- そして、60年代後半、東京での活動を開始されるわけですね。当時は、アングラ隆盛の中でしたが、どのような活動をされたのですか？

ICHI: 静岡での表現共同体的な試みも、経済優先か表現活動優先かで内部分裂して、東京へ流れ着いたというのかなー。まさにアングラ文化隆盛の中に飛び込んだのはいいが、巷に溢れる地を這うような活動にはどうもなじめない。芸術の特権的な発想から、生きることと表現することが地続きになる地平へ、もっと吹っ飛ばなくっちゃという感じで、マルチプレイ宣

言を出したわけだ。同時多発の多相演劇で、脚本も、２段、３段に分かれて、それらが分離し融合する、ユニット・シアターと命名してね。増殖すると、都市構造のモデルになると考えたもんです。
実際、四谷公会堂でやった公演では、戯曲が最後まで行かない。場が沸騰して、観客がマイクをつかんで叫び出す、私が「街に出よう」と言うと、実際に新宿の街へとパレードが繰り出したね。それだから、「赤軍派よりヤンチャな池田」という記事が週刊誌に出たほどだった。この混沌を恐れないダイナミズムは、私の源泉みたいなものだと言えるだろうね。

--- 大阪の吹田で、１８歳まで過ごされました。その後、６年間は京都での学生生活でしたね。青春時代を、大阪、京都で過ごした訳ですが、その体験が、考え方、表現方法などにどのような影響を与えてますか？

ICHI： 高校時代に、よく行ったなあ、天王寺界隈、特にジャンジャン横町ってところにね。混沌とした街ってイメージでよく語られるが、それは混沌そのものが自然な状態であるととらえるべきだ、と思うね。学生と老人が真剣な顔つきで将棋を指してる。叩き売りでは、ぐるっと取り囲む客ではなく、眼の前の一人の客に向けて、口上をたれてる。混沌の中にこそあるエネルギー、それは実に自然で明快なエネルギーであると、見てとった。多分、今でも混沌を恐れないのは、混沌そのものにしか真実はない、と。私の中で育った大阪の強烈なイメージだね。
京都は大学生活を通じて、培われたねえ。反権威、反体制へと向かう身体性というものが一。例えば、当時、S・ベケットの「ゴドーを待ちながら」は、いろんな形で上演されていた。東京からの上演舞台を見ると、興行・芸といった外部の尺度が強烈だ。ところが、我々は、少なくとも私は、内部の尺度で、むき出しで在る。大衆迎合の、権威志向には、ついていけない。大阪にしても、京都にしても、私自身の場所の記憶として、それらは私のひだに深く刷り込まれている。普段はしまい込まれたひだが解放する時間がある、それが私にとっての表現の時間である、と言えるんだね。

池田一とパフォーマンスとの出会い

--- なぜ劇団をやめて、パフォーマンスやアート作品を制作するになったのですか。

ICHI： 劇団は、美術家の劇団だとも言われて、実際美術家が数人入ってきてた。彼らを誘って、「Flow Work宣言」を出したんだ。美術作品のもつ権威的な在りように反発して、非定形、非固定な、流動的なアートを提唱した。「水平線など、くそくらえ！」という作品は、伊豆・宇佐見海岸の海水浴場に、２００ｍのエアチューブを引き回したもので―。これは、私の

始めての野外アートなんだが、雑誌ではエアアートとして論じられてたなあ。そんな流動的な発想がだね、従来の、管理主義的で権威思考の劇の完結した構造に合うわけがない。いろいろ試みはしたけれど、管理・操作・演出といった制度がつきまとう、その壁を蹴破りたい、結局演出家廃業宣言を出すことになったんだなあ。

その大きなキッカケが、水ピアノというパフォーマンスだ。役者に、大きな水槽を造ってやるから、そこに浸かって、1時間演奏してみろ。しかし、そんな即興的というよりは、自己開発的なことが自在に出来る役者も、ダンサーも、残念ながらいない。水のもつ混沌さに丸ごと対応するには、いろんな誘惑や制度と断絶してきた、こだわりのない自分の中の大きさに向き合うしかない。結局、やれるのは、私しか居ないだろう、と。パフォーマンスからアートへ、発端からテキストのない未知への挑戦だったわけでね。

--- パフォーマンス一般についてお聞きします。パフォーマンスするとはどういうことであるとお考えでしょうか。

ICHI：私らしく丸裸ですっぽんぽんでやること。普段人は防御しながら生きているわけだけど、丸裸になって丸出しで、自分を投げ出す、というのが私にとってのパフォーマンスの立ち位置だね。そのむき出しの身体性を増幅してくれるのが、他ならぬ水という存在なんだよ。

--- パフォーマンスとは自らの起源を紐解くことだ、と自身で仰っていましたが、そのときのアート観から現在のそれまでには何か変化がありましたでしょうか、また変わらないものはありますでしょうか。

ICHI：演出家廃業宣言を出した後の心境について、語らねばならないだろう。もの凄い砂埃が朦々と立ちこめてる、どこかアジアの砂漠みたいなところに、ポツンと独り投げ出されている。そこでは、私が何者かということを証明しなければ、砂がバーと襲ってきて、私は単なる石ころと化す、そういう世界に閉じ込められたって感じかな。その時に、ちょっと待ってくれ！いま、楽器がない、絵筆がない、コンピュータがない、そんな弁解は全く通用しない、執行猶予の時間が1秒たりともないわけでね。ただの石くれにされてしまう、何もなくて咄嗟にやれることって、ボイスパフォーマンスぐらいしかないでしょう。それもせめて一時間くらいは続けないとー。それが、もの凄く難しい。人間はさまざまな制度というものに雁字搦めにされていて、声に出したら、どこかで聞いたことのある歌になり、リズムを刻んでしまう。そうなると、袋小路にはまった感じで、続かない。それで、言葉にしたくなったり、リズムになったりすると、そこから直ぐに抜け出すというか、壊しにかかる。そしたら、一時間続いたんですね。

その録音テープを、世界の各地を旅してきた男に聴いてもらったんだ。すると彼は、「これはチベットの古い民謡ですか？」と聞いてきたんだ。その瞬間、私の奥底にチベットの古い民謡にも繋がるような何かがあるのかと直感した。これは、もの凄い驚きだったね。とにかく制度化された文化の断片が憑りついてくるんですよ、いわば文化が人を汚染している。それに気づかずに、展覧会だ、コンクールだ、コンペだとあくせくすればするほど、芸術文化の中央集権化は進み、その中を徘徊してるにすぎない、そして文化は構造的に汚染されていく一方だ。だから、そういうものを本質的に、切り捨てていかなきゃならない。だから、変わりっこないね、このアート観はいまある私の原動力だからね。

--- ８０年代はヨーゼフ・ボイスやナム・ジュン・パイクが日本で個展や公演を行うなど、一種パフォーマンスブームが巻き起こりました。その中でヒノエマタで行われたパフォーマンスフェスティヴァルが注目をあつめ、池田さんも参加なさったそうですが、どんなイベントだったのでしょうか。

ICHI：当時は、新宿アートセンターという小劇場で、連日のように G-day PLAN というパフォーマンス・ワークショップをやっていてね。作品としての完成形などくそくらえって感じで、とにかくパフォーマンスの土壌づくりというか、表現するというよりは、耕作するといった方がいいかなあ。毎回、数人の人が集まってきて、365 日アクションって言うか、毎日が新たにひもとくって感じで面白くてね。そんな折に、「肉体言語」という雑誌から、「パフォーマンス」を特集したいので、話を聞きたいという話がきた。その主宰者の、及川廣信さんや星野共さんらと何度か会って話すうちに、これは実際にやる以外にないということになった。そして、企画されたのが、檜枝岐パフォーマンスフェスティバルであったわけです。
いろんなジャンルの人たちが集まってきたな、美術・音楽・演劇・舞踏・マイム・映像・評論など、多分当時各ジャンルに行き詰まりというか、閉塞感があって、なんとか突破したいという願望が強かったんだろう。しかし、パフォーマンスは、ブームになりかけてたといっても自立した表現営為として活動している人は数人でね。多くは、自分のジャンルからはみ出ることはなく、特効性のある活性剤か補強剤ぐらいにしかとらえていない。明らかに、パラダイムの変換とか、文化状況の変革等という志しとは、出自というか、消息が違う訳でね。

--- 具体的には、檜枝岐ではどのようなパフォーマンスをされましたか？

ICHI：第１回フェスティバルでは、川の中で「水ピアノ」のソロパフォーマンスを。そして公園では「Mud Soup 泥スープ」をやったのだが、これは皆の度肝を抜いたようだね。普通の食事風景が、次第に泥まみれになっ

ていく。見てる人も参加して、だんだんと泥人間の集落のようになっていった。主催者の及川さんが当時を振り返って、『こうまで全員が目だけが光っていて、あらゆる行動が黒の一色に描かれているのは、正に初めて見る生きた絵画場面だったのです。』と最近書いていたぐらいだからー。
2年目は、川原に十字形に掘った青い水の中でのパフォーマンス『Earth-Up-Mark』をやった。そう、青い十字に顔だけが突き出ているー。その写真が、1995年の国連50周年アートカレンダーに選ばれたんだよね。随分思い切ったことをしたに違いない、と思うでしょう。ところが、全く逆でね、8ヶ月程前に大腿骨頸部骨折で2ヶ月近く入院した後で、松葉杖をついて歩行している状態でー。足が思うにつかえないので、水に横たわるしかない。だから、ここで言えることは、パフォーマンスは芸やショーではなくて、むしろ素のまま、この場合、水に横たわるしかないという消去法が自然の法則に調和したというのかなあー。しかし、私は、3回参加して、撤退することにしたわけ。次第に自己保全のための表現化していくというか、とにかくショー化していく気配を感じたからね。日本の自己保全的な文化状況から、どこまでも逸脱しない限り、進展がないというか、救いようがないわけです。

--- この時代、池田さんはパフォーマンスの雑誌を発行され、すぐに完売したそうですね。

ICHI: 1984年に発行した「P.M.2」って、雑誌のことだね。P.M.ってのは、Performance Magazine でも、Primary Media でも、Perspective Method でもいい。G-day PLAN っていうパフォーマンス・ワークショップの1981年から3年間の活動を基軸にまとめたものだが、有り難いことに、一切印刷代の心配はしなくいいというスポンサーがいてね。コンピューターもない時なので、写真はコピーしたものを切り貼りする、手書きの文字を多用する、そんな手作りの本が売れたんだよね。西武デパートにあったアール・ヴィヴァンというアート専門の書店に置いたら、忽ち50冊が売れた。30冊を追加したら、これも殆ど完売したという話だ。
それから、20年近くは経った頃、北海道の釧路で、私の水のアート・プロジェクトをやりたい話が持ち上がり、講演に出向いた。その時の観客の一人が、「今でも大事に『P.M.2』は持ってます」と語りかけてきた。当然「どうして？」と訊くでしょう。そしたら、「あの本は、当時のバイブルですよ」、と。これは、嬉しいコメントだね。体裁等構わない、まっすぐに表現するってのは誰も真似の出来ないことで、改めてアートのもつ自在な力学に惚れ直したもんだよ。

アジアの水上文明をネットワーク

--- 日本と韓国の間の芸術交流に疑問を持ち、Seoul-Tokyo-New York Art Projectを立ち上げられました。そこに、何があったんですか？

ICHI：1987年だったと思う、日本と韓国との間の現代美術展に誘われて、参加したのがキッカケでした。直ぐに疑問が湧いてきてね。25人の作家のアート作品、いやアート商品が陳列されているだけで、何かが出現するアートシーンなどとは程遠い感じで―。それに、日韓か、韓日かで、もめる。文化背景の相違が露呈して、対抗意識が強調される。このままでは、根本的にアーティスティックな出来事ではないと、確信してね。相違の力学というのを提示することにしたわけ。相違があるから、面白い。よりパワフルになる。同じ者同士なら、1＋1＝2。相違があるというのは、（1＋α）＋（1＋β）＞2。3にも、4にもなる。相違というのは、自分ができないことを君なら出来る。君が出来ないことを私なら出来る。という共創の関係というべきものである必要がある。そこで立ち上げたのが、Seoul-Tokyo-New York Art Projectで、相違のエネルギーが向かう先を、ニューヨークと設定したわけです。

--- そして、台北、マニラ、香港、バンコクと、アジアでの活動が広がっていきます。アジアに固執される動機は、何ですか？

ICHI：私は、地政学的なアジアという概念には、全く興味がない。Asia Edgeという、いわばアジアの中の尖った部分、「アジアに固有な／アジアから世界的な」アーティストとの出会いを求めてね。そこで、アジア各地を回ったんだが、余りにもAsia Edgeな人と出会わない。それでは、Asian Americanの中にいるかもしれないと、ニューヨークに向かった。失望したね、Chinese Americanは中華色、Japanese Americanは仏壇や着物等を使っての日本調を演出している。NYという石を投げればアーティストにぶつかる状況を生き延びるために、巧妙に棲み分けをしているわけだ。正直思ったね、「ニューヨークのアートシーンは反吐状態で、東京は下痢状態だ」、と。要するに、ニューヨークは食べたものの正体は辛うじて識別できるが、東京の場合は何を食したかもわからない、という意味だ。
そんな折に、鹿児島の加世田市から、アートプロジェクトへの招待が来た。主催は市だが、実施団体はNPOの「南から来た潮流」というグループでね。「自分たちは、東京文化の方には向かわない。南方に向かう」という趣旨に、私のAsia Edgeな心情がピッタリと合ってね、アジアは在るのではなくて、創るもんだという意識に変わっていったね。

--- バンコクが発端でしたね。Stonehenge に対して、Waterhenge を提案されました。

ICHI: バンコク日本文化センターの主催で、チュラロンコン大学で作品を設置することになった時のことです。アジアを創るという意識から提案したのが、Waterhenge、敢えて日本語にすれば「環状水柱群」ということになるわけで―。直ぐわかるはずだけど、Stonehenge に対する対概念みたいな新しい概念だということだ。Stonehenge と言えば、親柱と小柱などが巧妙に支え合ってる構造だよね。そこには、全体の構造の安定のために不可欠な従属関係がある。私は、常々、自立のイメージに執着してきたので、もっと自立したもの同士の関係が機能する構造は何か、と追い求めてきた。それが、脱中心的な Waterhenge なわけで―。実際、1996 年に国際交流基金フォーラームで実施した Asia Edge シンポジュウムでは Waterhenge に関して、「素晴らしいロール・モデルだ」と、観客をも含め、多くの主体が自立して動き始めたのには、提案者として大いに感動したもんです。

--- その中から、文明論に向かいます。アジアのウオーターフロントから水上文明の復活を、ということですが、そのキッカケは何でしたか？

ICHI: 1993 年、タイのバンコクで展覧会があって、そこで水の対談を頼まれましてね。相手はスメート・ジュムサイという世界的な建築家で、日本でも『水の神ナーガ』という彼の本が出ている。早速、その本を取り寄せて読み始めたら、陸地中心のヨーロッパ型文明観の一面性に対して、アジアには水を中心とした文明が普遍的に存在してきたことを論証していて、私自身の文明観と重なり合う。私は、水から学んだ自然との共生観にこだわっていたので、水上文明の延長上に、未来志向の可能性を見てきた。そこで、アートを通じて、アジア・ウオーター・フロントにある水上文明の流れをネットワークしようと動いてきたわけでね。ますます複雑に混沌化している世界の中で、水上文明からの知恵は、新しいパラダイムのシフトを喚起するに違いない、と確信するね。

--- 作品の素材として、竹材を頻繁に使用するのは、何故ですか？ 水上文明との関係があるということですが―――

ICHI: 陸上文明と水上文明の違いは、どこにあるのか？ 建築学的に見ると、ヨーロッパに多い石やレンガなどの圧縮材を使っているか、竹や木のようなしなやかに伸びる伸長材を使っているか、ということになるという話でね。レンガとか石とかコンクリートとかそういう頑丈なものは自然と共に朽ちてくれない。それに対して、竹は脆いんだけど、アジア全般に存在し

ていて、アジアの水上文明のシンボリックな素材だと、間違いなく言えるね。私が、素材として竹を頻繁に使う意義は、それはね、水上文明の復活へのこだわりにあるんです。
数年前に香港の竹組の文化を総括した『棚・觀・集』という本が出版されましてね。その本の中に、面白い指摘がある。竹組みとアートとの関係を論ずる章で、「香港のアートに、竹組み技術を持ち込んだのは、香港の建築家やアーティストではなく、日本の池田一である」、と。水上文明への強い想いが、そうさせたのです。

--- 一連のアジアでの活動を通じて、アジア海流文化圏構想を立ち上げます。アジア海流って聞いたことがないのですが、実際にあるのですか？

ICHI：文明の運び役、乗り物としての海流に、もっと注目すべきだと思うね。黒潮文化圏という言葉は聞いたことがあると思うけど、海流ってのは地球全体をぐるぐる回ってるわけでね。その中で、北赤道海流から黒潮文化圏につらなる海流に沿って、共有される文化圏が延びてるのではないかー。民俗学や考古学などによる実証主義が、必要なのではない。アジア海流文化圏構想というのは、自分たちの文化のアイデンティティの広がりを求める発想でね。いま、まだ飛躍するエネルギーがあるならば、閉ざされた回路から抜け出さなければならない。それは、専門家の部落化、閉鎖的な共同体、日本そのものからの逸脱でしょう。そして、自らの生き様が延引される文化アイデンティティの広がりを考えてみる。それが、アジア海流文化圏構想の航海に乗り込む一歩です。

世界の真直中で―水のアーティストとして

--- サンパウロビエンナーレでは日本人で始めてメインステージを担当なさいましたね。

ICHI：サンパウロビエンナーレの場合、その年度に選ばれた一人のアーティストが、３階吹き抜けのメイン・フロアを担当することになっている。私の前はヨゼフ・ボイス、後はリチャード・ロングだったので、まさに特別な扱いだったわけでね。そしてオープニング・パフォーマンスも、当然のごとく、私がやることになった。ブラジル各地から、さあ３千人ぐらいは集まってきたかな。こんな熱気、高揚した場は、それ以後のビエンナーレでもないという話だ。
『Floating Earth 漂う地球』という巨大なプール状の作品に張った水の中で、水浸しになりながらパフォーマンスをやった。そして、水から外に出ると、ものすごい拍手の嵐でね。それに応えて、即興的というか、自然に声が出た。突然歌い始めたわけだから、仰天するかと思うと、そうで

はない。なんと、私の声に合わせて、観客から合唱が始まったんだ。これは、すごい、今までの表現が祝福されて、一気に表現のベクトルが拡張するんだから―。経済的、興行効果といった価値ではなくて、本当に必要なアートの価値はこのような祝福された時間の延長上にあると確信したね。

--- そして、1995年、また国連50周年記念アートカレンダーでは「世界の12人のアーティスト」に選抜されました。

ICHI：12人の中にはクリストやイリア・カバコフ等も選抜されていたけれども、トリとなる12月を構成したのは、実は私だった。とはいっても、コンペとかコンクール嫌いの私には権威づけとか成功物語とかいう問題ではなくてね。カレンダーのテーマが『Message: We the People-』ってことで、それぞれが世界と真っ向に正対する、なかなかに際どい局面で表現してるわけでね、さらに大きなステージに向かうビッグ・チャンスととらえて、そこから更に先を見て取れる場を引き寄せられたかどうかが肝心なわけで―。そこで、United Nations に対抗して、国単位ではなく人単位の United Waters を提案したわけです。

--- NY国連本部での環境セミナーではどのような講演をなさったのですか。

ICHI：主催の国連環境計画が、地球環境問題を考えるパートナーシップとして、アーティストを加えた意義は、何より大きいね。国連本部で講演する機会なんて、滅多にあることではないので、徹底して、『Water's-Eye View 水の視点』にこだわったわけだ。その中で一人の人が一日生きるのに必要な水の量を生存権利として、「８０リットルの水箱」の重要性について話しした。その質疑応答で、会場の高校生が発言したことが、刺激的だったね。「一家にひとつ、『８０リットルの水箱』を置くといいですね。目安箱として―」。アートを超えて波及していく、そんなベクトルを予感したんだろう。水が波紋して、更なる大きな波紋を生む、まさに水性思考だね。それがもっとも重要なアートのやりとりというか、アートならではの民主主義というか、何かが出現する予感を察知し、誘発する。今後のアーティストの、唯一の命題ではないかなあ。

--- 「Bird's-Eye View から、Water's-Eye View への転換」を。国連で主唱されました。「鳥の目」ではなく、「水の目」を持て、ということですが、もう少し具体的に話してください。

ICHI：何科何属何種の鳥の眼の持ち主ですか、と問いたいぐらい、「Bird's-Eye View 鳥瞰図法」による視点が、日常を支配している。都市計

画、区画整理など、「鳥の眼」で、地球を見てとり、世界を俯瞰して、地域を管理支配するいつものやり方だ。ここでは、個人の固有の論理など、通用しないし、自由さも限定的にならざるをえないわけだ。しかし、考えてほしい、眼の前の汚染が地球環境に影響する時代に生きてるんだってことを。必要なのは、俯瞰的な、情報処理的な「鳥の眼」ではなくて、日々のアクションの引き金となるパースペクティブへのシフトであってね。そこで、足元から全体の流れを見てとる、「Water's-Eye View 水瞰図法」を提案したわけです。

例を挙げるとしよう。2005年ニューヨーク州の South Seneca Central School でのことです。中学生が水のシンポジウムに、世界の誰を招きたいか、と検討を重ねた末に、選んだのが池田一であった。それも素晴らしいトピックだが、そこで目にした水関連の新聞に、眼を見張ったなあ。Finger Lakes という風光明媚な湖畔の町にもかかわらず、「自分たちの足もとの水は、世界の飲み水の6分の1を占める五大湖のひとつ、オンタリオ湖に流れ込む。だから、足もとの水を汚すな!」と、アピールしている。これは、それぞれの足もとから、地球をとらえる、「Water's-Eye View」の典型的な例と言えるでしょう。

--- 60年代の終わりに、ユニット・シアターの構造を提案し、都市論にも触れられました。そして、最近は、デリーでのプロジェクトのように、WATERPOLIS を提唱されています、それは、未来都市のイメージですか?

ICHI:「Water's-Eye View」に視点を移せば、場所のもつ重層化された構造がよくわかるんです。だから、私は、初めての場所に立った時、先ずは水の流れを追うことにしている。現実に眼にしうる川などの流れだけでなく、地下にもぐった水の流れも知ると、その場所のもつ時間的な、空間的なつながりが出現してくるわけで一。建物、広場などを点景でとらえる習慣が支配的だが、水を通じて線の連なりとしてとらえてみる。そして、水系として立ち現れた場所、都市空間のことを、「Waterpolis 水系都市」と定義したわけです。

デリーという混沌の坩堝のような都市を、どのように把握するか。デリーを「Waterpolis 水系都市」に翻訳するには、徹底した水の流れの追求が必要でね。デリーを流れるヤムナ川の水の流入・流出、下水道の流れ、それにかっての水路、溜め池なども、調べる必要があった。そして、結局、ムガール王朝時代の水路の上に、「Waterpolis」の一部を実現したってことでね。人間が構築してきた文明の流れと、現実社会の流れとの交点に、「Waterpolis 水系都市」のイメージが出現すると言ったほうがいいかもしれない。

アースアートをリードする

--- その地域の住民と協働するビッグ・プロジェクトが、続きます。その発端は、鹿児島での万之瀬川アートプロジェクトからですよね？

ICHI：今までで、最大のアートプロジェクトではないかなあ。万之瀬川というのは、全長 23km、鹿児島・薩摩半島を横断して東シナ海に注ぐ川だが、その流域全てをつないだ広域なプロジェクトでね。その発想、規模、展開において、これは歴史に残すべき重要なプロジェクトだと思う。
カーネギーメロン大学での展覧会に招待された時のことだ。Europe Peninsular ヨーロッパ半島などの巨大プロジェクトで知られる、環境アートの先駆者と言われるニュートン・ハリソン氏が、万之瀬川の記録展示の前に立って、何度も「Amazing!」と呟いていたんだ。何故かって、分かるんだよね。万之瀬川流域にあるのは、1市3町だが、今まで協働して実施する企画が出ても、実現したためしがないという。閉鎖的であるが故に保たれているのが、地域共同体っていうか─、その閉ざされた構造を突破するのが、私が主張する「水の論理」でね。要するに、自分の足もとの水をきれいに保とうと思っても、上流、更に支流から汚れた水が流入してくると、元も子もない。だから、必然的に、協働せざるをえなくなるでしょう。言い換えれば、エゴイスティックであることと、協働することが、矛盾なく成立するのが、水の論理というもんだ。この広域な協働関係こそが、驚きのひとつだと思うね。

--- 流域に、4つの巨大な野外作品を設置されました。それも、それぞれが各地域の特殊性や固有性を活かしたものになっている。これも驚きではないですか？

ICHI：野外というか、自然環境は、不確定な要素で満ちている。だからでしょう、野外アートにしろ、建築、都市計画にしろ、青写真が先行する。その青写真に沿って、適当な候補地を探すか、或いは指定の土地に変更を加える。この青写真先行の発想が、文化体質の均一化につながることは明らかでしょう。私の場合は、全く正反対の場所、地域へのアプローチと言えるね。どの地方に行っても、受入側は「この場所には、普段から多くの人が集まりますから、作品設置にいいですよ」と誘ってくる。そんな時、私は「じゃあ、それで充分じゃないですか！」と応える。
一番上流に位置する知覧町の場合を見てみるといい。そんなやりとりを繰り返した挙句、結局、行政の案内役の人は困って、「子供の頃、滑り台にして遊んだ大きな石があったなあ。それがいいかもしれない」と。しかし、何十年も前のことで見つけることが出来ない。ギッシリと生茂った竹やぶをかき分け進むと、壊れた鶏の飼育ハウスが現れた、持ち主は、大雨の土

砂崩れで亡くなったらしい。私は、直感したね、「これは、ひとつの地球の隙間だ」、と。そんな具合に、川辺町の場合は川の本流の両岸に、加世田市の場合は洪水対策で流路変更した元の川底に、金峰町では穀倉地帯なので田圃の中の用水路を使用することにした。

全ての地域に同じものを作るのは比較的楽だが、それぞれに異なるとなると、これは大事だと、普通は思うわけだけどー。それは、違う。私は、何処に行っても、「どの場所でも、固有の世界性がある」と地域の人たちに語ってきた。言い換えれば、「この場所からしか生まれない、世界で初めての作品」ということで、住民たちのモチベーションは上がる。そして、官民協働というか、住民達のエネルギーが結集して、巨大な作品が造られていくわけです。ここには、重要なパラダイムの変換があると思うね。

---- そして、各地に巨大な野外作品が出現したわけですね。その中で、開かれた作品ということを頻繁に言われてますが、具体的にどのようなことでしょう？

ICHI：例えば、加世田川のかっての川底に設置した「水駅＝水の水」を見てみるといいですよ。約 140m にわたって、竹組みの構造物が組まれ、その中に「水箱」がずらっと並んでいる。それぞれの水箱には、未来に水を送り届けようという水主同意書、その人の「水を送る手」の写真が入っている。ということは、水主が増えれば、水箱が増えるわけで、作品は更に長大になっていく。市民参加が進めば進むほど、作品の主張は延引されていく、その開かれた関係は大きな示唆に富んでると思うよ。

　だから、インスタレーションが流行だが、私の場合は違う Ex-stallation エクスタレーションと呼んでいる。インスタレーションというと、設置芸術とか言われるが、要するに「閉ざされた空間への介入、意味の変更」でしかない場合が多い。それとは、明らかに異なっていて、「境界が定かでない作品」と言われたりしているわけでね。開かれた作品志向の Ex-stallation というので、ピタッとくる。

ここで、金峰町の例も挙げておきたいね。早期米の刈入れが終わった田圃に、一辺約 70m の十字形にわらを組んだ「水駅＝人の水」が広がっている。十字形の突端は、接ぎ家といわれるジョイント構造になっていて、接ぎ壁を足していけるようになっている。接ぎ家、接ぎ壁と繋げていけば、どこまでも延びることが可能なわけでね。Ex-stallation というのは、造る側と見る側の境界を取っ払った共有の場への願望形であるのです。

---- 60 年代のランドアートやアースワークから、環境アートへのシフトをリードしてきたと言われますが、どうですか。本人としては？

ICHI：米国のミネソタ大学出版局が出した『Ethics of Earth Art アースアートの倫理学』を、一読してほしいね。1960年代のランドアート、アースワーク、特にロバート・スミッソンに焦点を当てて、そして時代を追って、約50年の歴史を総括しているのだけど、その終章が肝心でね。章タイトルを「Facing Earth Ethically 地球に倫理的に向き合うこと」として、主に論じているのが池田一というわけなんだ。
その本の評者のひとりは、書いてるね、「標準的なアートの歴史では、60年代の初期のランドアートから、大阪出身のアーティスト・池田一らの環境アートへのシフトについて言及するだろう」、と。このような指摘は、私の向かうべきベクトルの矛先をより尖らせてくれるから、大歓迎だね。
だけど、実に多い、60年代だけのことではない、自然環境と人間環境とを二元論的にとらえて、自然は利用、操作、加工が可能なフィールドだと思ってる人が―。広大な国土で自然と生活環境がかけ離れていたり、宗教的な背景もあって、「自然は、人間の思うままに利用出来る」という考え方が根深くある。
それに対して、なぜ地球に倫理的に向きあうことが可能なのか？　というと―。私は、脱日本的な体質だと思うけど、日本という環境に居たせいで、自然と「地球に倫理的に向き合うこと」が身に付いたに違いないと思う。狭い島国で、自然環境と生活環境とが接近していて、その間に里山などがあって、必然的に自然との共生感覚は育まれていく。その共生観をより鮮明にしてくれてるのが、水だと思うね。水と共に生きる、倫理的にというのは、水の惑星に住む者の、自然な営為だろう。

--- それで、いまはアース・アーティストと、自らも呼ばれてますね。

ICHI：アースアートという私が提案しようとしているものを本格的に志向しているのは、多分世界でも私しかいないように思うね。水辺に石を並べたり、自然素材に手を加えるなど、ランドアートをやっている人は、たくさんいるけど。また、各種の環境問題に真摯に取り組んでるアーティスも少なくない。それなのに、なぜアースアートをやっているのが私しかいないかというと、それは「地球に倫理的に向き合う」という命題を背負っているからだ。それが実現出来るのも、人間の手に負えない、自由に制御不能な水というものにこだわり続けているからだから、でね。共存とか共生とかそういう発想を持ってやっている人とは、なんらかの協働関係をもって行きたいとは思っているよ。

WATER POLITICS へのプロセス

--- 最終的な思想的ないし作品としての総括・青写真はあるのか、それともそういったものに捕われてはいないのでしょうか。

ICHI：前にも述べたように、青写真ってのはないよ、水のごとく流れるままというか。でないと、移り変わり行く自然の大きさと向き合えないでしょう。
例えば、私は「Water Man」、場所は「Waterpolis」、地球は「Water Planet」として捉えてみる。そうすると何が見えてくるかというと、社会と人間の構造、国家と個人との、そして地球と人との構造が、混沌さの中に捉えられるわけでね。川があるところに水が育ち、川があるところに人が育ってきたと思うので、やはり水というものを核として文明は育ってきていると思う。しかし水は既にコンクリートの下にあり、蛇口を捻らなければ水が出なくなってしまった。しかし、「池田一」を捻れば、水が出る、水の文明が溢れ出るー。これは池田一という水脈の、究極の総括でしょう、と言えるね。

--- Water Politics についてお聞きします。まず概観を手短にお願いできますか。

ICHI：政治から限りなく逸脱すること（笑）冗談じゃなくて、現実の政治から逸脱すれば立ち現れる、政治的存在としてあること。結局、グリーンポリティクスというのがあるが、それですらやはり環境と人間との関係を二元論的にしか見ていないような気がするんだね。Water Politics はそうではなくて、自分そのものが政治的存在であり、人間が存在として既に政治的存在でなければならないんだ。生きることが他者との関係、食生活、ネットの関係、金銭的な問題、そういうことが全部対応しているわけ。そのことを含めて Water Politics という概念というのは、大げさに戦略的な政治としてでなくて、存在としての政治、生存としての政治、だと今のところは考えているね。
今って、何々賞とか、とにかく競争する論理、そういうものに雁字搦めになっているじゃないですか、そのなかで勝ち抜くこと、あるいは勝者となること、そういうことが目的化している状況がますます拡大していると思う。そうではなくて、私自身が、競争するということから限りなく離れたんですよ。逸脱するということは、ある意味で部分では敗者でも、全体的には勝者でもあったわけです。経済的に、教育的にとか、部分として切り裂かれる政治に対して、全体的に生存出来る条件を獲得する、これはWater Politics と呼ぶ以外ないでしょう。

---- 抽象的なので、もう少し具体的に、例えばアートとの関連で喋ってもらえると―

ICHI：鹿児島の枕崎の小高い丘に広がる木口屋集落から、「村丸ごと、アートにしてくれんか！」という話が来たのは、2010年の正月だったかなあ。とてつもない話のようだが、アースアートの視点からすると、充分な大きさといえる。調べてみると、約30戸、集落の人たちの平均年齢が70歳を超えている、いわゆる限界集落なんだ。茶畑、ミカン畑が点在し、背後の旗山には集落の旗がひるがえり、眼下には枕崎港、そして東シナ海へと眺望が開ける。「ここは、天空の村だ」と直感したね。天空の村というキーワードが見つかると早い、この恵まれた環境を「地球の家」と見立てることにした。この展開こそ、Water Politics なんだ。それぞれの家屋はプライベート・ルーム、それ以外は公共空間という、村全体が「地球の家」であってね。これは、ずばり、公共概念の変革であると言えるだろう。段丘に水広間、東シナ海が見渡せる斜面には天空の間、小川の傍の草地には緑の書斎といった感じで、自然との共生型の公共空間を創ることにした。老人会の会長は私に熱く語ってくれた、「池田さん、大事なのは変化、変化だよね」、と。限界集落を、未来志向の集落に変革する―、Water Politics の力学だと、確信したものです。

---- 欧米でもネグリ＝ハートの「マルチチュード」の概念のように、池田さんの思想に近いものが色々と出てきています。それは時代の要請であると思いますか、あるいは自身の思想は特異的なものであると思いますか。

ICHI：時代の要請というか、未来からの要請であると思うね。いろいろなテロや内戦、難民問題やグローバル経済の問題など、そういう沢山の未解決な問題の中で現実の変化に従うのが精いっぱいで、視野が近視眼的になっていると思う。未来に視点を置いてみると、今現在ほどあやふやな過去はない。そういう最もあやふやな現在に固執してる現代アートとかは、従来の在りようのままでは、未来を切り開くポテンシャルがないと思うね。だから、私は「アートの未来」ではなく、「未来のためのアート」について語ろうと提案してるわけです。未来を起点としたパースペクティブに立てば、私の考えに近い人たちが色々出てきて、当然だろうなあ。世界的な傾向として、未来起点の思考が出てきたのは喜ばしいと思っているよ。本来、私の在り方って、もともと共生というか、二元論でなく、やはり混雑や混乱をそのまま引きずるようなそういう生き様じゃないですか。ただ、共生というと、自然と人間との共生、健常者と障害者の共生社会などと一般的には言われるが、それでは何処までも二元論の延長でね。混沌そのものを整理するのではなく、むしろ混沌さの中にある固有性と公共性と

が共生するイメージかなあ。それを可能にするパースペクティブが「Water's-Eye View」であって、そのプロセスが「Water Politics」なわけです。

---池田さんの考えるアートの在り方について、これからの世代に向けて何かメッセージがあればお願いできますか。

ICHI：アートのもつ独善的な振舞いと言うと、何のことかと思うでしょう。歴史的に言って、巷に溢れるあらゆる素材を自由に使いこなすことがアートの本領だと思っている節がある。資源の観点から見ると、この発想は大問題でね。『The Missing Peace 行方不明の平和』という世界巡回展が2007年から始まり、世界中から80人近いアーティストが選ばれたんだが、その中から中高校生の教材用として選ばれた3人の中に、私も入っていた。その教材用のインタビューでは、全く同じ質問が来たねえ。そこで語ったのは、素材は未来への資源でもあるということ。素材という捉え方は、人間本位なので、作らないことも含めて、じっくり考えてほしい、と。私の作るものは、完結した作品でなく、アートは自然との対話であるという前提に立って、あくまで対話のための道具、ツールである、ということ。何かを語る為の、ある種未来に向けてのツール、未来に向けて考えていくためのツールなんですよ。
ポスト・オブジェ・カルチャーって、重要なキーワードだよ。作品は物の氾濫を加速させるという前提も、考慮しなければならないね。未来のためのアートでしょう、これからの世代が担うのは。

--- 屋久島後の今後の計画があれば教えてください。

ICHI：アースアートの推進者としては、全て自然発生的でなくっちゃ、と思うのでね。自己本位で無理やりプランをねじ込むような、それはないでしょう。この三年間は、自然に屋久島にこだわることに―。と言っても、世界自然遺産と言えば、どうしても自然遺産の保護活動がメイン・テーマになるが、それだけでは未来志向につながらない。内向きの活動は、内部に問題が膨らむ一方で、エネルギー的には下降していくのではないか―。私のいう「Water's-Eye」で捉えると、屋久島という固有性がどのような公共性の流れに位置づけられるのか―。私は、「アジア海流文化圏構想」という新しい流れを創ろうとしているんだが、屋久島はその流れの拠点となる条件を揃えていると思うね。具体的には、作成した＜天水マップ＞を手がかりに、屋久島各地の固有性を引き出すプロジェクトを展開する。一方、アジア・ウオーター・フロントをネットワークして、屋久島からアジア海流文化圏構想を実現していく。そのために、私が培ってきたネットワークは力を発揮するだろう、と思うよ。

私自身の固有性の展開で言えば、屋久島の延長に、Mt.Fuji Project が考えられるね。もちろん、水系でとらえた富士山のことで、英語では Mt.Fuji as Water Channel となるかな。屋久島がアジア海流文化圏の拠点であるならば、Mt.Fuji Project は世界海流文化圏のひとつのキースポットになる予感がする。世界の環境アーティスト系の人たちが集まって、Mt.Fuji Project から世界の流れを眺望する。これは、あくまで願望形の話だよ。

Photo Gallery
Ichi Ikeda Earth Art
1984~2016

多分、他のどのアーティストよりも
池田一は水を表現媒体として使用し
この制御出来ない物質で、全く新しい言語を創造している
(ドミニク・マゾー Dominique Mazeaud / BREAKTROUGH Vol.11、1986 ニューヨーク)

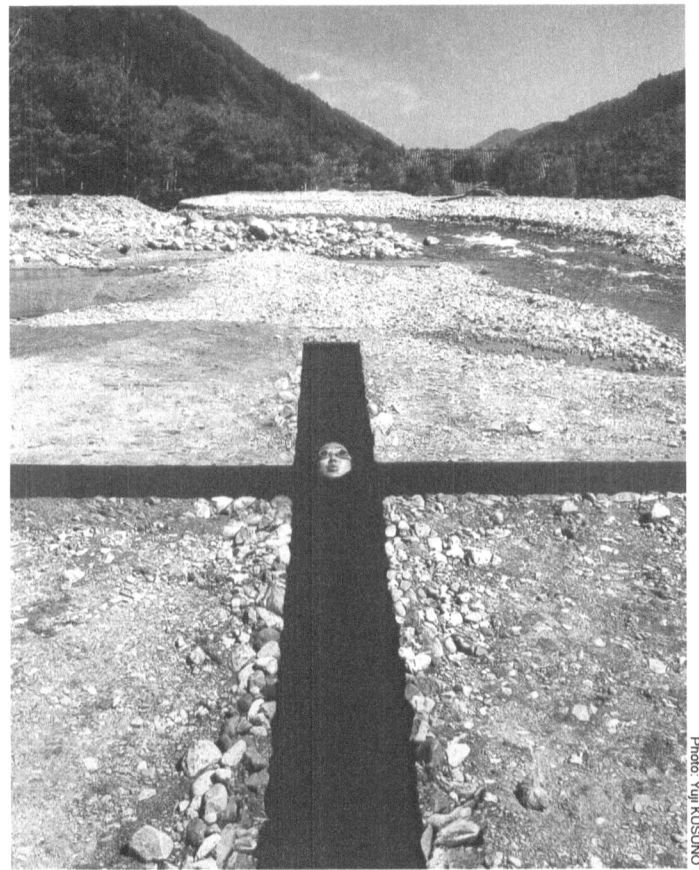

Earth-Up-Mark
2nd Hinoemata Performance Festival, Hinoemata River, Fukushima, Japan 1985
＜地球のへそ＞　第2回檜枝岐パフォーマンス・フェスティバル、檜枝岐川、福島　1985

1995年、国連50周年記念アートカレンダー [The Message: We the People--] を構成する「世界の、12人のアーティスト」のひとりに、池田一が選ばれた。記念すべき立体カレンダーの、全体のトリとなる12月を構成したのが、実はこの檜枝岐川の中州で製作した「Earth-Up-Mark」の写真をベースにしたものであった。メッセージは、[The United Nations] に対して、[The United Waters]！

ART CROSSING　33

Water Piano
1st Hinoemata Performance Festival, Hinoemata River, Fukushima, Japan 1984
＜水ピアノ＞　第1回檜枝岐パフォーマンス・フェスティバル、福島 1984

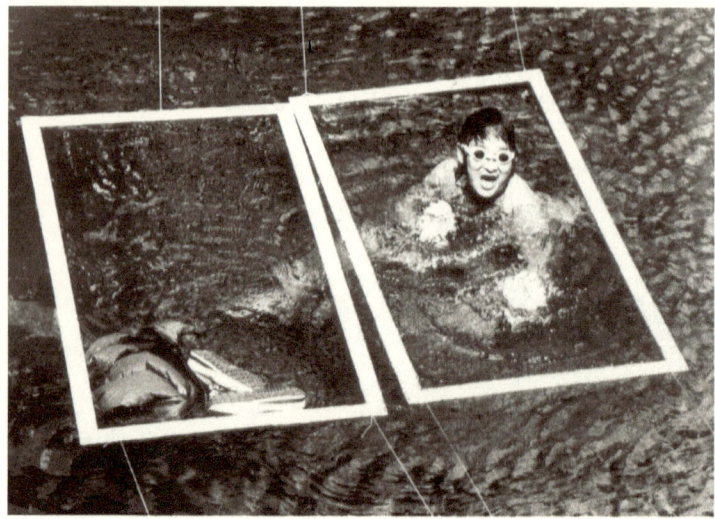

Photo: Yuji KUSUNO

池田一のパフォーマンスの原点にあるのが、この「水ピアノ」。水面をピアノの鍵盤に見立てて即興的に演奏する行為だが、その奥行きは限りなく広い。今号掲載の織田理史の論稿は、その奥行きに踏み込んでいて、興味深い。

Water Plane #1
Gallery Natsuka, Ginza, Tokyo, Japan 1986
＜水・平・面＞　ギャラリーなつか、東京 1986

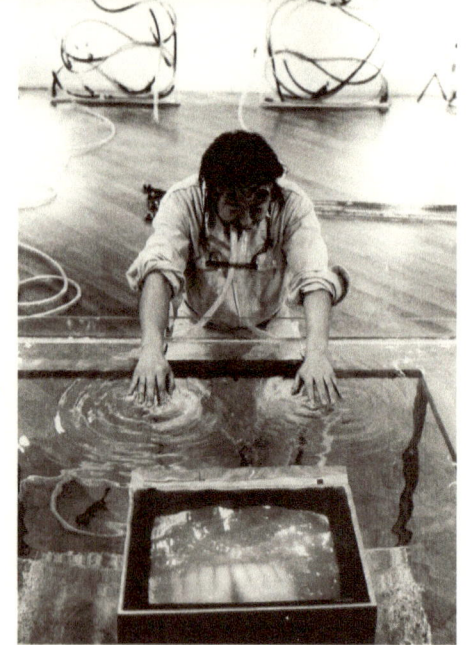

Floating Earth
21th International Biennial of Sao Paulo, Brazil 1991
＜漂う地球＞ 21回サンパウロ・ビエンナーレ、ブラジル 1991

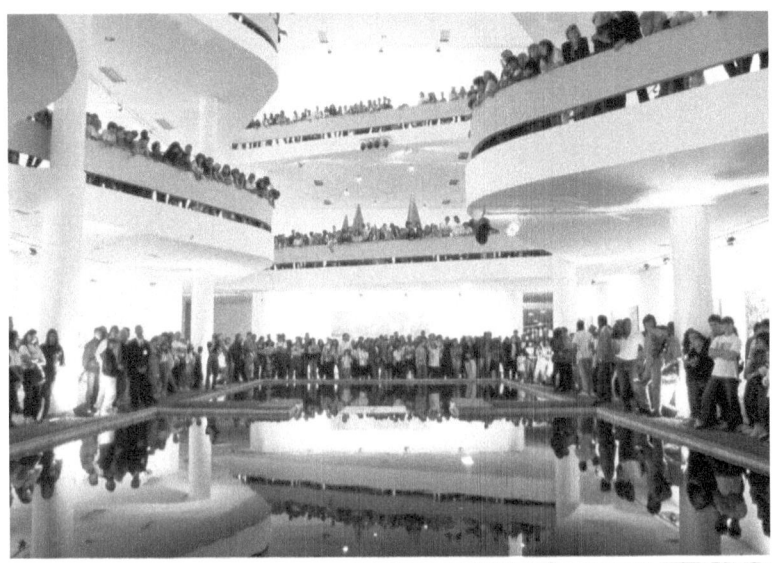

ビエンナーレの最も重要なアーティストとしての、メイン・フロアでの展示は、日本人で始めてのこと。池田一の前は、ヨゼフ・ボイス、その後はリチャード・ロング。その池田一のオープニング・パフォーマンスには、3千人を超える観客が集まった。ゼネラル・キュレーターのジョン・カンディド・ガルボンによると、「（前年のヨゼフ・ボイスの作品と比較して）言葉すら不要な物理的な存在としてのボイスの作品よりも、私はもっと繊細で、それほど物理的でない池田一の作品の存在の方が好きだ。水に反射する光が空間に生み出した虚像としての彫刻は、常に存在し、また常に変化し、まさに私がいつも芸術に例える反逆的な巨大な鳥そのものである」。

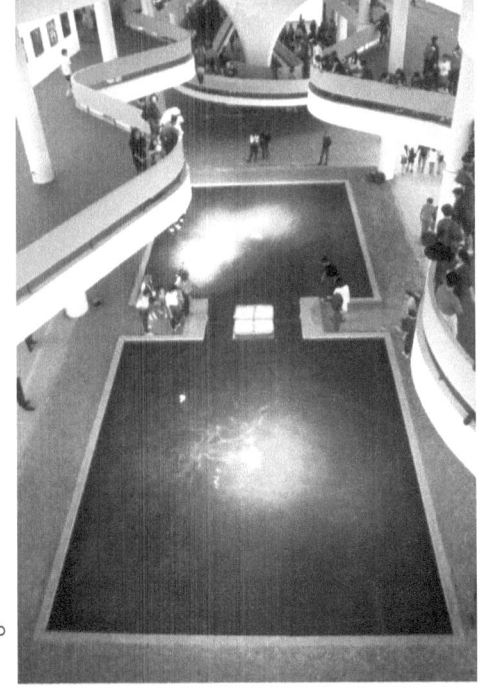

Photo: Yuji KUSUNO

Kaseda Water Market

livestock market, Kaseda, Kagoshima, Japan 1998

＜加世田水市場＞ 加世田家畜市場、鹿児島 1998

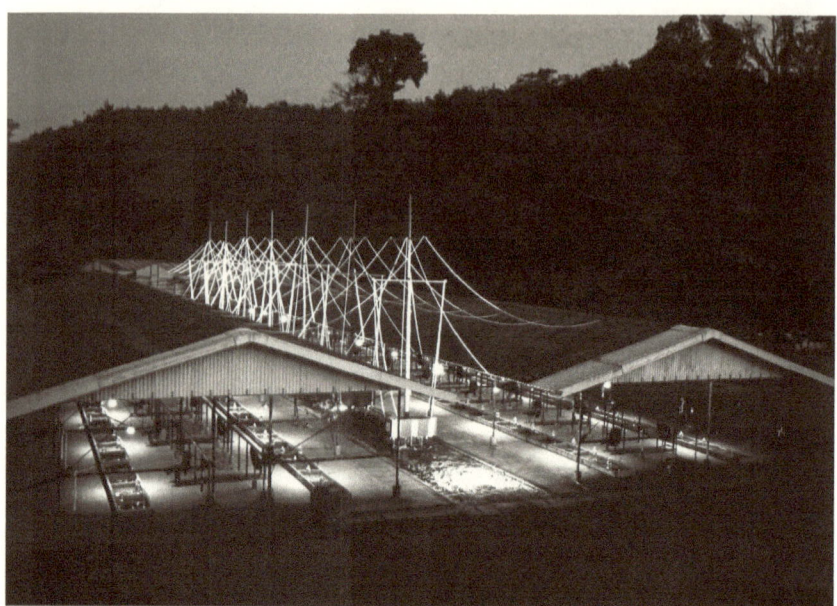

Photo: Tatsuro KODAMA

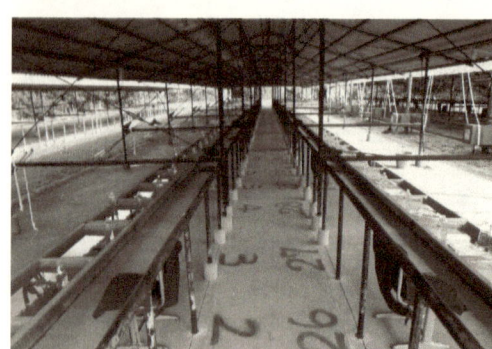

自然とアートとの歴史的な関係を考える上で、『Ethics of Earth Art アースアートの倫理学』（米国ミネソタ大学出版局刊）は重要な示唆に富む。『標準的なアートの歴史では、60年代の初期のランドアートから、大阪出身のアーティスト・池田一などの環境アートへのシフトについて言及するだろう』という評者の指摘は重要である。この書籍において、最も大きく掲載されているのが、加世田水市場である。

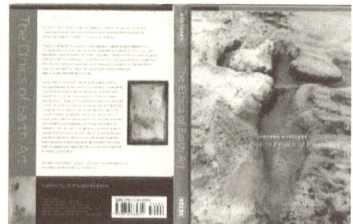

WATER EKIDEN - Manosegawa River Art Project

Water Station-'For the Heaven'

former site of water mill, Chiran, Kagoshima, Japan 1999

水駅伝ー万之瀬川アートプロジェクト ＜水駅ー天の水＞ 知覧、鹿児島 1999

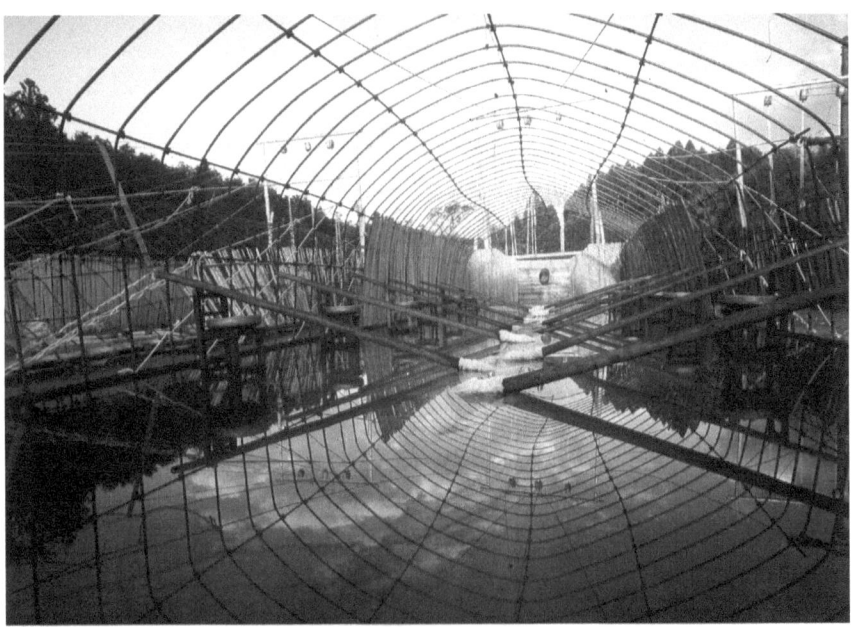

Photo:
Tatsuro KODAMA

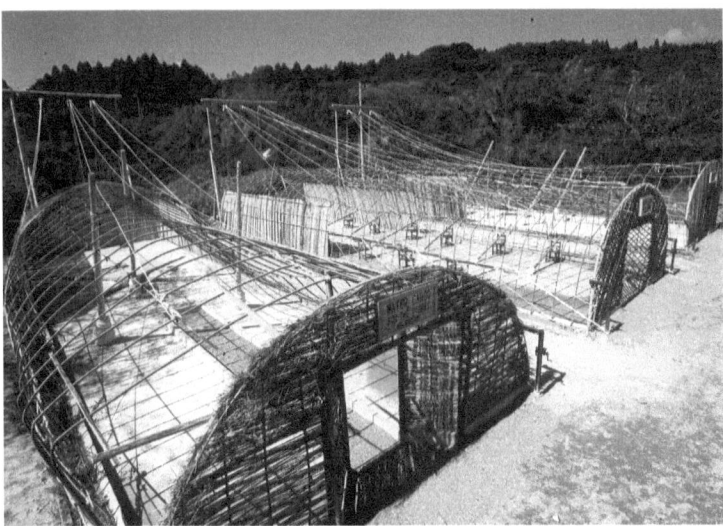

WATER EKIDEN - Manosegawa River Art Project
Water Station-'For the Human'
Irrigation canals, Kinpo, Kagoshima, Japan 1999

水駅伝―万之瀬川アートプロジェクト ＜水駅―人の水＞ 金峰、鹿児島 1999

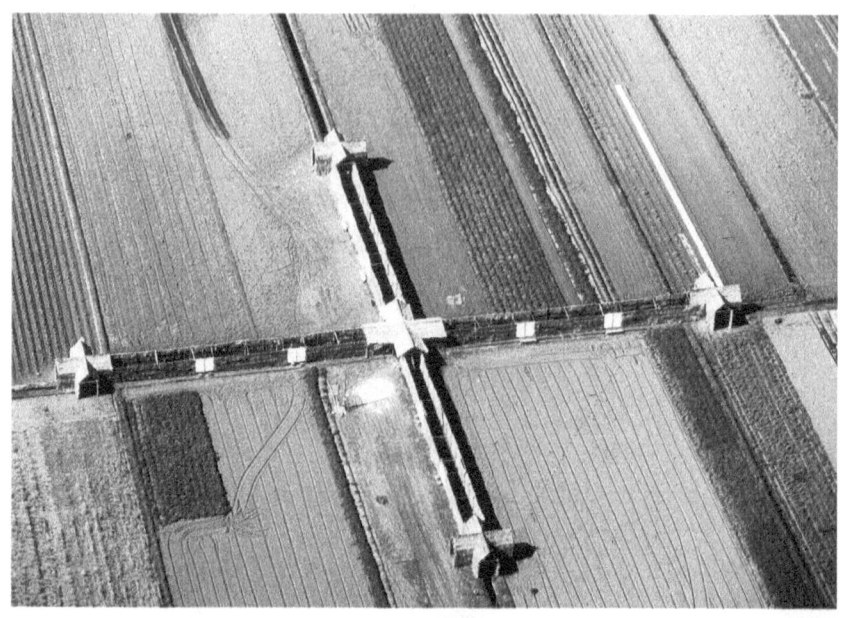

『水駅伝／万之瀬川アートプロジェクト1999』は、全長23.5kmの万之瀬川流域の1市3町をつなぐ広域アートプロジェクト。そのコンセプト、スケールにおいて、最も注目されるべきプロジェクトのひとつである。現在アメリカで出版準備中の学術書『Rivers and Society』（Earthscan出版）でも、この『水駅伝』が大きく取りあげられている。

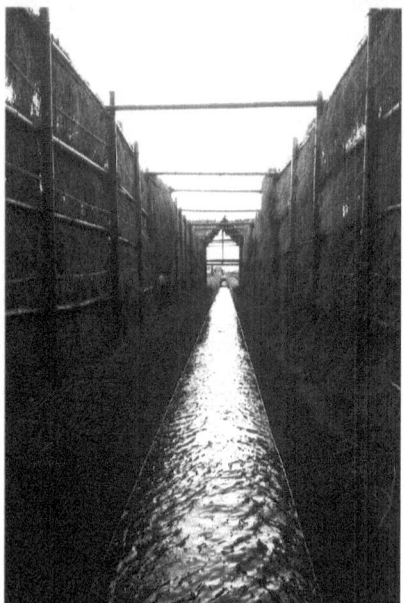

Photo: Tatsuro KODAMA

Moving Water Days 2007
Water-in-Water
Kedogawa River, Makurazaki, Kagoshima, Japan 2007

＜100mの水筏が南方に向かう日＞ 花渡川、枕崎、鹿児島 2007

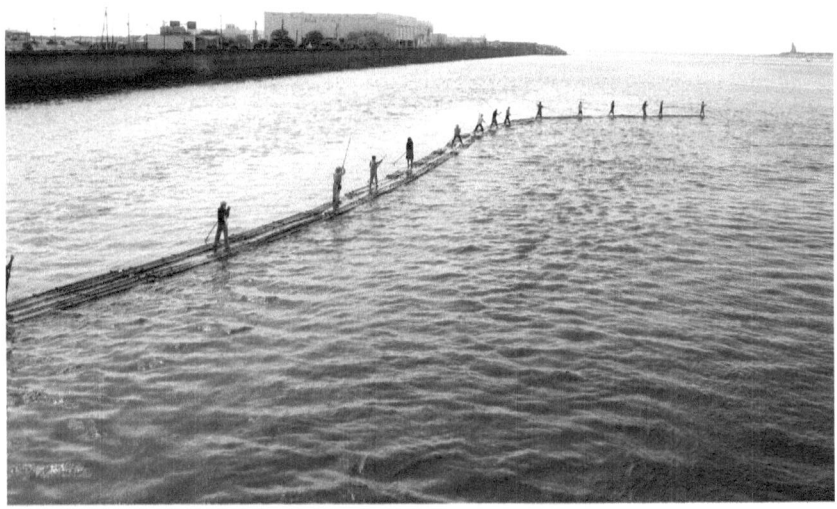

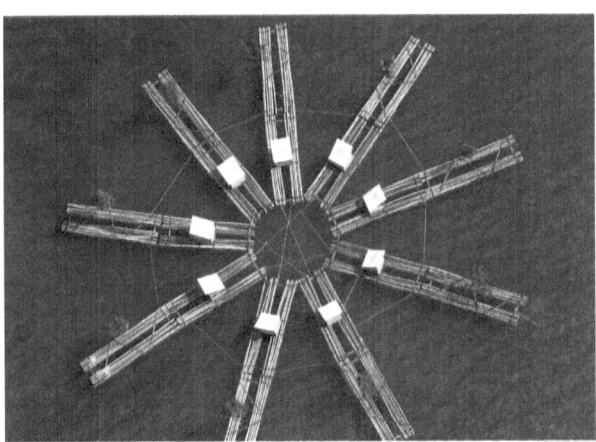

2008年、NY国連本部で国連環境計画が主催したセミナー・展覧会に、「世界の7人のアーティスト」に選ばれ、NY国連本部でスピーチをした。自然環境と人間との望ましい関係を『Water's-Eye 水の眼』でとらえ、その実例として、花渡川プロジェクトを紹介した。

Photo: Subaru TAKAHASHI

Moving Water Days 2008
Five Floating Isles
Kedogawa River, Makurazaki, Kagoshima, Japan 2008

＜五輪の浮島が漂着する日＞ 花渡川、枕崎、鹿児島 2008

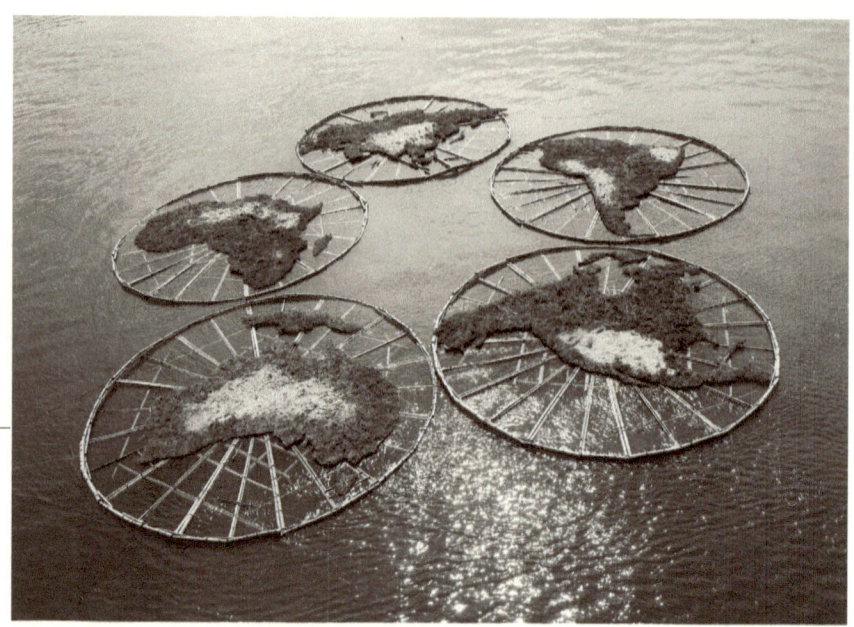

Photo: Tatsuro KODAMA

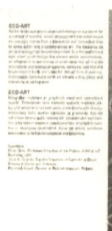 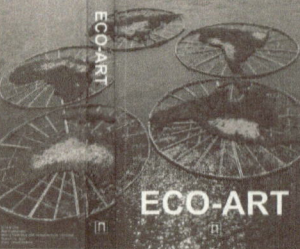

フィンランドのポリ美術館で、ランドアート、アースワーク、環境アートへと繋がる約50年の歴史を総括する展覧会『ECO-ART』が開催された。その時のポスター、カタログの表紙に使用されたのが、この『Five Floating Isles』の写真である。また、来年2017年のカレンダー『Environmental Art』（米国 Amber Lotus Publishing 発行）でも、採用されている。いま、世界的に注目されているプロジェクトである。

Future Compass: rooted water
Royal Botanical Gardens, Burlington, Ontario, Canada 2009
＜未来羅針盤：多根の水＞ ロイヤル植物園、オンタリオ、カナダ 2009

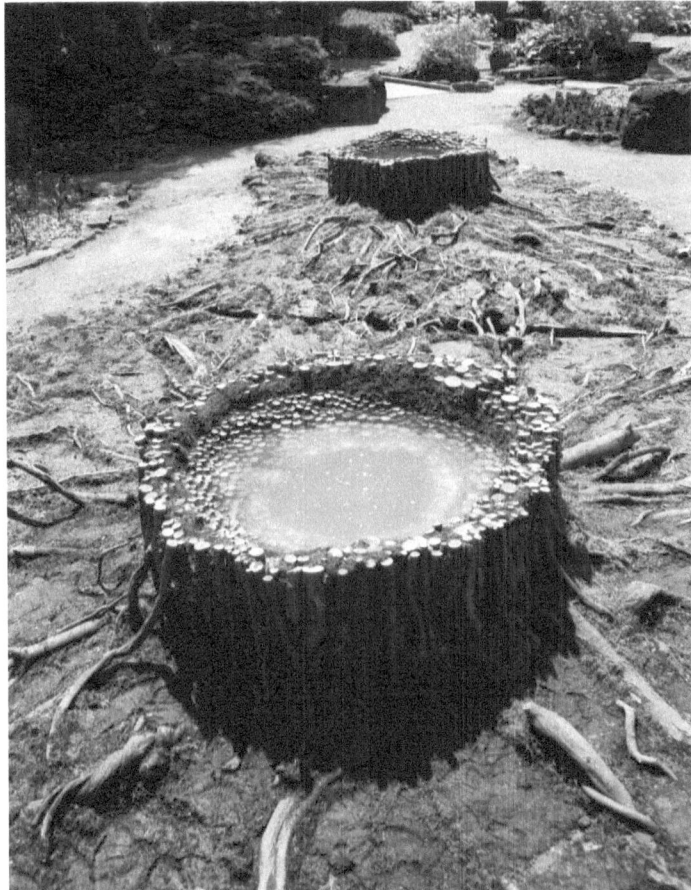

Photo:
Tatsuro KODAMA

カナダのロイヤル植物園で開催された『EARTH ART』展で、生物多様性をテーマに『Future Compass』を制作、設置。キュレーターのジョン・グランデ曰く、「このコンパスは、望ましい未来への航海のための、新しい驚くべき方向を我々に提示してくれるマーカー、サインであり、指針である」。

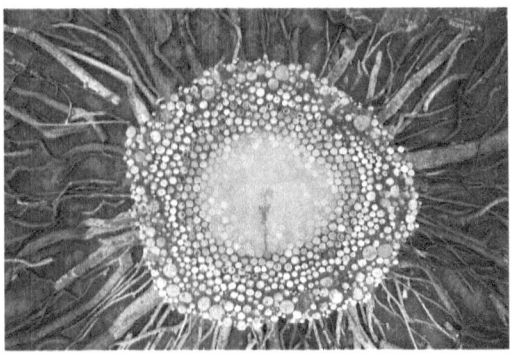

5 Greenscapes
Shinobazu Pond, Ueno Park, Tokyo, Japan 2012
＜不忍・緑・五景＞ 第29回全国都市緑化フェア TOKYO、上野不忍池、東京 2012

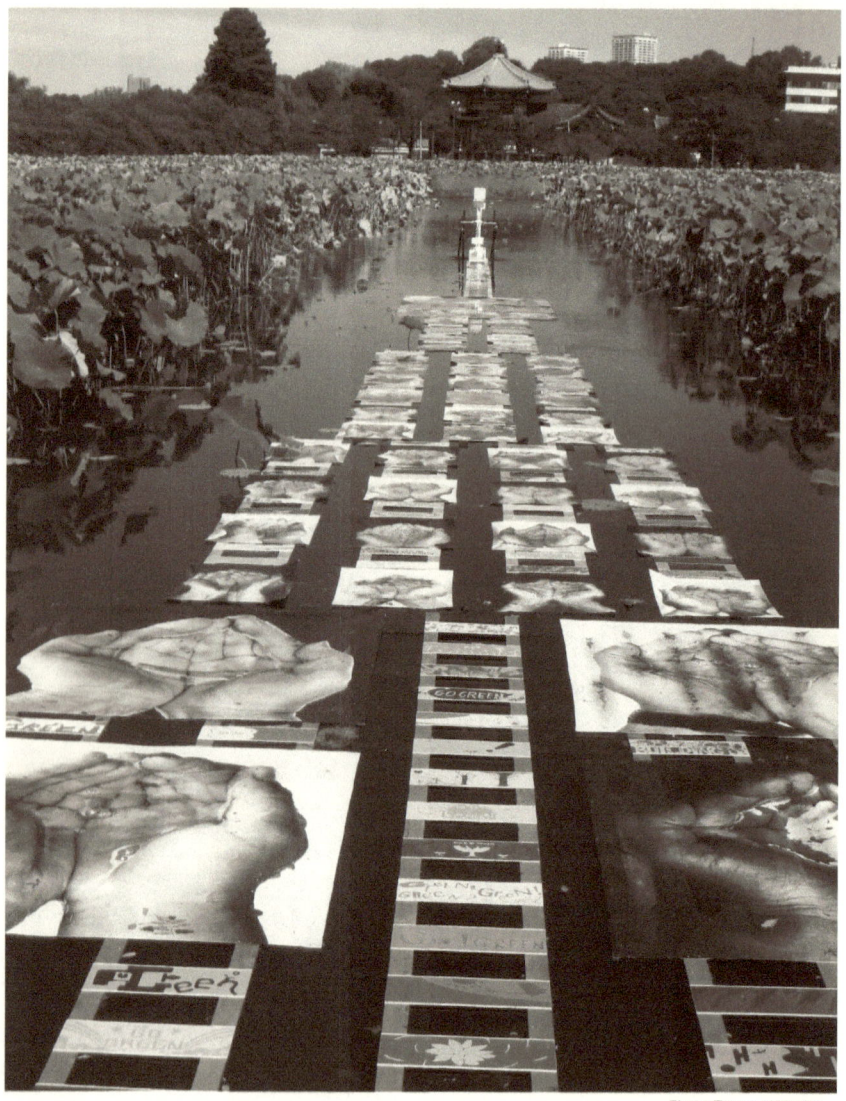

Photo: Tatsuro KODAMA

東京都からの依頼で、全国都市緑化フェアの一環として、上野公園不忍池全体を使って、プロジェクトを展開。蓮池を刈って、4本の「水の道」を造り、それぞれに異なる風景を出現させた。制作参加者は、500人以上。観客は、1ヶ月で100万人超、という、東京都の報告。100年に一度のビッグ・プロジェクトと評された。

Earth Home
Kiguchiya village, Makurazaki, Kagoshima, Japan 2011
〈地球の家〉木口屋集落、枕崎、鹿児島 2011

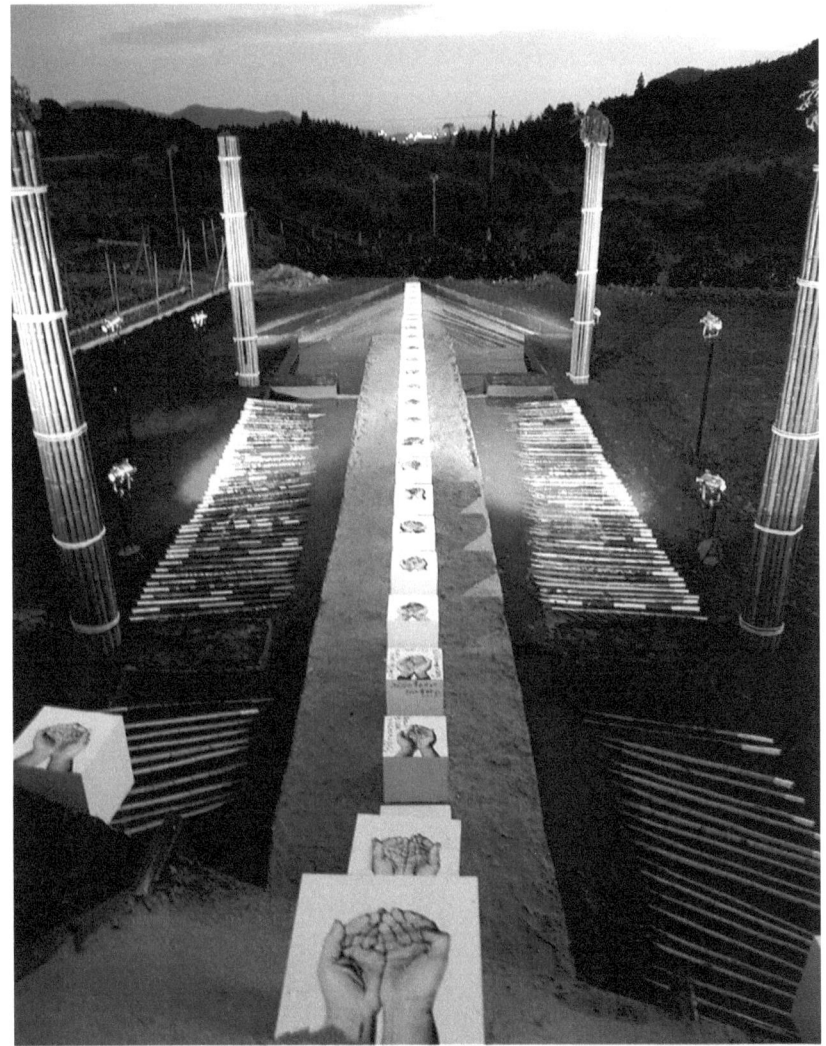

Photo: Tatsuro KODAMA

「村丸ごと、アートにしてくれ」という途方もない要請からスタートした、「地球の家」プロジェクト。平均年齢70歳超の限界集落を未来志向集落に変えるという試みのひとつとして、公共スペース『矢形の水広場』などを設置した。矢印の先に見えるのは、東シナ海である。

Water Mirror @ Singapore
ArtScience Museum, Marina Bay Sands, Singapore 2013
＜水鏡＞ アートサイエンス・ミュージアム、マリナ・ベイ・サンズ、シンガポール 2013

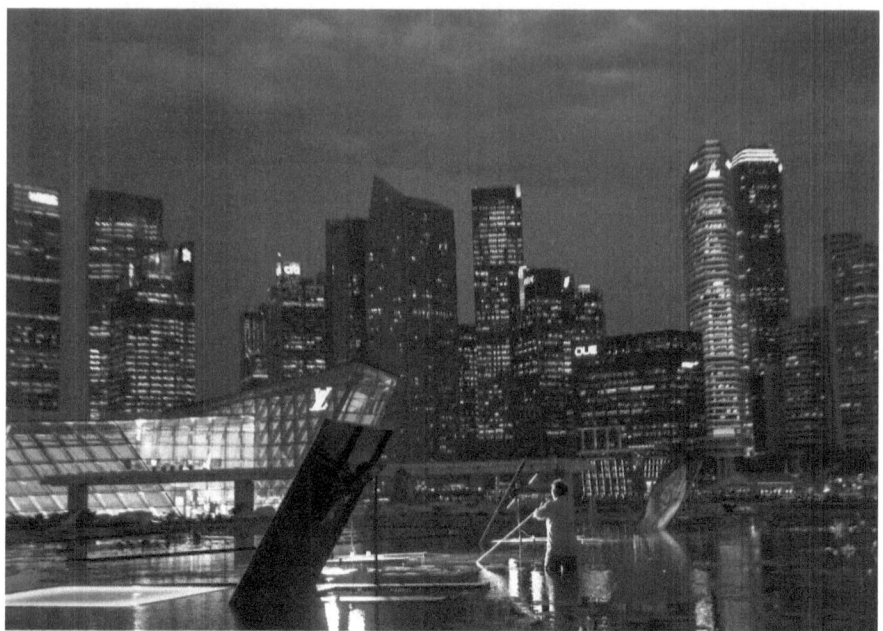

Photo: Tatsuro KODAMA

近未来的な都市空間に囲まれた池の中で、先ずは水を吹いて奏でる、かって誰かがフリージャズだねと言った、池田一曰く「水奏楽」。そして、We the Peopleで始まる、国連憲章ならぬ、自作の水連憲章序文を歌い上げる。一歩前に進んで、水面に息を吹き込み、その波紋を建物の壁に投影する。池田一の息づかいで、建物にゆらぎを与えるパフォーマンス『水鏡』。人は、超近代的な都市空間を動き回るモルモットではない。「人の息づかい」が見える未来を、と言う思いを、水はしっかりと増幅してくれた。水たちよ、ありがとう！

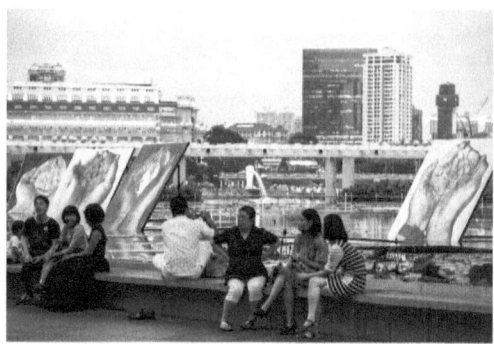

Water Blooming
The Gardens of Trauttmansdorff Castle, South Tyrol, Italy 2015~
＜開花する水＞ トラウツマンスドルフ城公園、南チロル、イタリア　2015

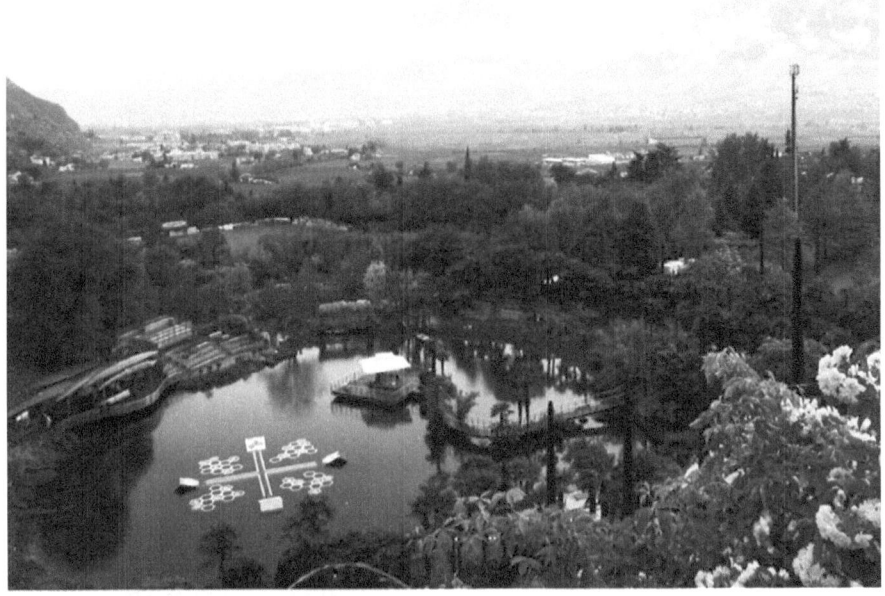

Photo: Tatsuro KODAMA

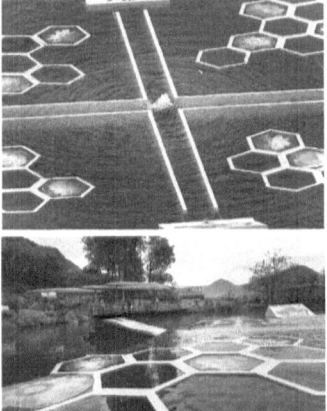

世界一美しい庭園に選ばれたこともあるというトラウツマンスドルフ城の庭園、そして抱きかかえるようにしてそびえる南アルプスの山々。イタリア・南チロル地方の「地球のへそ」のような場所。そのへその真ん中で、池田一の『Water Blooming』が息づいている。

四つの『水主の手』から静かに差し出された水は波紋となって「地球のへそ」と位置づけられた十字の中心に向かっていく。そこから返された新たな波紋が、池全体に広がっていく。

『十字水』の周りに、開花する蓮の花に象徴される『Earth Cell』が四方に広がる。「水が開花する」ことで、地球上の全ての生命体は開花することを示唆している。

Yakushima Earth Art Project 2016
Heavenly Water Island
Water God, Up or Down?
Harutahama Beach, Yakushima Island, Kagoshima, Japan 2016

屋久島アースアート・プロジェクト 2016
＜天水の島：水神宿る家たちよ！＞ 春田浜、屋久島、鹿児島 2016

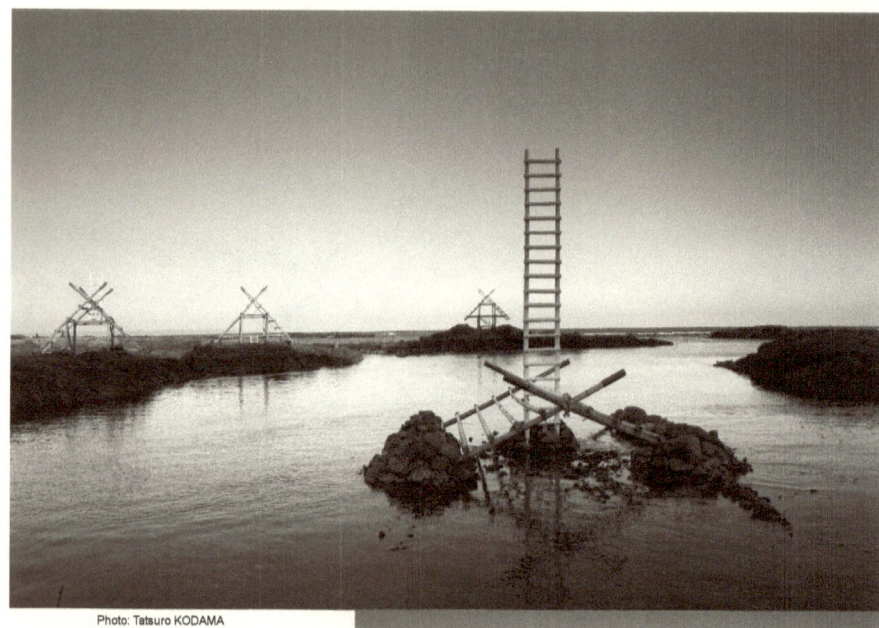

Photo: Tatsuro KODAMA

南の海からやってくる湿った空気は、「洋上アルプス」と言われる 2000m 級の山々で冷やされ、雨となる。月に35日雨が降ると言われる屋久島。森の中を滴る水、岩肌を滑り落ちる滝、川の透き通った水——花崗岩で出来た島を覆い尽くすような水は、不純物を含まない超軟水。これは、世界にも例がない、もっとも天の水に近い島だと合点して、「天水の島」プロジェクトと命名した。

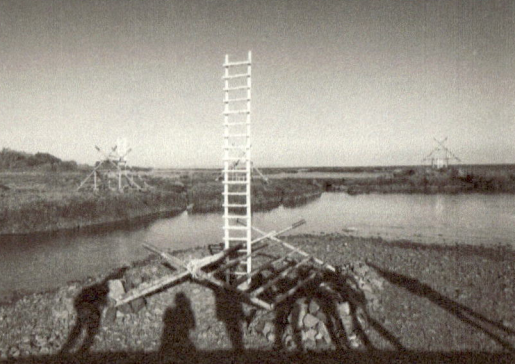

46　1st Issue

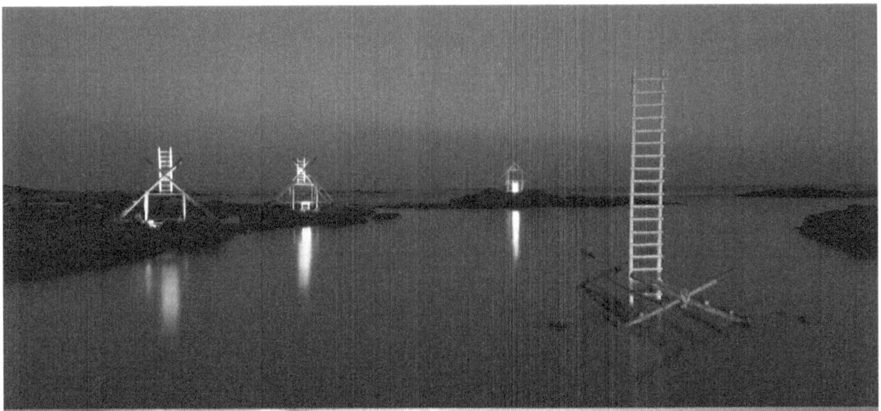

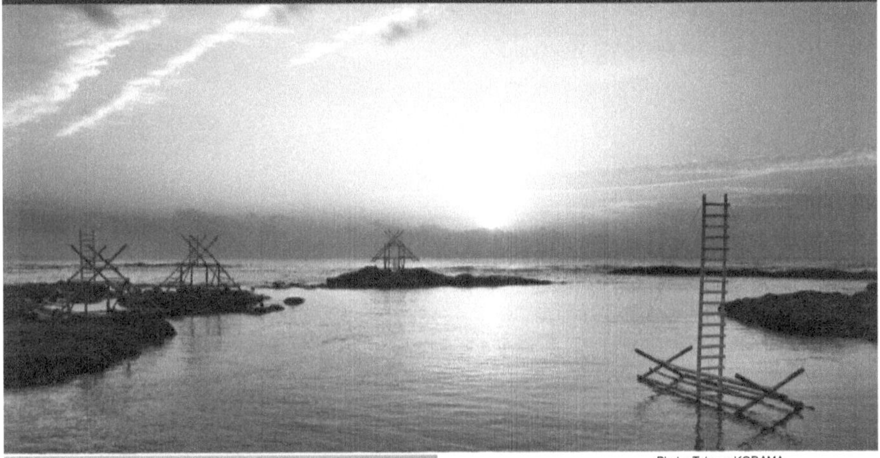

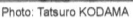
Photo: Tatsuro KODAMA

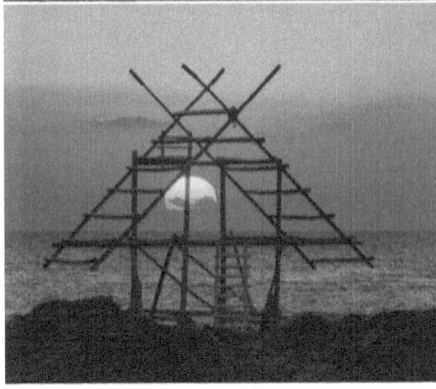

安房港から、西へ車で5分も行くと、春田浜に着く。珊瑚礁が隆起した岩場に、「水神宿る家たち」が設置された。そのうち、ひとつは海中に建っていて、潮の満干によって、屋根の部分が見え隠れする。夜には、40年程前から水力発電オンリーの自然エネルギーの島にふさわしく、太陽光発電によって点灯し、家たちのハシゴが闇に浮かび上がる。水神は、天から降臨するのか、海中から昇天するのかーー。そして、日の出の刻、水平線をゆっくり昇ってきた太陽を家たちは迎え入れる。自然と人、人と人との共生の瞬間が、出現した。

Yakushima Earth Art Project 2016
Heavenly Water Island
Water Senders Front Line
Anbo Harbour, Yakushima Island, Kagoshima, Japan 2016

屋久島アースアート・プロジェクト 2016
<天水の島：水主最前線の動く日> 安房港、屋久島、鹿児島 2016

「水主」とは、「もっとも重要な資源である水を、未来に送り届ける人」が増えることを願って、アジアで展開してきたムーブメントである。その中で、もっとも純水に近い水と共に暮らす屋久島の人たち、中でも常に水と共生している漁師たちを、「水主最前線」と呼ぶことにした。日本最大の漁獲量を誇る、飛び魚漁が盛んな屋久島。その飛び魚漁船15隻が、自らの「未来への、水の送り手」の大旗を船首に掲げて、港をパレードする。芸術や文化に余り見向きもしない漁師たちが、アートの主役になったことに注目したい。

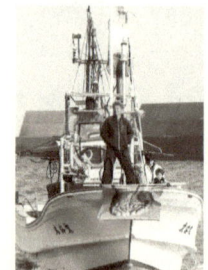 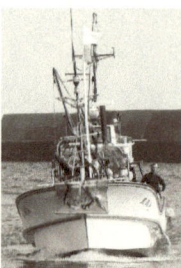

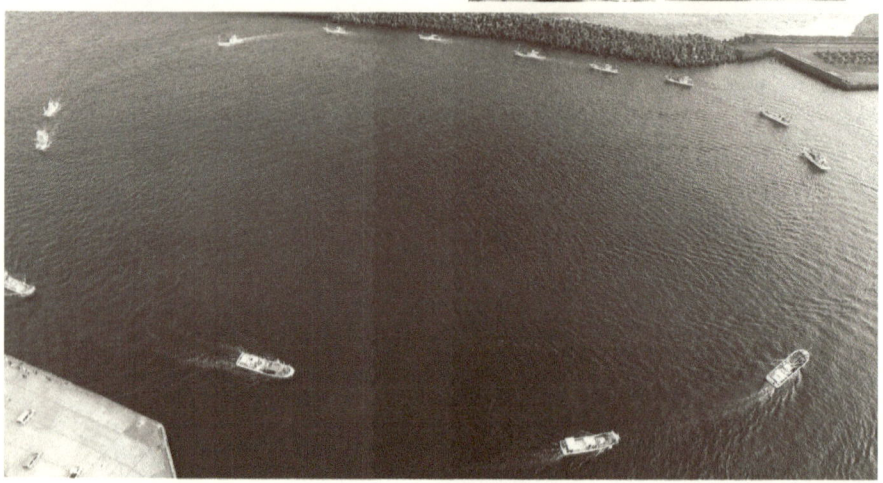

Photo: Yusuke NOGUCHI

漁港から列をなして登場した漁船15隻は、次第にサークルを形成して、ゆっくりと回転する。この漁船が描き出す巨大な円環は、平和への祈願の渦と見るか、地球との穏やかな対話のサークルととらえるかー。
いったん外海へと出た漁船は、人々が見守る岸壁に向かって、一列横隊に並ぶ。権現太鼓に合わせて、一列に並んだまま、ゆっくりと前進する。岸壁で見守る人々の拍手喝采は、次第に大きくなり、かってない感動が出現した。アースアートの、人を揺り動かすダイナミズム。更に、どこへと向かうのかー。

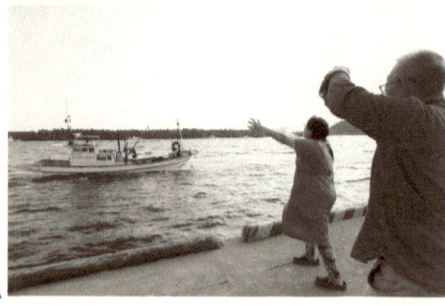

Photo: Reiko IMAMURA

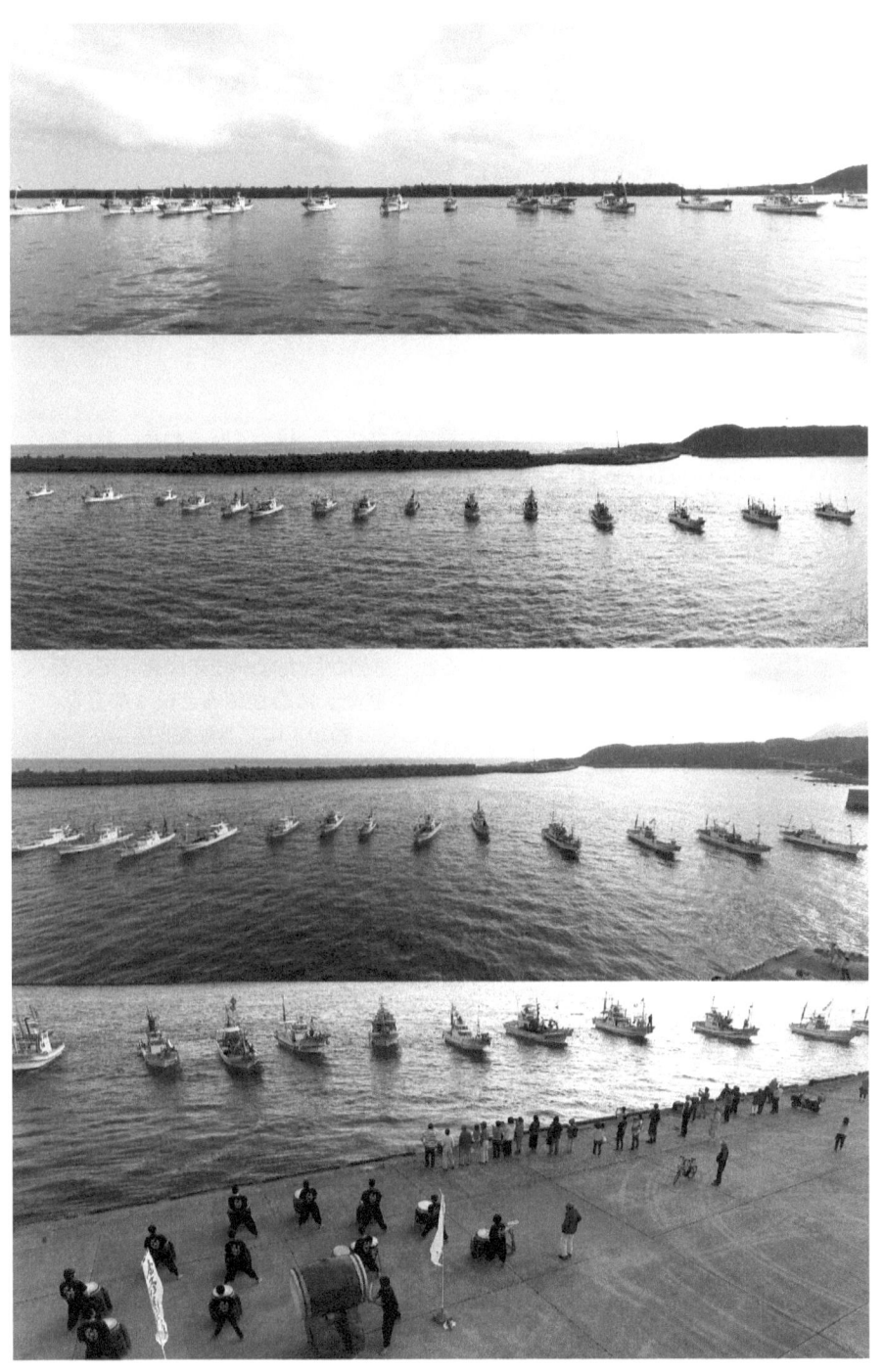

Sayings on "water" of Ichi Ikeda

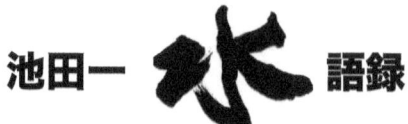

池田一 水 語録

　『全ては、いま始まる』----- この認識に立って、初めて振るわなければならない力業。これが、**WATER PIANO** に向かう時の、発端の行為であり、鍵盤にと叩きつける第一弾である。
　　　　　・*1982 Notes on Water Piano* (池田一「P.M.1」G-day PLAN 発行 1982)

　水というのは厖大な記憶装置でね、洗い浄めるというか、誕生のイメージと、それに洪水等に象徴される終末のイメージとが同時にダブって記憶されている。夕方時に海辺に座っていると、海面が巨大な一枚布に見えて、その下に「隠された誕生と終末のマルチ的な展開」に心が躍るというのかな、この水のもつ厖大な拡がりは人を根底から揺り動かすに充分魅惑的だよ。
　　　　　・*1984 Hinoemata Performance Festival* (performing arts journal **Jam** No.9　1985)

　水ピアノってのは、内なる厖大さの抽出装置ってことになるかな。水面と対応しているのは、演奏技術でも表現への思い入れでもない、自分の中の厖大さとしか言いようのない何かなんだな。水ピアノは測定器ともいえる、自分の中にしまいこまれた未知の記憶の大きさを測るためのね。
　　　　　・*1984 Water Piano* (performing arts journal **Jam** No.9 1985)

　　　水と土の結婚である泥は、あらゆるものを、
　　　その差異、区分け、境界を 取っ払って、混沌さの直中に叩き込む。
　　　泥のもつ混沌さは、誕生前のカオスである。このカオスの渦中で、
　　　あらゆる人は新たな誕生を待つ存在として、等しく佇むことになる。
　　　　　・*1984 Mud Soup in Hinoemata* (「檜枝岐パフォーマンス・フェスティバル」企画書より)

　まみれるってのは、いま必要な営為の言語だと思う。泥まみれの状態を見ればわかる。人も物も全ゆる個別性を放出して、ひとつの世界化が起こってることを。要するに無差別化の状態というか、差別文化以前というか、創生期体験と呼ぶのも悪くない。この「まみれ」の感覚を表現営為の基盤に置きたいねえ。
　　　　　・*1984 Mud Soup in 1st Hinoemata Performance Festival* (「泥スープ」レポートより)

　　　　　場に生起する満干現象 ---。それを知るには、「場所」を出入り自在な開かれた流動空間としてとらえ、その中で「何が流入し、何が流出したか？」を問うことになる。どのような言語を投げ込み、どのような言語を放出したか、その「場所」の出入のバランスシートを露わにしてみせることである。そこでは、「場所」は容量・付加価値・経済性といった尺度ではなく、水位でもって論じられることになる。

　　　　　　　　　　　　　　　　・ *1986 Water Plane* (TATA86 出版局「非場所連弾」1986 より抜粋)

　　　　＜水鏡＞は、天という存在と、大地という存在を
　　　　　　　　際立たせるために、間に差し挟まれた
　　　　　　　フィルターのようなものかもしれない。
　　　　　　　・ *1987 Water Mirror@ Yokohama* （池田一『水鏡』 G-day PLAN 発行 1988)

　　　　　水という存在は、非物質的で、非定形で、それ故常に革新的でーー。そして、＜水鏡＞という場は、その水に共振して、即興的で、提案的で、それ故常に協働的であるわけでーー

　　　　　　　　　　　・ *1987 Water Mirror@ Yokohama* （池田一『水鏡』 G-day PLAN 発行 1988)

　　　　　私は、日本と韓国の間で一体何が織り成せるのかを、ずっと考えてきました。そして、私は韓国に触れる手始めとして、ソウルに着いた時から『土』と『水』を求め、それらを採集しました。その『土』と『水』が、韓国という厖大に長い糸の、先端部分です。そして、私という日本の土壌で育った身体が、その糸を縫う針です。

　　　　　　　・ *1987 Action Textile@ Seoul* （パフォーマンス、アート・コスモス・センター、ソウル 1987)

　　　　　限られた空間の中にとどまることなく流れ込んでくる「物質文明」の産物、あるいは廃棄物。まるで出口を失った濁流のように、「モノと人と環境」がひしめき合い、競合化と差別化の軋み音だけが高くなる。地球のわずかな表面に密集し、へばりついた都市から、新しい時間の循環を喚起しそうな「水煙り」は、立ちのぼらないものか？　未来の時間を潤すスコールを降らす「水煙り」。

　　　　　　　・ *1988 Water Mirror @ New York* （池田一『WATER DIARY in NEW YORK』G-day PLAN 発行 1989)

　　　　　Water Diary 1988.10.22------ 水に息を吹き込む。水を揺する。水を混ぜる。水を掻き回す。水が高ぶる。水がうち震える。Water Room の水位が上がる。その水位の高さに、私もともにあること。そして、いま、Here is to you！水が溢れて、私も溢れて、Water Room は、次のゲストを待ち受ける。

　　　　　　　・ *1988 Water Mirror @ New York* （池田一『WATER DIARY in NEW YORK』G-day PLAN 発行 1989)

場所に感応し、場所に発信するための端子、その先端としてのアーティスト。いま、ここにしか生起しえない「出来事」の回路を感知し、増幅するために、私は常に磨かれた先端でなければならない。「私は、私自身を表現するという創造行為の常套句を信じない。私自身の先端そのものであろうとするだけである」
　　・*1989 Eight Individuals from East @ Seoul*（シンポジウム・テキスト、清楠美術館、ソウル）

　　　天水と大地と地下水とを連動させることによって、地球上の一点にあって、地球における循環のシステムを眺望し、その点上の人々と再生のイメージと問題点を共有するための、アートからの提案。固有な息づかいの中から、地球という核心に関わる。『地球のへそ』プロジェクトと呼ぶ。
　　・*1990 A Navel of the Earth @ Fukushima*（テキスト／元八総鉱山小学校、福島、1990）

　　　いま、3つのTRANSFORMATIVE（変容可能）な出来事ー『地球』『国家』『個人』。私という発信体から、水というもうひとつの感覚システムを連動し、循環し、時間を沸き立たせ、その時間の線分上から、3つの「いま」を語る。さて、どこまで書き進んだかー
　　・*1990 3 Codes [EARTH][NATION][INDIVIDUAL] @ Tokyo*（「東方からの8人」展カタログより）

　　　地球の肌を連想させるブラジルの赤い土で「水鏡」を囲み、根源的な水、即ち「地球の循環系」のイメージを覚醒させる。心肺のような水流の接合点に浮かぶキャンバス製の書物「**EARTH**」が、場に生起し消滅する「呼吸」を痕跡化する。162頁（会期81日X2頁）の厚さをもつ書物「**EARTH**」は、『モノー人ー環境』の、あらたな世界の瞬きをどこに記録したか？パフォーマンス・アートの力学で、いま息づかいの体系をひもとく。
　　・*1991 Floating Earth in 21th International Biennial of Sao Paulo*（『漂う地球』G-day PLAN 発行 1992）

　　　「私にとって、水は意のままにならない物質だから、
　　　　　共生的に、そして対話的になる」
　　　「水は私を増幅させ、私は水を増幅させ、頑迷な周囲の場も揺らぎ始める」
　　　「自然を破壊し制御するエネルギー消費の大きい人間の営為には、
　　　　　私は興味がない」
　　　「水は、常に不確定であるが故に、常に人々に対して示唆的である」
　　・*1991 Floating Earth @ Sao Paulo*（池田一『Floating Earth 漂う地球』G-day PLAN 発行 1992）

　　　容器に閉じ込めた『死んだ水』ではなく、水の両義性、即ち心静かな平穏さと制御不能な危険性を同時に備えた『生きた水』を開示すること。
　　・*1992 2 Facing Pages on the Earrth*（テキスト／すみだリバーサイドホールギャラリー、東京）

　　　　　上から見える文字は、地球を巡る水の循環を、例えば雲、雨、湖、川などと ----。穴の一番底のキャンバスには、身体の中の循環を表わす文字が、目、耳、口、手などと ----。そして、間にまっさらな５０枚を入れて、「地球の出来事」を痕跡化するというわけです。最も水面が上がる満月の日に埋めて、次の満月の日に掘り出す。１２冊の『水の本』のタイトルは、表と裏の文字から、例えば、『川ー耳』とか『海ー足』とかになるわけで ----- 想像の宇宙が身近な所から拡がりますよ。
　　　　・1993 Book of Water: WATER MANDALA @ Nara （「水の本：水マンダラ」チラシより）

　　　　　東南アジアから黒潮沿いに広がるアジア・ウオーター・フロント。その底流に脈々と流れる「水の文化」を蘇生させ、「持続可能な未来」への指針としたい。アジア各地から立ち上る「水の文化」のエネルギーを中央集権的な権力志向ではなく、自立したエネルギーの自在につながる柔軟なネットワーク・イメージとして、**WATERHENGE**（環状水柱群）を提唱する。
　　　　・1994 WATERHENGE @ Bangkok （「Asia Edge アジア・エッジ」パンフレットより）

　　　　　全ての河川は海へと流入して、全ての海は海流でひとつにつながる。地球上の人たちにあらゆる差異を越えてひとつにつながるイメージを、水は具現化する。**The United Waters** は、未来へのアクティブな行動規範だ。
　　　　・1995~ The United Waters @ Santa Fe （WATERMARKS 展メッセージより）

　　　　　国境を越えて、人と人がつながる。
　　　宗教、身分、経済的格差を越えて、見知らぬ人を受け入れる。
　　　そのリンク・イメージとしての、[**The United Waters**]。
　　　　・1995~ The United Waters @ Santa Fe （The United Waters レポートより）

　　　　　『水の方舟』のクルーたちは、今朝も騒々しい。
　　　俺の足元の水は、何処から来て、世界の何処へと流れて行くのか・・・
　　　あまりにも馴染んでしまって、もう物語を語らなくなった水の風景が、
　　　賑やかにそれぞれの「足元の水」を想い起こし、語り出す。
　　　「足元の水」の賑わいで、ごった返し、『いま、ここ』が、活気溢れる水港になる。
　　　　・1997 Arcing Ark @ Kaseda+Taipei （「水之方舟計劃」パンフレットより）

　　　　　アートといっても、ベクトルが内向きだと同じでね。政治の権力構造や経済の内向きの市場論理に組み込まれてしまう。いま、世界を変えるのは、外向きの大きな変革イメージです。「見立てという独自なイマジネーション」と「水の、流動ダイナミズム」が結びつけば、その可能性は限りないと思うよ。
　　　　・1997 Arcing Ark @ Kaseda+Taipei （「水之方舟計劃」インタビューより）

ART CROSSING　53

想像力は貯めるな、放り出せって！　船首ってのは、尖端で、どこまで延びてもいい。『水之方舟計劃』に関わったものは、船首はどの方角に向かって、どこまで進むのか、と直感的に想像しますよ。アート自体に、それだけの潜在的なポテンシャルがなければ、だめだ。

　　　　　・*1997 Arcing Ark @ Taipei*（「水之方舟計劃：台北船首」インタビューより）

　全ての人へ、水主になろう。文化背景の、国家間の、宗教上の相違や不和にも関わらず、未来に生きる人たちに、地球のもっとも重要な資源である水を送り届ける水主になろう。

　　　　　・*1998 Water Market @ Kaseda*（「加世田水市場プロジェクト」メッセージより）

　「あなたの足元の水をきれいにしようとしても、川の上流からなんらかの汚れた排水が流れてくると、あなたのきれいな水も汚染されてしまう。そこで、上流に住む地域の人たちに、協力しあって水をきれいに保つように訴えなければならない。しかし、汚れた水が他から流入すると、水をきれいに守ろうというあなたの努力は充分報われないだろう。そこで、川の流域に住む全ての地域の住民と協力しあうことの必要性を痛感することになる。」

　　　　　・*1999 Water Ekidn @ Manosegawa River, Kagoshima*（「水駅伝」カタログより）

　　　　　　いかなる場所も
　　　　　地球上の次の世代に
　　「未来のための水」を送る水駅伝の起点として
　　　　　機能することが出来る。

　　　　　・*2001 World Water Ekidn*（「水芸術時報」（台北市政府文化局発行）世界水駅伝宣言より）

　受水走水。滴る水を受け、溜め、そして流れ出す、そんな水の動きが、見事に４文字の中に感じ取れる。イメージを強く喚起する言葉ではないか。水の回路、**Water Channel** ---。「沖縄の水の回路」を知るために注目したのは、琉球石灰岩の層に溜った地下水が地上に現われる井戸（カー）や樋川（ヒージャー）。足元にひそむ不可視な水 **invisible water** が、人々の生活とどのように接点をもつのか。

　　　　　・*2001 Okinawa Water Channel*（「沖縄水チャンネル」制作ノートより）

　「最初の晩餐」は、豊富な食材が氾濫し豪華な料理が居並ぶ食卓ではない。何もなくても生きていける、もっともプリミティブな、まさに「水で始まり、水で終わる」晩餐である。その場に居合わせる全ての観客は、晩餐を饗する招待客ではなく、晩餐を用意する参加者として、歓迎されるだろう。

　　　　　・*2001 The First Supper @ Okinawa*（「最初の晩餐＠沖縄」制作ノートより）

水は、ただ眺めていても何も語ってくれない。水と共にある時、水と共に行為する時、水は多くのものを語りはじめるものです。『水主共同体』というのは、そのような水との共創の場。
　　　　　・*2002 Water Senders Community @ Taipei*（「台北・水主コミュニティ」チラシより）

　　　国境を超え、民族の壁を越え、流れ続ける「水」というボーダーレスなレンズ。文化背景の相違を越え、宗教の壁を越え、共鳴のリンクを広げるもうひとつの越境レンズ、「アート」。この二つのレンズが相乗作用して、厖大な偏見と差別と戦争の累積でおおわれた「病んだ地球の殻」を突き破る。「水／アート」は、水地球上のレーダーのようなものである。
　　　　　・*2002 Water's-Eye @ Indonesia*（「水の眼：インドネシア」チラシより）

　　　『水の村』は、いま最も必要な未来への想像力を掻き立てる寓話とも言える。『水の村』は、「水の惑星としての地球」（水地球と呼ぶ）上で、水と共に存在し、生活していくために欠かせない、いわゆる『標準時計』を持っている。水が水地球上を循環しているシステムと符合して、人が生活していくための指針となる時計である。
　　　　　・*2003 The Time in Water Village*（「水の村：標準時計」相模湖チラシより）

　　　　　　あなたの身近な空間が
　　　世界の中の水不足で困っている１０００人の人たちに
　　　　　必要な水が供給出来る水箱だとしたらー
　　　　　・*2004 80,000 Liter Water Box*（「8万リットル＝１千人の水箱」メッセージより）

　　　１人の人が標準的な一日を過ごすには、約 80 リットルの水が必要である。しかし，世界の人口の４分の３が、乏しい水供給のため 50 リットル以下の水しか使えない。ケニアでは、一日たった５リットルの水しか入手出来ない山岳民族もいる。一方、米国のような先進国では、芝生への水やり、や洗車などで、一日に 1000 リットルも使う人がいる。生きる上での基本的人権としての水であるというのに、余りにも厖大なギャップ！
『80 リットルの水箱』を目安箱として、「私が使う水は、一日 80 リットル以上か以下か？」を自分自身に問うことを願う。
　　　　　・*2005 80 Liter Water Box*（「The Missing Peace」c 米国中高校生教材のためのインタビューより）

　　　water watching（水の変化を監視）する、いわば「川という水箱のレフリー」として、ひとつひとつの排水口に向けて、「**Blue Card** ブルーカード」と呼ぶ警告カードを突きつける権利をもつ。
　　　　　・*2006 Blue Cards @ Kawaguchi*（「芝川再生アートプロジェクト」からのメッセージ）

湖畔にはワイナリーが点在する風光明媚な地にも拘らず、Cayuga Lake Watershed Network は訴える。「湖の水は、最終的にはオンタリオ湖に流入する。もし我々が水を汚染するならば、その汚染は世界の人が入手可能な新鮮な水の、5分の1を保有している五大湖に及ぶ」。足元の水から地球の水をとらえる、この視点は重要な示唆に富む。**Water's-Eye View** の好例だ。
　　・2005 Big Fingers Conference@ Finger Lakes, NY（「ビッグフィンガー会議」レポートより）

　川でのプロジェクトを行う場合に、モットーとしていることがある。「答えは、向こうからやってくる」というものだ。川をじっくり見て回る、そのうち川のもつ独自な語りかけが聞こえてくる筈だ。
　　・2006 Moving Water Days@ Kedogawa River（「花渡川アートプロジェクト」レポートより）

　ここ枕崎は、東シナ海を経て、黒潮文化圏にのり、世界にメッセージを発信する格好の起点となったにちがいない。そんな環境の直中にいると、環境アートとかコミュニティ・アートとか言った言葉がとても貧弱に思えてくる。そうだ、『地球アート』と呼ぶとするか——
　　・2007 Water-in-Water@ Kedogawa River（「花渡川アートプロジェクト」レポートより）

　Water's-Eye は、また「**flowable**」という言葉も生み出しました。全てのものは、価値を固定されるべきではない。絶対的な存在ではなく、全ては変化することが出来る。全ては、流動可能な、**flowable** である。そこで、我々は参加する必要が出てくる。まるで、水のようにである。我々もまた、流動可能な、**flowable** な存在なのである。このような視点を取ることによって、いまの世界を読みとくパースペクティブを手に入れることが出来ます。
　　・2008 Water's-Eye @ New York（NY国連本部でのスピーチより）

　水は、地球上に住むひとりひとりにとって、絶対に不可欠なものです。水を生存のための権利、基本的人権として把握することの重要性を強調したい。**WATERPOLIS** は、誰でもが乗り込むことが出来る船のようなもの。そう、地球を豊かなものにしている多様さをつなぐ共存と協働の、新しいチャンネルを求めて航海する、未来の船です。
　　・2008 WATERPOLIS@ Delhi（「ウオーターポリス@デリー」インタビュー）

　池田一から、始めに3つの質問
1) あなたの足元の水は、どこから来て、どこへと流れて行くのか？
2) 水不足は、いま世界的な問題だ。なぜ、水不足は起こるのか？
3) 2025年には、世界の48ヶ国が深刻な水不足に陥るという予測。あなたは、そのために何をどのようにするか？
　　・2009 Artist-in-School @ Kawaguchi（「アーティスト・イン・スクール@川口」テキスト）

水という言語　川という文法　地球という物語
・2009 Ikeda Water Art Library @ Tokyo（「池田一・水アート・ライブラリー」メッセージ）

　　人間と環境の間で深遠な交感を実現するためには、我々の生命の源である水は、さまざまな境界、日々の習慣、歴史や文化の境界を超えて進むためのメディアである、ということを人々はもっと認識するべきです。
・2011 Interview on WEAD magazine（「WEADマガジン」ニュー・パースペクティブより）

　　一景には円環を通して望む万華鏡のような風景、二景は水中庭園を偲ばせる佇まい、三景は未来の方舟が停泊する港の雰囲気、四景はGO GREEN!（環境に配慮）のイメージ。
それぞれの風景が延びる先に立ち上る水霧の世界。
いや、水霧を通して、みんな、その先を見通そうとしている。
・2012 5 Greenscapes @ Tokyo（池田一「不忍・緑・五景」カタログより）

　　今、「水性の思考」が、我々の望ましい未来を見る上でより効果的だ、と確信しています。今回の巨大地震を通じて、地球は確実に動いているということ、我々はその地球の動きと共に生きているということを、はっきりと実感するようになったのです。――そして、福島の事故で鮮明にわかったように、我々の足元に地球の表面が常に存在しているのです。人間と地球との間の"第一義の関係"を表現しているアーティストには、「アースアート」は未来に向けた最もパワフルなアイデアとして機能するでしょう。
・2012 5 Greenscapes @ Tokyo（池田一「不忍・緑・五景」カタログより）

　　シンガポールのMarina Bay Sands。池の中で、水を吹いて奏でる、かって誰かがフリージャズだと言った、私曰く「水奏楽」。そして、We the Peopleで始まる、国連憲章ならぬ、自作の水連憲章序文を歌い上げる。一歩前に出て、水面に息を吹き込み、その波紋を建物の壁に投影する。私の息づかいで、建物にゆらぎを与えるパフォーマンス『水鏡』。人は、超近代的な都市空間を動き回るモルモットではない。「人の息づかい」が見える未来を、と言う思いを、水はしっかりと増幅してくれた。水たちよ、ありがとう！
・2013 Water Mirror @ Singapore（「水鏡＠シンガポール」パフォーマンス・レポートより）

　　君は、いま水辺で水を奏でる／水辺には、世界のざわめきが流れ着く
　　　耳を傾けよう／目を凝らそう／あの人の叫び／あの人の訴え
　　　あの人の泣き叫ぶ声／時に あの人の笑い声
　　　　水辺では　声高に叫ばなくてもいい
　　　水を奏でよう　平和を願う気持をこめて
・2016 Water Orchestra for Peace（「平和への水奏楽団」パフォーマンス・メッセージより）

WATER POLITICS

<ウオーター・ポリティックス>其の序

Ichi IKEDA 池田一

議会制民主主義、立憲主義、持続可能な環境社会・・・政治言語の大義名分を奪い合う既存の政治の力学は、もはや人の生存権利を救えない。地球上の一人一人の、流動する生存の時間と向き合い、その現実を未来への起点とするアートの、究極の力学は、いま最も先端的な政治的時間ではないか。その『水の眼』で見る普段な営為から、Water Politicsへの道を開拓する！

Water Politics #01

序の序として
「水の眼」で見る／考える／行為する

1-1　いま波静かな海辺に立つ
・・・・君は、いつもの何喰わぬ顔で、ポツンと訊いて来た・・・・「水のアーティストよ。なぜ、いま水なんだ？」・・・突拍子もない問いかけに、本題に向う本気が誘発される・・・・・「世界の歴史を見ろよ。水に絵を描いた人はいないし、水を彫刻した人も存在したという話はない」・・・・そんなことは当たり前だという顔つきの君に、今度は私が問い返す・・・・負けじと、突拍子もなく・・・・・「水って、物質かね？」・・・・・・・

1-2　砂浜の溜まり水を汲む
・・草木、岩石、土砂、石炭、石油、ガス、金属、各種合成物・・・地球上のあらゆる物質を、文明という名の下に、採集、採掘、加工・・・そして進歩・発展のライン上で・・・地球の未来が危うくなるまで、徹底的に利用してきた・・・防潮堤に沿って歩きながら、君に語りかける・・「水って、人間の手に負えない厄介もの。物質ではなく、エネルギーそのものなんだから！」

1-3　雑草と瓦礫に囲まれて 座す

・・・20世紀は、進歩・競争・戦争に象徴される「火の世紀」。21世紀は、共存、共生の「水の世紀」と言われる・・・物質文明から、エネルギー文明への移行だ・・と語ると、君は真顔で、「エネルギーって、一体何なんだ？」・・見ろよ！ 鏡のように穏やかな水面が、突如膨れ上がって、襲いかかる・・・・・・水のポテンシャル（潜在的）エネルギーは、人間の叡智を遥かに超えている・・・水のポテンシャル・エネルギーの前では・頑強で堅固な構造物の、安全神話が、無残に破壊される・・破壊の後、残るは廃棄、再び建造。そのサイクルの繰り返し・・・物質文明の延長は、廃棄物文明という宿命！・・・・産業廃棄物、核廃棄物、土壌も廃棄物・・・アートだって処理不能な廃棄物

1-4　破壊された防潮堤の前でしばし

・・・・・・・「喪失したのは、家屋や家財といった物質ではない。未来へのポテンシャル・エネルギーだ」・・・・ひとりひとりの未来へのエネルギーを奪ったのは、自然現象ではない・・・そこまで人間を追いつめた文明だ。文明を築く国家という制度だ・・・「そのうち、俺や君まで廃棄物扱いだろう」・・・・・・・・・何重にも制度という秘密のフェンスに覆われ、ゴミ、ガラクタに囲まれ、自食作用の果てに、飼いならされる・・・君は、ついに怒り心頭に来たのか・・・・・「それじゃ、家畜ならぬ、国畜か！」・・・

1-5　湖を見下ろす丘の上で出会う

・・・・ニューヨーク州西部の、湖畔の中学校で、水のシンポジウム・・・中学生たちが世界から選んだのは、池田一・・・・**IKEDA WATER**！・・・・・・その湖畔で、別の水のエネルギー回路に遭遇。「足元の水を汚すな！この水は、世界の飲み水の6分の1を占める五大湖のひとつ、オンタリオ湖に流入する。足元から、地球を汚すな！」・・・・・水が流れ行く未来から、今を見る。足元に、地球の将来がある・・・これぞ、『**Water's-Eye 水の眼**』だ・・たとえ頑強なフェンスで封鎖されても、水の眼は未来を見通す・・・未来を起点にすれば、誰も占有出来ない民主主義のフィールド・・・・・「水のレイヤーは別もので、いかなる境界、障害でも、どこでもすり抜けていく」

1-6　水の流れを見下ろしながら

・・遠近法など、くそくらえ！・・未来を起点に、『いま』を見る・・・・・足元にある地球。そこから、『ここ』を知る・・・アースアートは、未来への公道だ。自由、解放の未来のイメージが、流れ出す公道！・・私の流れを探すなら、**IKEDA WATER** と呼んでくれ・・・・・・・・・・・・・・・・・・「君も水になるか！・・・ おーい、いま、どこを流れている？」

Water Politics #02

2025年のエネルギー講座
未来を起点にすると、
現代は、最新の不透明な過去である。

2-1 日だまりの中で
・・・2025年大学「日だまりクラス」、出入り自由・・・・入ると、黒板にでかでかと大書された、二つの言葉が目に飛び込む・・・・・『ひとりからの政治』・・・『原発ゼロ達成度』・・・・・・・・制服を脱ぎ捨てた、さまざまな人が、このクラスには集まる・・・・・・・・・・・・・『なぜ、日だまりかって？・・境界など溶け出しちゃうからさ』・・・・なぜ、ひとりからだって・・・・『国の寿命は知らないが、俺には限られた寿命があるからなあ』・・・・国策としてのエネルギー政策ではない・・・・・・・・・・個人から始まる起点とアクションを求めれば・・・「原発ゼロ」は目標などではない・・・・・譲れない共有の起点である・・・・・・・・・・・・・「未来起点のパースペクティブ」と・・・黒板に書き加えることにした・・・・・・・・・・

2-2 夕方の海辺に座して
・・灰色の巨大な一枚布を敷きつめたような、暮れなずむ海辺・・・・・・ぺろっとめくると・・・・・地球の中のライブな時間がパノラマのように出現する予感がする・・・シュールレアリスムの幻想的な内部世界ではない・・・・・石炭・・石油・・天然ガス・・鉱物・・地下水・・・・・各所を資源という名目で抜き取られた、骨抜きの残骸のような地球内部・・・・・・・・・と、その瞬間、何処からか感極まった声が響いて・・・・・「シェールガス革命だよ、未来の救世主！」・・・・・・・・いや、ちょっと待て待て！・・・・・未来起点のパースペクティブで、見てみることにしよう・・・・・・・・・

2-3 固い岩盤の上に立って
・・・・地球から、新たな資源を搾取、いや採取する高度な技術革新・・・・・シェールガスを含む頁岩層に水平にパイプを入れ、高水圧で人工的に割れ目をつくり、ガスを採取する・・・地球を深部までいじくりまわす技術は開発されても・・・「地球を守る技術は、開発されないのか！」・・・・・・・・・・突然の剣幕に、岩盤の上で固まった一同に・・・・流体による水源や浅部の帯水層の水質汚染、それに誘発地震も現に起こっているとか聞くぜーとたたみ掛ける・・・・・・・・・・・・・・・『ひとりからの政治』は、地球を守る側の思考から出発する・・・・・・・・・・・

2-4　通り雨に打たれて

・・・・・・・・・「国のエネルギー消費量と私」との因果関係は判明困難だが・・・「一人当たりのエネルギー消費量と私」は、抜き差しならぬ関係にある・・・・・・・・１人当たりの消費量で言えば・・・・最もエネルギーを消費している国と、最もエネルギーを利用できない国とでは・・・・・実に、1000倍の格差があると言う・・・・・・・いま、世界は、エネルギー的に猛烈な差別環境の中にあるのだ・・・・・・・・・・・・
・・・・「エネルギー差別の側に、俺もいるのか、お前もか！？」・・・・・・・・・・・・・・・・・・・・・・・・・・雨にしたたか打たれ・・地球規模のエネルギーシステムの中の、自分を知る・・・・・・・

2-5　蓄電基地に向かう先で

・・・・「14億人のエネルギー貧困の人たちを救うのは、　（アール）水素！究極の脱炭素社会へ向けて、救世主は水素革命だ。」・・・・水を電解し、水素エネルギーとして貯めておけば、必要時に電力に戻して使用できるとのこと・・・・・だが待て・・脱原発の切り札というが、大いに気になることがある・・・・「公共財としてのエネルギーが、　水素という私有財として、独占的に貯留されるのではないか？」・・・・・・・・・・・・太陽光・・風力・・波力・潮力・・流水・潮汐・・地熱・・バイオマス等・・・・・・再生可能エネルギーの巨大プロジェクトでは大きく経済政策が支配してくる・・・・・・・・・公共財の私有化を回避するためには、一人一人が義務と権利を行使出来る、小さなエネルギー回路が必要条件となる　・・・・・・・・・・・

2-6　用水路の脇で

・・・水田の脇を流れる用水路の傍から、今日のクラスは、始まった・・・・・・・・・・・・　落下時の水流で、タービンを回転させ発電する、小水力発電・・・・あの懐かしい水車も、そのひとつだ・・・・・・・・・・・「誰でも取り組める、等身大のエネルギーと呼んでもいいよ」・・・・・・農業用水路で・家庭で・オフィスで・保育園で・福祉施設で・・・・・・更に話は弾んで・・・・・ビルの中を落下する水流を使っての、発電計画・・・・空調・・用水・・排水のための配管類を落下する水流だって発電可能だ・・・・・・「エネルギー収支を考えて、エネルギーシェア、エネルギーコラボレーションってわけさ！」・・・・・・・・エネルギー問題は、一人一人の生存と向き合った、人単位であると実感する・・・とすると・・・・・・・2025年大学「日だまりクラス」は・・・あなたの目前に出現してくるかも！・・・・・・・・・・

Water Politics #03

水との共生テクノロジー
水の開放エネルギーは
閉鎖的な封じ込め社会を溶かす

3-1　橋の欄干にもたれて
・・・ゆったりと・・たゆとう流れに、小枝が踊る・・一瞬目を閉じろ・・・そして再び、目を見開け・・・・いま、眼前にある水は、前と同じ水だろうか？・・・・・「一瞬たりとも、同じ水は存在しない。水は、非物質！」・・・・・・・・君が、小石を落とす・・・波紋が静かに広がる波紋を眺めて・・・・・「近代文明の誤算だな。水を物質として封じ込めたことは―」・・・・・・・津波には、高い防波堤。汚染水対策として、遮断壁。川は、コンクリートの三面張り・・・・・どこまでも、閉鎖系の発想・技術・政治・・・いつまで続くのか・・・・・・・・・その間にも、水というエネルギーは・・・各種の壁を軽々と越えて・・・・解放系に向って・・・溢れ出している・・・・

3-2　水の工作ルームに集合
・・・・・畳一畳分の大きさのアクリル水槽を作ることになった・・・・・・・・・水の入る部分は、たった１０センチの厚さ・・・・・・・・・・・・隅の方から、アクリル成型業者が、何喰わぬ顔で・・・・・「水を１８０センチの高さまで入れるのなら、アクリルの厚さは最低７センチはいるわな」・・・・・ナニ、１０＋７＋７＝２１cmの分厚さの水槽が必要だ、と・・・・・・・水が外に広がろうとするエネルギー、水圧には、一同仰天する！・・・「溢れる、洩れる、それが水ってものの特性だ」・・・・・・・・・封じ込められた水の氾濫か、それとも水の反逆か・・・・・・・・・・・・水を封じ込めようとするほど・・・・・・水のポテンシャル・エネルギーは増幅する！・・・・・・・

3-3　ゲリラ豪雨で転落した巨石の前
・・・・一見、穏やかな森の中の集い・・・が、なぎ倒された樹木、えぐられた木の根っこ、流出した大小の岩石・・・・・・ゲリラ豪雨の、生々しい爪痕に囲まれて、誰彼ともなく呟く・・・「やはり、水だ。気候変動に一番敏感に反応するのは―」・・・・・・・世界各地での「気候変動」という不可視な徴候が、水を通して、露わに出現してくる・・・・降雨のパターンが従来と変わり、渇水や洪水、ゲリラ豪雨、海面上昇・・・・・・・・・・・・・人間の文明が造り出した「封じ込めの空間＝容器」を水のエネルギーは解放系に向けて、オーバーフローしてくる・・・・・・

3-4　地下水が湧き出る足元で

・・・・・こんこんと湧き出る水は、眠っていた想像力を喚起する・・・・・「この水は、何処から来て、何処へ向うのか？」・・・・・・現実の困難さに翻弄されていた「いま」という封鎖時空間から、長大な時間の線分へと想像力は解放される・・・・・・しみじみと、「太古からの地球の息遣いだもんな。この地下水ー」・・・・・・・誰がアンダーコントロール（制御できている）なんて言えるもんか！・・水の想像力は、なによりもリアルな想像力・・・・閉鎖系の技術革新社会から、解放系の共生社会へ・・・・・・・・・・・・・・・・・・・・・**Water Politics** は、水から学ぶサステイナビリティ（持続可能性）を提唱する・・・・・・・・・・・・・

3-5　二つの川の合流点での会議

・・・・・・・・・・・・・・・会議のテーマは、「何が汚染されたのか？」・・・原発の汚染水の海洋流出は、非可逆的に進行している・・・・・・・・・福島第一原発の汚染水対策の生命線「ALPS」が、深刻なトラブルつづき・・・地下水の流路変更、汚染水の封じ込めなど、「閉鎖系の技術発想を、水がオーバーフローしている」・・・・・・・・・・・・・汚染水問題は、地域の技術的問題ではない、と声高になる・・・・・「いや、国の水、いや地球の水の問題だ！」・・・・・・・津波、用水、飲料水、汚染水・・・・異種同根・・・全て、繋がっている・・・・・・・・・・・・・・・・・・・**Water Politics** がとらえる水の循環システムは、汚染されてるのは、高度・専門化した技術社会、物質文明の方だと警告する・・・・・・・・・

3-6　廃水が流れ込む現場で

・・・・・・・デリーを流れるヤムナ川の畔にて、この水の消息を追う・・・・・・ヒマラヤを水源とする清浄な水・・・・それが、デリーに入る前に、農業用水として９０％以上が小麦畑の方にとられる・・・・・・残る水は、たった１０％に・・・・そこに、１９の排水口から、雑多な生活廃水が流入するから、たまったものではない・・・・・「ヤムナ川は、トイレだ！」と嘆く声・・・・・「一体、我々はどんな水を飲んでるのだ！」と訴える声・・・・・・「川の水は、上流から下流へと流れる、という常識は通用しない」・・・その上、水質汚染された河川を浄化する方法は、他のきれいな水を加えて、「希釈する」のだって？・・・・・・・ヤムナ川の場合は、ガンジス川に流れ込む前に、希釈する支流だってない・・・・・・・・・「封じ込め」「希釈」、この変わらぬ閉鎖思考・・・・・・・・・・進歩とは何だろうか？・・・・・・・

WatrerPolitics は、水の力学で、「物質文明を溶解する」

ART CROSSING　63

Water Politics #04
de-JAPAN と re-JAPAN 多相国家展望
多相な境界人として
トランスナショナルな往来人として

4-1　「お〜い！」で始まる集会の最前列
「お〜い、見えんぞ！　見えるか、取り巻く境界が？」・・・・・・
遠慮のない大声が、ぞくぞく集まって来る・・・・半ズボンをはいた大人達
が大半だ・・・・ジェネレーション・ギャップを感じさせない連中だ・・・・
・・・・・・・「ここで、線引きされている。ほら、境界は俺の股の下だよ」
生存のための与件なのか、各種の線引きが幾重にも折り重なって・・・・・
個人の自由度を抑制し、その自立を困難に追い込む・・・・・・・・・・
・・今回の緊急集会のテーマは、「境界の透過性」・・・・・例えば、国境・
透過性が低い国境は、壁や地雷原などにより、二重三重に封鎖され人の往来
が許されない・・・・・・国境だけではない・・・人の自由や権利にとって
透過性の低い境界は、身辺に張り巡らされている・・・・・・・・・・・・
・・・・・・・・「問題は、不可視、不可聴な境界だ」・・・・・・・

4-2　「不可視な境界」に対する証言台
池田一による証言。　「5年程前に、突然、自宅が、厚木基地周辺防音対策
区域に組み込まれましてね。何を基準に線引きしたか、全く不明のまま、防
音工事に国が100％助成するというので、希望届を提出したんです。する
と該当物件なので、防音工事の希望日を知らせろ、と。そこで、待てよ、と
よく内容を読むと、工事後何年かは転売出来ないとか窮屈な条件がついてい
る。結局、基地自体の騒音問題は未解決のまま、国の都合のいい政策に組み
込まれるだけだ、と。そう簡単に組み込まれてたまるもんか。で、さっさと
取り下げました。」

4-3　「不可聴な境界」に対する証言台
池田一による証言。　「20年程前のことです。20Hz以下の超低周波が、自宅
の前のクリーニング店からずっと出ている。妻は家に殆どいるので、生理的
にイライラや圧迫感が募って、深刻な健康被害につながる―。不可聴な上、
測定も困難、厄介なものです。ある友人に相談すると、『どこかに移住するか、
二重窓にでもすればいい』、と。ちょうど当時話題になっていた逃亡論の延
長ですね。しかし、普通に窓を開けて、外気を取り込む生活を維持するのは、
当然の権利ではないか。権利を真っ向に表現するのが、アーティストの義務
だと肝に銘じて、徹底的に向き合い、そして調停で勝ちました。」

4-4　ボーダレスな文化の層の上に
・・・・・・「半ズボンをはいた大人達」とは、互いに異質な複数の社会・文化集団の境界に位置し、いずれにも完全に帰属出来ない人たち・・・・・・・『本来、創造的人間は、境界を自在に往来する境界人ってことさ』・・・・・・・・・・ボーダレスな文化の層が、政治的、経済的な境界を越える・・・・ナショナリズムの台頭、自民族至上主義といった超国家主義者らが国境に往来不可能な障壁をおっ立てかねないことの危うさに・・・・・「境界の透明性を、いかに保つか？」と，集会のボルテージは上がる・・・・・・国境だけではない・・・・・・・・地域・・職業・・学歴・・宗教・・無数の線引き・・・・線引きの境界が増える分だけ、想像力が自在に往来する文化の強度は萎縮していく・・・・・透過可能な境界か、どうか・・・・・・・・「境界の透過指数」が、ボーダレスな文化の層から見て取れる・・・・

4-5　[de-JAPAN] と [re-JAPAN] の往来人
・・・マルチ・レイヤーとしての多相国家・・・・・・・国家と国民という二項対立的な制度、不可視不可聴な国境という制約に・・・自らの生存の基盤を預けることは・・・したくない・・・・・・・・「お〜い！見えるぞ、de-JAPAN の位相が――」・・・・・・・・de-JAPAN は、敢えて言えば、脱ジャパンか・・・・・・「お〜い！見えるぞ、re-JAPAN の位相が――」・・・・・re-JAPAN は、再ジャパンか、新ジャパンか・・・・・・・・・・・de-JAPAN, re-JAPAN は、皮膚感覚的、創造的国家の相で・・・・・権力装置としての JAPAN の相を境界として跨ぐ・・・・・・・・・・・・・多相国家に、領土問題は存在しない・・・・・・・・重要なのは、人間多様性・・・「トランスナショナルな往来人って、呼んでくれ！」・・・

4-6　トランスナショナルに蓮池の中
・・・・2013年６月・・シンガポールの Marina Bay Sands で、池の中に入り、パフォーマンス『Water Mirror 水鏡』を実現する・・・・・・・・・・・・・・・もともとシンガポールは、中国人、マレー人、インド人、ヨーロッパ人等の複合民族国家であったのが、四族団結という国家政策で、シンガポーリアンという単一民族国家に移行した・・・・・・人間多様性に逆行する国づくりに、トランスナショナルな往来人が異議申し立てをしたのだ・・・・と、パフォーマンスの後、述懐・・・・声高ではない、いつもの穏やかな調子で・・・・・・・・・・「不可視不可聴じゃない、誰でもが見て取れるミニマムな境界が、この透け透けの俺ってことさ」・・・・・・・・「さあ俺という de-JAPAN と re-JAPAN の間を、ゆっくり跨いでいってくれ！」・・・

Water Politics #05
オレオレ政治 vs. いま生存権
『居心地良さ』と『身震い』は生存尺度としての身体感覚

5-1　建仁寺の本坊・小書院に寝転って
　Gの述懐。「ここだよ、俺の居心地が最もいい場所のひとつってのは！」
京都祇園。四条通を少し西に行って、花見小路を下ると、まもなく俵屋宗達の「風神雷神図屏風」で有名な建仁寺の門前に突き当たる。
「本坊にはいると、あけっぴろげの大広間がある。襖も障子も入ってないものだから、三方の庭が丸見えで、開放感一杯で、なんとも居心地がいい、寝転がろうと、少々居眠りしようと、お構いなしだ。」そして、ごろっと横になると、周りの庭と自分と、更にはその向うの風景とが地続きにつながって、「人が、世界のただ中に芽生えるって気がするものさ」
居心地良さというセンサーは、世界認識の尺度だ。（Gは、池田一の略称）

5-2　ニューヨーク近代美術館の一室で
　Mとのやりとりノートから。1988、ドイツの作家、アンゼルム・キーファー展が開かれている、ニューヨーク近代美術館の一室。一枚の絵の前で、Mが立ちすくんでいる。顔がひきつり、身震いが止まらないという。そして、徐に呟く、「絶対に、絶対に、許せない！」、と。
絵の奥へと引きずり込もうとする暴力的な求心力を、Mの直観は察知した。各地でナチス式敬礼をする画家自身を撮影した一連の写真作品『占領』のことは、後で知った。第二次大戦後のドイツが忘れようと努めていた暗い過去をも白日の下にさらそうとするものと評されるが、『批評言語以前に、身体感覚だろ！身震いは、もっとも先鋭的な反応だ！』　Mの震える身体の横で、Gの怒りは、止まらない。（Mは、池田美穂子の略称）

5-3　三条大橋のたもとの河原で
人としての生存の座標軸がある。その基準点となるドットのひとつが、ここにある。GとMは、京都三条大橋西詰を下がった、鴨川の土手に座って、缶ビールを飲んでいる。夕暮れ時、三条大橋を通る人たちがシルエットになり、そのはるか向うに北山が霞んで見える。この何気ない開かれた風景の中に、生存の座標軸を形成する基準点のひとつがある。少なくとも、GとMとの生存座標軸においては―。「居心地良さって、世界の懐に居るって感じだ。この自然な第一義の身体感覚が、失われたのではない！　奪われたのだ！」
世界認識の尺度である身体感覚を、いまだからこそ復権したい。

5-4　吉田山の山頂から市街地を望む
京都大学の正門の前を通って、吉田神社を抜けて、吉田山の山頂に立つ。京都の町を見下ろしながら、「昔から変わらないなあ、京都ってところは？」全ては時代の状況変化に照合して変化するものと信じてる連中は、何が変化かと問われると、「時代の変化に即した、なにか」としか答えない。時代の風潮、流行に流されることなく、「根本が変わらないってことは、変える必要性や誘惑を常に細やかに検証して来たってことさ。」そして、双眼鏡を取り出し、「よく見ろよ。庖大な数の細やかな変化が、『変わらないこと』を持続している。もっとも難儀な営みだ、『変えない』ってのは―」
サステイナビリティ、持続可能性。平和の基本がここにある。『生存とは、今から明日へアナログに持続的に生きて行くこと」
この基本的な生存権をぶった切る政治がまかり通る。

5-5　どこにでもある路上の、どこにでもあるベンチに
どこにでもいるはずの、ごく普通の人として。だが、とても居心地が悪い。がばっと跳ね起きて、よく見ると、「国民席」の手かせ足かせが―。その上、有事のケースを想定して、周りには「国民の命を守るため」とのラベルが―。その場に居合わせた者同士が、突然、お互い強い猜疑心に追い込まれて、顔を見合わせ、「どこに居るんだよ、その守る国民ってのは？」と怒鳴り合う。日常感覚とかけ離れて、有事を想定して対応すればするほど、混乱度は増し、危機は増大。事態はもっと錯綜し、より複合的で、想定外として出現する。エントロピーの、限りない増大。
「原発事故から学んだのは、この危機増大の法則だろ！」

5-6　危機管理の絵画を目前に突きつけられて
危機管理の絵画が、無理やり一家団欒の食卓に押並べられ、これでもかこれでもかと絵画の解説つきでまかり通る。その一枚の想定絵画は、「朝鮮半島有事」というタイトル。邦人を輸送する米輸送艦の想定事例について、「まさに紛争国から逃れようとしている、お父さんやお母さんやおじいさんやおばあさん、子どもたちかもしれない。」。その隣りの想定絵画のタイトルは、「ホルムズ海峡の機雷掃海」。のっぺりとした日常の中に危機意識を煽り、想像力を掻き立てる。人は、年齢と共に庖大な用件に取り囲まれ、かって自在に開かれていた想像力も、減衰振動を起こして、まさに「想像力の老い」が始まる。そこにつけ込む扇情的な語り口は、構造的に同じじゃないか、例のオレオレ――。オレオレ政治の権力は、立憲主義、国民主権等の言葉も嚙み潰す。「国民を守るために、人を殺すってのか！」。止まらぬ身震いが、生存権の危うさを警告している。Water Politicsは、ギリギリの生存尺度で、対抗する。

Water Politics #06

逆行のパワー・ポリティックス
現実主義でも理想主義でもない『順行の変化』に向き合いたい。

6-1　川床会議の冒頭から
・・・首脳等が集まる頂上会議と違って・・・・・水面に机を並べた川床会議に参加資格はない・・・・・・・・自称 Waterman は、素足を水に浸して・・・・「順行か、逆行か、どちらを進むか？」・・・・もうひとりの Waterman は、流れに従って足を踏み出し・・・・「足が流れに掬われる。慎重に周り全体を、見ながら一歩一歩 --」・・・・・三人目の Waterman は、流れに逆らって・・・・・「逆行ってのは、楽だね、果敢に流れと闘えばいい。自分の足元だけで、周りなど見なくても構わない」・・・・・・・・・・・・・・・・・・・・・・・・・・・・と、その時、会議開始の口笛が高らかに鳴り響いて・・・・・・・・・・・・・・・・・「本日の議題は、逆行のパワー・ポリティックス」・・・・

6-2　盤面を川床に並べて
・・・・パワー・ポリティックスの盤面・・・・・定石は、核兵器の開発・保有・・軍備拡張・・国境への軍隊の配置・・先制攻撃・・恫喝外交・・関税障害や経済制裁など、多種多様・・・・「なら、俺らは盤面の端に積まれた持ち駒か！」・・・・・・・・・・・国際社会全体よりも、自国の利益を優先する権力政治は、文化や社会、思想における世界の変化を認めない・・・・・・・・定石外なので、芸術文化交流による平和外交などは、パワーレスとして、隅に追いやられる・・・・・・・・・・・・・・・・・「なら、こちらは別の盤面を用意するまでよ。」・・・

6-3　別の盤面から、辞典をひもとくと
・・・・・・・・・・想定ゲーム／想定が想定を呼び込む，想定の連鎖・・・・・・・想定ゲームの底なし地獄にはまる快感症候群・・・・・・・・・・想定外／「リスクを予想できなかった」「予想はしたが、対策を実施すべき問題とは認識しなかった」・・・・・・・・・しかし，異なる想定がぶつかる有事は、常に想定外であること・・・・・・・民族間対立・・民主化運動・・過激派テロなど・・・「国」という盤上ではもはやとらえられない事態が続出する・・・・・・撹乱要素は増大する一方だ・・・・・・・・・・・・・・・・「パワー・ポリティックスは、威勢はいいが、時代の流れに逆行で、危険な選択だ」・・・・・・・・・・・・・・その上、同志を囲い込み、権力を強化する・・・クーデターまがいに・・・・・・・・・・・

6-4　水に頭を冷やしながら
・・・・・・・「国際情勢の変化に伴って、集団的自衛権の行使が必要となる」変化という言葉のまやかしが、政治をもっともらしく化粧する・・・・・・・・・・「冷静に！　これだけモノやヒトやカネが国境を超えて動いている。それなのに、領土を守るという地政学的な発想は、世界の潮流に逆行している。何が変化か、わかっていない。いや、冷静に語ろう」・・・・・・・・・・・国家単位で考える現実主義が捉える変化は、歴史の流れに逆行する変化のとらえ方だ・・・・だから、いつも戦時中に立ち戻ってしまう・・・・・・川の流れに逆行して、押し寄せる波に抗して、歩いてみる・・・・
・・・・・・Watermanのレポートは・・・・・・・・・・・・・
「遭遇するのは、戦いに倒れた死骸か投げ捨てられた残骸ばかり」・・・・

6-5　東シナ海を見下ろす丘の上で
・・・・鹿児島県、薩摩半島の南端に位置する枕崎に、川床会議を移す・・丘の上の木口屋集落は、平均年令が70才を越す、いわゆる限界集落・・・・・・・そこでの、池田一のレポート・・・・「老人会の会長が、熱っぽく語りかける・・・『池田さん、何たって変化だよね、変化が大事だよね』って・・手振り身振りで、語りかける。これは、感動するよ」・・・・・・・・
・・・・・・池田一は、集落全体をアートにしてくれ、という要望に応えて東西南北1キロほどの集落全体を・・・・「地球の家」ととらえ、「矢形の水広間」「天空の間」「緑の書斎」を創った・・・・・・・・・・・・この流れは終わらない・・形は変わっても、続く・・・・・・コレは，間違いなく、順行における変化である・・・・・・・・・・・・・・・・・Water Politicsは、順行方向のマルチ・レイヤーの発想だ・・・・・・・・・・・・

6-6　川床会議は、どこに順行するか
・・・・国単位で、自衛権っていうが・・・・国民主権から自衛権を考えてみたい・・・・・・・・・・・・・・・・・・・・・・・・・・
・・・・・「憲法九条を自衛する権利。これが、唯一の人的自衛権だ」・・・・・国際協調や国際法を重視する理想主義でも、イズムでもない・・・・基本的人権としての自衛権がまかり通るレイヤーがある・・・・・・・・
・・・・国家という大河に、容易には混ざらない流れである・・・・・・・
・・・・国と言う単位に係留された逆行の時間からの、解放である・・・・
「氾濫しているのは、国家の方だぜ！」・・・・・・・・・・・・・・
・・・・・・・・・・・・・・Water Politicsは、問い続けるだろう
・・・・「君の足先が向いてるのは、順行の時間か、逆行の時間か？」・・・

Water Politics #07
人心が湧き立つ里づくり
アースアート・アーカイブは
未来を創る主権的アクション

7-1　梅雨空、阿蘇のカルデラの中を進む
・・・・・沸き立つ気分がこみ上げて来る・・・・・・・・・そんな場所に降り立った気分がする・・・・・・・・・・・・小雨がポツリポツリとして、山肌から水煙りが立ち上る・・・・・・思わず、口をついて出た言葉たち・・・・・「今日はワクワク　水湧く　火湧く　雲が湧く」・・・・・・・・そして、思わず両手を突き上げて、「私も湧く　ワクワク」・・・・・原発事故以後、南阿蘇に移住して来た人は、300人になるという・・・・・・・・ここは、自然と共に、人が湧く里である・・・・・・・・・

7-2　阿蘇五岳のひとつ、根子岳を前方に見ながら
・・・・・南阿蘇に近づくと・・・・阿蘇五岳のひとつ・根子岳の峻厳な山容が現われる・・・・・・自然の奏でる音に混じって、カーラジオからは、集団的自衛権をめぐる国会中継・・・・・「国民の生命や自由、平和を守るためーーー」・・・・・いつものセリフ・いつもの調子・・・・甲高い声で、平穏な中に、性急に言葉を押し込んで来る・・・・・・・・「余りに政治が拙速すぎて、ついて行けない」・・・・そうなんだ・・・・・・独善的な権力は時間を我が物顔に消費する・・・・いつの間にか、権力が刻む時間に、体内時計まで制御される・・・・・・・・・だからついて行けなくていいのだ・・・・・・・・・・「国民というお題目で、人心をかっさらって行く偏差値時計には！」・・・・・

7-3　赤牛が放牧されている草原に立つ
・・・・・私が・・・私足りえる標準時計が・・一方的に狂わされつつある・・・特定秘密保護法によって分節化された怪しげな自分・・・・・集団的自衛権の閣議決定によって危険水位に追い込まれて行く自分・・・・・権力の想いのままに操れる分節人間・・・・操り人形のような所在のなさ・・・・・・丸ごと自分であることの実感が、日ごとに薄らいで行く・・・・・・・・「おい、バッタ君。俺も仲間入りのようだ、　同じ節足動物の一」・・・・・・・・・・・動物界最大の分類群である節足動物は、身体が節のつながりで出来ているのが、一般的な特徴・・・そして、間接をつなぐ外骨格という硬い殻を持っている・・・・・・・・・・・「外骨格は、私的自衛権というわけか！」・・・・・

7-4　雲が湧き立つ地点に、車を走らせ

・・・山道の要所要所に、放牧されてる牛が逃げ出さないように、簡易なゲートが取り付けてある・・・そのゲートを開けては閉めて、最近の降雨で落ちて来た大小の石が散乱する山道をガタゴト進む・・・そのフロントガラスの先に、落石をひとつひとつ片付ける人が突如現われる・・・・・・・・・・・・・・・・・「ここにも、人が湧いて出た」・・・・・・・・・・・・・・・・強制された自衛の行為ではない・・・これも、私的自衛権か？・・・・・・・・・「分節力ではなく、湧き立つ力、それを『創像力』と呼ぶことにする」・・・・・・創造力と想像力とを、手と頭に分節させない・・・・・・・・・・・・・ヴィジョンを創る力・・・・・・・・・・『創像力』とは、手と頭をつなぐ「丸ごとの私」復権へと向かう・・・・・・・・・・・

7-5　「七福柱」と呼ぶ切り株の前に来て

・・・・・阿蘇アースアート・ミュージアムのエントランス・・・・・・・・・・・昨年の、「GENESIS4 起源展」で、造ったものだ・・・・・・・・・いや、正確には・・出現させたものだ・・・・・・・・道端の見捨てられた大きな切り株７本から・・秘められた自然のエネルギーを発掘し・・・・・・・・・・・・・・・・・『未来形の七福柱（しちふくばしら）』を出現させたというもの・・・・・・・・・・・・・・・・・『作品を作るのではない、自然からアートを出現させる！』・・・自然物を掘り出さない・加工しない・別の場所に展示しない・・・・・・・・・・切り株を洗い出し、天と地をつなぐエネルギーの出現まで作業する・・・・・・自然と人間の仕業との、新しい提案 Emergence Art　出現アート・・・・・・・・・

7-6　阿蘇フォークスクールの一室で

・・・・・・芸術文化にも、安全神話が根強い・・・・・現代アートという分節化がもたらしたものは、何だったのか？・・・・・・・・・・・現代アートの「アートにとっての未来とは何か？」というどん欲な欲望が、批評言語の増殖という形で、自らの過去を肥大化し、保守化していった功罪を問う・・・・・・・・・・「アースアート・アーカイブの準備室を開設」・・・・・・アースアートは、「水湧く／火湧く／雲湧く、そして人湧く」・・・・・ここ阿蘇ならではの未来形だ・・・・・・アースアート・アーカイブは、未来への可能性を蓄積、保存する・・・・・・・・・・・

Water Politics の文化政策は、「未来のためのアート」を担うことから始まる。

Water Politics #08
芸術文化は政治意識の退路
『現代アート村』から決別
未来のためのアートにシフト

8-1　ニューヨークから帰国した空港の人混みの中で
「アジアで固有でありながら、アジアから世界的な」
そんなキーワードで始まったアジアン・アメリカンとの出会いの旅。だが、帰りは「都市芸術文化の終末」という暗い気分で、降り立った。1994年のこと。
「石を投げればアーティストに当たると言われるニューヨーク、その混沌の中を、アジアン・アメリカンたちはどう生き延びていこうとしているのか？」
「中国系アメリカンは中華色で、ジャパニーズ・アメリカンは日本情緒たっぷりに。極端な棲み分けが進んでいる」
「敢えて言うなら、ニューヨークは反吐症状で、東京は下痢状態。反吐だと食べたものは何だったかまだわかるが、下痢だとそれすらわからない」
都市の芸術文化は、慢性的な終末期の症状を呈している。

8-2　横浜の埠頭で、勝手にフリースクール
「現代って、もっとも直前の、もっともあやふやな過去ではないのか」
「もっとも混沌とした過去の未整理表現、それが現代アートの正体だ！」
「いや、現代アートは、歴史上の実態としては存在しなかったのではないか」
「現代アートという幻想共同体が、寄り固まって存在しただけではないか」
「現代にしがみつく村意識が、『いま、ここ』という切迫した共有の世界意識を排除した。村を守る同調圧力って奴で！」
気候変動などの地球環境問題、今後のエネルギー問題、平和のテーマなど、『いま、ここ』という執行猶予のない時点から見ると、現代アートは隔離された無菌のシェルターのような中を、不法に占拠し、身を寄せ合ってるように傍目には映るのだが・・・

8-3　雑踏から噴出る雑音から、ちょっと離れて
社会の中のさまざまな現象が、アートというフレームで小刻みに切取られていく。「作品の中に、批評性を。見る者は、批評精神を持ってっ！」
現代アートを分厚く覆い尽くした意味、解釈、レトリック、批評言語、批評の批評が、公共性を失ったシェルターの中の現代アートに塗りたくられていく。見るのではない、現代アートであることの意味を再確認する場に居合わせるのみ。「批評の上塗り、主体なき言葉の捨てどころ！」
シェルターのなかは、屍を飾る言葉で、奇妙に蒸しかえっている。

8-4　勝手に会合、「芸術文化の気化現象」について

海から、都市へと目線を移す。美術館が、ゴミ捨て場に見えて来る。
「作家の死後、価値の確定したものが収納、保管され、展示される。美術館はいまや墓場だって、吐き捨てた学芸員もいたな」
「この膨大な下痢の始末を、誰がどうやって片づけようというのか」
通常のモノとしての流通回路にはのれない、その分不明瞭な、特殊な、時に前近代的な物流システムが横行する。その現代という病のなかで、アートは固体としての物質から、気化し拡散していく道を選ばざるをえなかった。
「そして、各地に拡散したアートの気化現象。地方でのアートフェスティバルの氾濫。新たな現実肯定派の、共同体、まさにアートによる村おこしだ」
「今日も、どこかでアート盆踊り！」
物流経済から観光経済へ。アートのサバイバル・ストーリーが続く。

8-5　猛暑、「後の祭り」で一同汗だくになりながら

日常に覆い被さる、混沌、手遅れ感のなかでの、アートの祭り。
「どこもかしこも、あとの祭りだよ」「それが、『いま、ここ』というのっぴきならない時間を村八分にして、政治意識を増々希釈していくことになる。政治の季節以後の、『あとの、あとの祭り』だよ、このままでは」
単に手遅れというつもりは毛頭ない。京都・祇園祭では、山鉾巡行で賑わう華やかな前の祭りがあって、最後に後の祭りとくる。後の祭りとは、山鉾巡行で四条のお旅所へ連れて行かれた神様たちが神輿に乗って氏子の町内を回って神社へ厳かに帰ってくる神事（還車の行事＝還幸祭）の日のこと。
前の祭りと、後の祭りを貫くパースペクティブ。
「ここは、流れを読む『水の思考』だね。どこから来て、どこへ行くのか？」

8-6　観光客の流れに逆行する道連れが増えて

固体でも気体でもなくて、水の流れの思考回路。川辺に立つと、「いま眼の前にある水は、どこから来て。どこへと行くのか？」と思いを巡らす。水の思考の基本である。目前の水の起源と消息を追うと、次第に循環のシステムが見えてくる。思考の回路に、足元から地球へとつなぐ、流れの力学を取り戻してくれる。そして、流れの力学のルールに沿って、合点する。
「全ては終わっているから始めよう。それは、何も始まってないと同義なのだから」。そして、「あとの祭りが、前の祭りとなる」。
足元から、『いま、ここ』ののっぴきならなさを開拓する、未来のためのアート。水の思考回路と相俟って、限りなく政治的な所為だ。いや、これからの政治そのもののモデルだ。
Water Politics は、アートから出現する政治！

Water Politics #09

＜環境＋アート＋教育＞前線
「水」で丸く広げ、「アート」で真っ直ぐ尖る
水アートから見た教育現場の力学

9-1　G氏のノート 2005 ＝ビッグ・ファミリー

ニューヨーク州のオーヴィッドという町にある南セネカ中央学校は、国連が立案したMillenium Goalsというプログラムの実践校。今年のテーマは「水の保全／枯渇」ということで、中学生たちがWater Symposiumに、どのアーティストに来てほしいかと、インターネット上で探索し、遠く海を隔てた「池田一」を選んだのだ。

宿泊先は、英語を教えるゲルトロード先生のお宅で、カユガ湖畔に、ポツンと立つ一軒家だ。起床は、朝5時半。タマネギ入りのスクランブル・エッグとパン、コーヒーの朝食を済ませ、シャワーを浴びたら、6時40分には家を出て、7時には学校に到着する。

ゲルトロード先生の教室には、生徒たちの机が丸く車座に並ぶ。少し壁側のテーブルが私の席で、荷物置き場だし、そこで先生たちとランチを食べる。時折、生徒が、お裾分けに預かる。教室に電話がかかると、傍の生徒が受話器をとる。生徒たちは先生のチームメイトといった感じ。ビッグ・ファミリーと言おうかー。

実にアットホームな雰囲気なのだが、そこで行われている授業の内容はユニークで、シビアだ。私の他に、ジェインという初老の詩人も喚ばれていた。ホロコーストの生き残りの主人をもち、彼女自身もホロコーストをテーマに詩をつくり、生徒たちに朗読する。身長が2メートルはあるアフリカの男性が、ロスト・ボーイとしての生い立ちを語る。ここでは、もっとも世界の先端的な事柄が、中学校の教育現場の中で、当たり前のように機能している。この開放的で個性的な教育現場に居ると、自分も「ビッグ・ファミリー」の一員に成ったような気がしてくる。

ゲルトロード先生の教室でひと休みしている時、電話を受けた彼女が突然泣き崩れた。卒業生が自殺したという連絡だったのだ。ビッグ・ファミリーに、さまざまな困難さが錯綜する現実社会から押し寄せる。別れ際に、ひとりの高校生が挨拶にきた。木の伐採に抗議して、木に身体を縛りつけ、ツリー・ハッガーになった、先生曰く「ヤング・アクティビスト」である。私に出会えたことの感謝を伝えにきたのだ。現実との生々しい接点を、ここ教育現場で共有した。一人一人の生々しい息づかいがクローズアップされる、未来の教育の縮図に出会ったような現場であった。

9-2　G氏のノート 2005 =「水」と「アート」の交叉点で

2005年、ピッツバーグのカーネギー・メロン大学での「GROUNDWORKS」展でのシンポジウムには、世界の環境アートをリードするアーティストやグループが結集した。展覧会に併せて開催された2日間のシンポジウムでは、環境アート教育の緊急な必要性が頻繁に論じられた。水は、環境をとらえるもっとも身近で、包摂的なメディアであることは疑う余地がない。

「他のどのアーティストよりも、池田一は水を表現媒体として使用し、この制御出来ない物質で、全く新しい言語を創造している」(ドミニク・マゾー、米アーティスト) と言われる実績を提示して、「水」問題と「アート」の交叉点を、環境アート教育の現場としよう、と池田一は訴えた。

9-3　G氏のノート 2009 = 137人のストーリーテラー

2025年、世界の48ヶ国が深刻な水不足になると予測されている。「未来の自分たち」が住む、地球の危機を想像して、いま何をするべきか？　この問いから、川口市立西中学校1年生137人との、未来のための「80リットルの水箱」づくりはスタートした。

先ず、1年生を担当する先生たちと、「80リットルの水箱」をテストで作ることにした。その結果、もともと美術の授業でしかなかった企画が、思わぬ展開に拡大した。今回のテーマ『水不足』を生徒が実感するためには、総合学習などの時間を活用し、多角的に水問題を取り上げていく必要がある。先生たちは、決断した。

ユニセフから、ネパールで子供たちが水汲みに使う水かめを借りての、体験学習／水道局から借りた、水に関する啓発ビデオを授業で上映／川口の、飲料水の経路についても学習／国語科では、夏休みに水に関する意見文を課題に／作文の中から選抜されたものを弁論大会で発表。体験すること、文章にすること、声に出して発表することー、それらのプロセスの全てが必要不可欠であると、先生たちの確信は揺るがない。学年新聞によると、91％の生徒が水に対する自分の意識や行動に変化があったと答えた。一人一人の中に、それぞれのストーリーが育まれていった。137人のストーリーテラーが、137通りの「80リットルの水箱」を創り出すことになった。

展覧会場でのトークショーの席上。西中の学年主任から、「今回が、終わりではない。これは、始まりであって、私たちとしてはこれからもこの種の学習を継続していく」という言葉が、当然のように語られた。この発言に、会場の聞き手の中からも、感動の声が上がった。

この果敢な取り組みから学ぶことで、今後の「環境アート教育のモデル」として実践する契機を見いだすことになるだろう。

Water Politics #10
現実主義から共生ポリティックス
地球と国家の２つの公転軸から
一人一人の自転を解放する

10-1　今日も災害の映像に身を引き締めて
・・・２１世紀に突入し、共存・共生社会へと向かう『水の時代』へ・・・・
・・パワーゲームから、共生ポリティックスへの移行と思えばいい・・・・
・・・しかし、共生の論理は競争意識に比べれば、歴史的に経験の累積が少なく、現実での理解、行為の組立てが難しいようだ・・・・・・・・・
・・・・一段とセンシティブに、深い呼吸で、語らねばならない・・・・・・
「例えば、自然との共生を考えてみようではないか」・・・・・地震、豪雨、土砂崩れ、火山噴火が絶えない、災害列島に生きる・・・・・・・・・・
・・・図面に顔突っ込んでの、防衛対策、避難対策というスタティックなゲームではもはやなかろう・・・・現実主義の時代錯誤を、見ていきたい・・・

10-2　現実主義という表看板の下で
Ｇのノートより・・・・「大学入学は、６０年安保が終わった翌年。その頃は、『仮眠の季節』という気配だった」・・・・・闘いの後、次なる闘いに向けて、いまの間は仮眠を取るか・・・・・・・・・・・・・・・なら、何かと何かの間という実感が欠落した今の季節は何だって？・・・・・・・・・
　　「いつもけだるく眠気が襲う、『不眠の季節』が続くって感じだ」
・・・・一向に進まぬ復興、見えぬ未来設計、襲いかかる自然災害・・・・
・・・・・・社会の表層のみがせわしくうごめき、肝心の底流は停滞し・・・・
・・・・・・「現実主義という表層コントロール、支配によって、文化や社会、思想による世界の変化は見捨てられていく」・・・・・・・・・
変化の水際を生きる人々の間に、沈黙のニヒリズムが忍び寄る・・・・・

10-3　自転と公転のルールを、天空を見上げて
・・・・国家ではなく地球を枠組みとして展開するグローバリズム・・・・
・・・・・地政学的な国家単位を中心として日常を支配する国家主義・・・
・・世界という公転軸と、国家という公転軸の両軸・・・・・・その二つの公転軸で動く政治が噛み合わない・・・・・「一人一人の自転軸が不安定にぐらつくのも道理だ」・・・・・・・・二つの政治軸を統合支配する政府が操作するのは決まって対話と圧力、飴とムチである・・・・・・・・
・・・・一人一人の自転軸が定まらないまま・・・・・「国家中心の世界観は、ますます公転軸をねじ曲げていくさ」・・・・・・・・・・・・・・・・

10-4　弾力が奪われたむしろの上で

・・・・「自転軸の安定は、人単位である」と、隣りのキミは熱く語る・・・・・・・「例えば、ボールのような球体に包まれてると想像しよう・・・・内に芯があって、周りが外皮で覆われている。外皮が外から分厚く覆われていくと、内心の弾力は奪われていく――」・・・・・・・その間にも、政治の想定ゲームは加速し・・・仮想現実をリアルに見立て・・・集団的自衛権・特定秘密保護法・カジノ法案ら、危機感のレッテルを・・外皮に重ねていく・・・・・・苛酷な現実は、政治の公転軸を保守するため、「全てコントロールされてる」で一括処理される・・・・汚染水の問題、仮設住宅の問題など・・・・応急処理対応政治では、内心は停滞から硬化へと進行する一方・・・・・・・「待て！・・・オレは眠ってないぞ。弾性係数を高めてやる！」・・・・・・・・

10-5　強風で吹き飛ばされた看板を足元に

・・・・・・自転率を安定させ、弾性係数を高める・・・・・・・人単位で世界を見る習慣をもつと、やたらとキャッチフレーズ、ラベルで塗り固められる政略が鼻につく・・・・・・・ここは、ダイナミックに向き合いたい・・・・・・「脱炭素社会」という標語の看板・・・・・・「脱」という発想は、非エネルギー的で現状解釈の領域で・・・行為を生み現状打破になる弾性を持ちはしない・・・・・・・・・・・・いま自転軸に必要なのは・・・・・現状解釈的なスタティック（静力学的）な標語ではなくて・・・・前方照応的なダイナミック（動力学）な振舞い・・・・・・・・・・「自然エネルギーという定義では、まだ前方が未明なままだ・・・風力・太陽光・・熱・・バイオマス・・水力・・地熱・・・・・・小さな社会単位なら、どれかを選べる」・・・・・・・・・・

10-6　ゲリラ豪雨で転落した巨石の前で立ち往生して

・・・・・気候変動と、一口標語で片付けるべきでない・・・・・・・大陸性気候、海洋性気候、もっと細やかな風土的気候・・・・・・その環境の多様性が、文化の多様性を生み育ててきたし、今後も育てていく・・・・・・・都市一極集中文化・・・世界尺度依存文化・・・コンテスト、コンペなどの競合文化システムへのエネルギー（火のエネルギー）への集中依存から訣別して・・・・・・・・環境の多様性に根差した小さな社会単位、人単位へと移行し・・・　共生ポリティックス（水のエネルギー）へ・・・

「オレの自転で、『不眠の季節』を吹っ飛ばす！」

Water Politics #11
尖りつつあるあなたへ
すべての時間は変化の前触れ
地球のへそで、高らかに祝杯！

11-1　1杯目は、あなたへの賛歌！
あなたの消息をひたすら紡ぎ出せばいい。
あなたは何処から来て、何処へ行くのか、
表現する人が存在する根源的な理由は、その問いにしかないのだから。
自分の中の暗闇をひもとく、君の手はなんと逞しく見えることか。
記憶の糸は、どこへと続くのか。どこまで延びているのか。
君の消息は、寿命よりも、数倍、いや数十倍、長大なはずだ。もう既に、君の誕生以前の、もうひとつの君をひもとき始めているに違いない。
もうひとつの君に、問いたい。そこは、何処だ？
もうひとつの君が立つ円い台座は、地球というものか。地球のへそなのか。
あなたを通して、いや正確にはあなたの中の、もうひとつのあなたを通して、地球が次第に透けて見えてくる。
だから、いま、あからさまであってほしい。
日溜まりに投げ出された、かげりのない身体のように。
そして、正直にとんがってほしい。渇望と願望をふくらませて。
そのためには、あなたの手は、私欲を超えて、もっと延びた方がいい。
足も、計算高い歩幅を超えて、もっともっと突き出した方がいい。
とんがりつつあるあなた。
まずは、カッティング・エッジな君に、心から祝杯を！
さあ、もうひとつのあなたを高らかに讃えたい！　いまこそ、賛歌！

11-2　2杯目の祝杯には、歓喜の歌！
もうひとつのあなたに出会う入口は、いまここ、目前にある。
あなたの行為が表現であるならば、他者を意識し、他者に向い、他者と出会う。
利己的な表現行為がほどける時、あなたでないあなたという細胞が増殖し、
もうひとつのあなたがにょきっと現われる。
もうひとつのあなたと、もうひとつの他者。
他者を通して、もうひとつのあなたと向き合う、
なんとおおらかな開かれた瞬間ではないか。
そこに、ひろがる、先ずは控えめな世界の可能性を直視したい。
なぜなら、そこに環境の最小単位がふつふつと噴き出ているのだから。

そう、控えめに、あなたたちの世界と呼ぶのも悪くない。
まだ、なにかを起す、ほんの始まりにすぎないのだから。
でも、たしかに垣間見える、あなたの背中に生えた環境という劇場が。
危機意識が人心を震わせる危険を、不断に察知するために。
もう一歩、環境という劇場を背負って、踏み出すとしよう。
君は、すでに誰もまだ見ぬ未来の賭場口に突っ立っている。
自分の不用意な出現を嘆くことはない。言い訳することもない。
未来への不作法な侵入は、表現者に許された権利なのだから。
ただ、物語ってほしい、あなたが突っ立っている未来とはいつなのか？
環境という劇場の担ぎ手には未来を秘かに独占する処世術は似合わない。
あなたが立つ未来の物語を、未来に生きる人たちに語ってほしい。
寡黙に、ひたむきに。環境と人間の隔たりのない時間を。
マルチ・プレイという自由自在な時間の出現によって、
たくさんの、もうひとつのあなたが、いまここに生息する。
環境という劇場たちが、相互に作用し、元気な細胞のように増殖する。
ここは、いま未来志向な生産の場だと誇らしげであるのも頼もしい。
ここが地球のへそだ、とうそぶくのも心強い。
マルチ・プレイヤーの心意気に、２杯目の祝杯だ！　存分に、歓喜の歌！

11-3　３杯目の祝杯は、勝利の歌！
すべての時間は、始まりの時だ。すべての時間は、変化の前触れだ。
だから、いまから、何処へむかうのか、もうひとつのあなたはいつも正念場だ。
あなたの背負う環境という劇場には、壁は溶けて無くなった。
中は、透けて丸見えだ。いや、中も外もないに違いない。
なぜなら、いま、もうひとつの他者が気軽にあなたを横切っていった。
また、別のもうひとつの他者が笑顔で割り込んできた。
環境という劇場に、民主的な賑わいがやってきた。
自在な流れが渦巻き始めた。この流れに身を任せれば、
地球を巡る、遥かな水のひとつになるかもしれない。
地球を育てる豊かな土壌の固まりとなるかもしれない。
そこで、きっと、もうひとつのあなたたちが相槌を打つ。
病んでいる地球を変える、と。ここが、いま、「地球のへそ」なのだから、と。
とんがった耳たちが、へその凹みに寄り集まってくる。
地球の息遣いか、もうひとつのあなた自身の呼吸かを、
明日のために、しっかと聞き分け、見届けるために。
３杯目の祝杯は、明日の変化のためにとっておこう。心から、勝利の歌！

（2009年12月13日『MULTI PLAY』（四谷ひろば、新宿）で発表したメッセージ文を改訂）

Water Politics #12

アースアートの創成神話
想像力の民主主義のために
卵生のアクション

12-1　　　『世界は創造以前には大きな卵に包まれていた。そしてその殻は真鍮でできていた。そしてその卵とともに世界は水上に浮かんでいた』
恐ろしい！　未来を創生する想像力が、こんなにも違うものか？
「パキスタンの学校をタリバン運動が襲撃、生徒126人含む約130人死亡」
の見出しに、震えが止まらぬ。
緊急非常事態ではないんだぞ！　何処にでもある平常時の惨劇。
緊急非常時のきな臭い匂いが、辺り構わず漂ってきている。
決して相容れない、未来創生への想像力。
地球上で交わることがあるのは、襲撃現場という恐怖の時間のみか。
おぞましい！　同じ地球市民などと、もはやうかつに言うまい。
暗澹たる現実、不安な未来などと、うかつに集約するまい。
どうやら違う地球が混在してきているに違いない。
地球という卵の殻が、割れつつある！

12-2　　　『しまいに月が透徹する光線の力をもって、卵の殻の底をいささか引き上げた。その部分が後になって土と石になった』
割れ目が、ひたひたと足元まで押し寄せている。
「衆院選投票率、戦後最低の52.66％」
戦後最低という下降のベクトルが、割れ目の予感を引き寄せる。
圧政を許さない議会制民主主義を問う場であったはずだのに、
有権者の半数がそれすら放棄していると言う現実。
主権在民って誰のこと？　政治がかすめ取った口実に響く。
最後の切り札さえ、紙切れのように軽々しい半分の国民。
未来を創生する想像力が、あまりにかけ隔たっている。
もしや、この国家の殻は割れつつあるのかもしれない。「これは下降でなくて、卵の殻の底をいささか引き上げるベクトルになるかもしれぬ」
もうひとつの卵の中は、混沌として、くぐもり、もうろうとしている。
権力やイデオロギーは、今を支配しえても、ひとりひとりの潜在的エネルギーまで、抹消することは出来まい。
もうろうさの中で蓄積される、潜在的なエネルギーから何が突き出るか？
混沌さの卵から、創生神話がふ化する、その時ー

12-3
『その上に卵の殻は安定していたが、牛がこれを見て
真鍮の殻を 突き破ってしまった。ここにおいて
世界はでき上がったのである』

界とは、くぐもり、もうろうさ、混沌の中に引かれた線。
「界生み」とは、その混沌さのただ中に線を引くことだとしたら、
アートはその創生神話の最前線にいなければならないだろう。
アートの、ひと突き！　ひと蹴り！
突破力から問えば、「現代アートは、とっくに終焉している」。
『意味の消費』という、消費文化の顛末をより高度に加速させ、『精神の消費』
という隘路に人々のエネルギーを追い込む。
現代アートは、エネルギーサイクルからすると、現代という不透明な時点を
起点とする限り、政治や経済と同じベクトルをもつレイヤーにはまり込んで
しまったようだ。
「起源は未来にある」というレイヤーへの位相転換だ。
そして、想像力の民主主義を、突破力とする！

12-4
『しかしながら牛は困難な仕事をしたために非常に激しく呼吸
をした。その呼吸があるひょうたんの中に入って、
ひょうたんは一人の人間になった』

2013 年。建物を囲む水面に、我が息をゆっくり吹き込む。
水面に生じた波紋が背後の壁面に投影されて、
我が呼吸によって、超近代的建築物がゆらゆらと揺れ動いて見える。
急速な近代化の中で多様な人々が均一化されて行くシンガポールでの、アートのひとっ蹴り！
人類の危うさに真向に向き合うには、混沌のまっただ中に立つ。
なぜなら、その足元に「地球の割れ目」が覗いているから。
割れ目の先には、「国家の裂け目」が見えるから。
地球は、たったひとつなのではない。
『足元の地球』の存在に、その息遣いを知る人の数だけある。
アースアートは、もうろうとした誕生以前の遭遇を恐れない。
未来への想像力のポテンシャルが高くて、いまは何もなくていい場所で、困
難な仕事をした後の、ひと呼吸。
アースアートは、地球の創生神話をひもとき始めている。

(青字は、1950 年オランダの使節モンターヌスが京都の牛の殿堂で聞いた宇宙卵生神話からの抜粋)

Ichi Ikeda
Waterpolis @ Delhi

インドの首都・デリーを「ウオターポリス 水系都市」と見る
アース・アート・アクション： 現地での調査レポート

池田一

WaterArt Times-2008.2.28

　インドに来るのは、初めてだ。2/28夕方6時、デリーのインディラ・ガンジー国際空港に降り立つ。いつものことだが、「Ichi Ikeda」と書いた紙をもった運転手を捜す。何度も至近距離に近づいて、眼鏡を持ち上げて見るのだが、私の名前の紙をもつ人はいない。どうなってんだあ〜、主催者のKHOJ International Artists' Associationからのメールでは、運転手が待っていて、宿泊先のゲスト・ハウスに連れて行ってくれるとあったのに。20年程前、カナダのモントリオールで、迎えが見つからず、やっとの思いで電話をすると、「時間を忘れていた」という、とぼけた返事。そのことを思い出し、悪い予感がする。誰か手助けしてくれる人はいないかなあと見回すと、H.I.S.と書いた紙をもつ人がいる。困ってると話し掛けると、日本語が返ってくる。これは、なんとかなると思い、事情を説明し、「これは、怒るでえ」と語気を強めてみせた。「いやあ、インド人はおとなしいですよ」との返事で、代わりにゲスト・ハウスに電話を掛けてくれた。まもなく、外で待っていた運転手が駆け寄ってきた。初めての国への入国は、こんなものだろう。翌日から4日半、デリーの真只中に突入し、何が出来るかを見つける大仕事がある。

　48℃。生存可能かどうかの熱さである。デリーでは、6〜8月の夏期、40℃を超すと言う。地球温暖化が深刻化する中で、人類の生存の限界を問おうというのだろうか ---。「48℃ Public.Art.Ecology」という広域な野外アート・フェスティバルが、今年11月に、インドのデリー市内各地で、開催される。パブリック・アートと環境アートを合体させた、Public Eco-art という表現を使って、昨年末に、私に招待の連絡が届いた。そして、出来るだけ早く調査訪問を、と何度も催促のメールが入った。添付されてくる資料に目を通すと、私に何を期待するかが、透けて見えてくる。ガンジス川の支流、ヤムナ川の水質汚染が、アジアの水危機の象徴といわれるほど、末期的な症状にある。この厖大な困難さに立ち向かうことが、期待されているらしい。

WATER PHRASES in DELHI

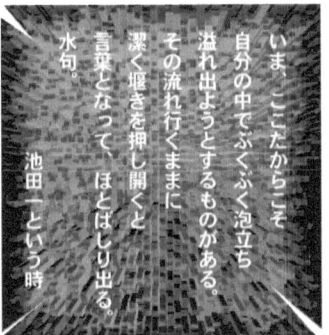

ICHI IKEDA 2008

＜デリー水句＞
デリーの未曾有の熱波のせいか、「池田一」という頑迷な殻を突き破って、未知のどこからか自噴してくる、丸裸の言葉たち。この至福な誕生の流れに身をまかせたい。

　「48℃ Public.Art.Ecology」展には、海外から10人、インド国内から10人が選抜され、招待されているとの話だ。そのうち、経費の関係で、海外からは6人に調査訪問を頼んでいると言う。ゲスト・ハウスに着いて、まもなく、主催者のKHOJ International Artists' Associationから、アシスタント・ディレクターのガヤツリー Gayatri が、やってきた。彼女は、Perdiem というのか、滞在期間中の日当を、先ず渡してくれた。夕食や交通費など、滞在中にかかるもろもろの出費が、これでまかなえる。そして、携帯電話と充電器を置いていった。明日、10：30amにタクシーの迎えが来て、ヤムナ川の、デリーへの入口となっているDND Expressway という橋に向かうという。初めてのインド訪問だが、渾沌極まるデリーでのプロジェクト展開には、核心に真直ぐに向かうのが良さそうだ。

　ここで、一呼吸入れたい。これは、旅行記でも、アーティストの体験日記でもない。このレポートを通じて、語りかけたいことを、先ず記す必要がある。1）昔から、「路傍の表現」と自らのことを言ってきたが、ここデリーはまさに砂塵が存在を掻き消す路傍そのものである。そんな時、自分が日本人であるということを痛感させられる。育ってきた風景、文化土壌、そして体質までもが、「重大な環境問題に向けて、何がなしえるか？」とうごめき出す。Public Eco-art というように、公衆の面前で、何が起こるかわからない公共の空間で、エコロジカルな深刻な問題に、どのように立ち向かうのか--？　日本人であるあなたに、路傍に立つアーティストから、問いかけたい。2）私の場合、世界選抜というのか、世界から何人といった形で選抜され、招待されるケースが多い。国別対抗的な、多国間交流といった、国のコミッショナーがいるわけではない。世界選抜的な形での招待参加の場合、具体的にどのようなプロセスで、作品製作に至るのか、これは、余り報告されたケースが少ないように思う。今後の人に、是非、伝えたいと思う。

　そして、翌朝、褐色の人たちの熱い息遣いであふれる真っただ中に、向かうことになった。

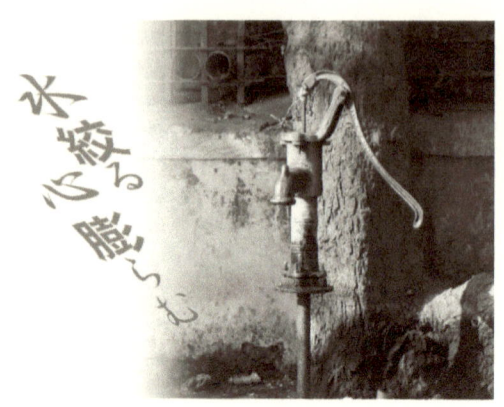

WaterArt Times-2008.3.1

　10：30am。宿泊先のゲストハウスに、今日の案内役の、ディブラという女性が現われ、迎えに来たタクシーに乗り込む。さて、どこに向かうのかと、渡された滞在中の行程表を見ると、毎日の行き先が細かく設定されている。第１番目の行き先は、水質汚染が進むヤムナ川に渡るDND Expresswayだと言う。デリーに到着した翌日で、東西南北五里霧中、ここはディブラにまかせるほかない。
　DND Expresswayと呼ぶ橋に入ると、ガンジス川の支流、ヤムナ川が見えてくる。乾季で、水が流れる部分は少ないが、川幅は相当に広い。数百メートル、いや１キロ近くはあるだろうか。橋を渡りきると、そこはNOIDAノイダという地域だ。ディブラによると、「このDNDは、デリーへの入口だ」。朝は、多くの車がデリーへと入り、夕刻にはデリーから出て行く。どうやら、この河原に作品を設置すれば、多くの人が朝夕見ることになる、ということらしい。折り返して、橋の上から、ヤムナ川の写真を撮ることにした。
先ず目に飛び込んでくるのは、ゴミの散乱ぶりと、牛たちの放牧風景だ。1997年に、台北の淡水河の河原にインスタレーション作品を設置した時、そこが水牛の放牧地であったので、作品に水牛が打ちつけた尻尾の跡がついていた。その出来事が思い出され、相当に厳しい条件の場所だなあ、と考え込む。
　直ぐに、警備員が駆け寄ってきた。激しい表情で、写真を撮るな、と叫ぶ。インドでは国防上の必要性から、鉄道駅や地下鉄駅構内、橋、ダム、空港など、軍事目標となりうる建物はすべて撮影禁止となっている。そのことは、既に、ガイドブックで知っていた。しかし、いま私が撮っているのは、川の風景だ、と言っても無駄であった。仕方なく、車に乗り込み、車窓から、素早く２ショットほど撮る。
　牛が４０〜５０頭はいるだろうか、その向こうに見える堤防の先の、居住地に、次は向かうというのだ。着いた通りは、人と車と牛とロバでごった返す。路上の床屋は、繁盛していた。ゴミ捨て場には、ゴミを漁る若者や子ど

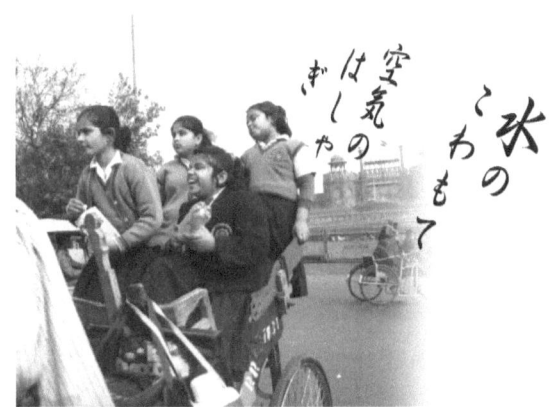

水のくわもて 空気のはしか ぎし

もがいる。彼等は、残飯漁りをしているのではない。後でわかったのだが、wastepicker と呼ばれる彼らは、リサイクル可能なプラスティックなどの物質を市内中で集め、カバリ・ショップといわれる店に持って行く。街をきれいにするチェインの中の、重要なリンクであると、書いてあった。日本の価値観で固まった頭を、揺さぶられる。

　　　この通りを挟んで、一方に、New Friends Colony という、ヒンズーの金持ちの家が立ち並ぶ。もう一方、川に向かう方には、公園を間にいれて、モスリムの貧しい人たちの、スラム化した居住区が広がる。この貧富の格差の、余りに歴然とした線引き――。これを、どのようにお前は見るのか、周りの視線を感じる。ここは、観光地とはほど遠いので、褐色の肌でないのは、どこを見渡しても、私一人。その上、案内役に、居住区に詳しい女性が加わって、スラムの中に突入することになった。

　スラムの入口。この先は写真撮影はよした方がいい、という話だ。路地を進むと、足元に、まだ立てないヤギの赤ちゃんが転がっている。ゴミの山、水たまりのすえた臭い。生活臭が、道の隅々まで溢れ出している。川の水質汚染の問題を、彼等の、整備された下水設備がない、垂れ流しの状態のせいにする向きがある。しかし、現実はこうだ。「例えば、カムナ・プシュ居住区から２８本の溝が流れ込んでいるが、主要な１８の排水路からヤムナ川に流入している排水の、0.08％にすぎない」ということが、後で調べてわかった。その居住区の一角に、布地にスタンプで紋様を描いているワークショップの建物がある。気楽に見学させてくれた。次第に、ものづくりの職人が多いことがわかってきた。

　　観光客でも、情報収集の調査員、研究家でもない。アーティストであっても、美術館やギャラリー、特定の野外という囲われたスペースで、自分の作品を発表するという立場ではない。パブリック・エコ・アート、それは世界的に深刻化する環境問題を、公衆の面前で、具体的に形象することを求められている。だから、発端から、ディープなデリーの真直中に立つことが必要なのだ。帰国後、誰かに話したら「それはアーティストの仕事ではないです

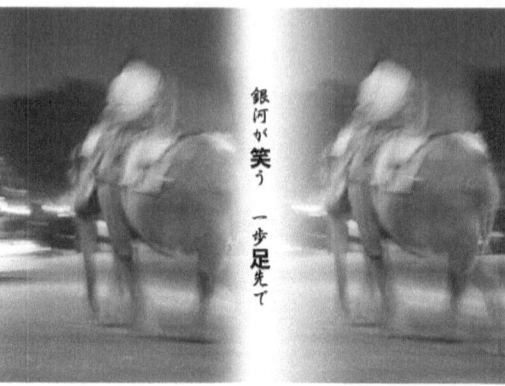

銀河が笑う　一歩足先て

ね」という言葉が返ってきた。いや、これこそが、もの・情報が氾濫する中で、唯一アーティストの社会性と呼べるものだろう。だから、私自身は、現代アーティストではなくて、「未来のためのアーティスト」と自負している。

　アートプロジェクトを立ち上げる時に、重要な目がふたつある。場所によってさまざまな言い方があるが、鹿児島の加世田市に始めて行った時には、最も高い場所と最も低い場所に連れていってほしいと頼んだ。今回のデリー訪問では、スラムの中にも分け入るミクロな目と、デリー全体の構造をとらえるマクロな目が必要だろう。予想通り、主催者のKOHJ International Artists Associationで昼食をとった後、デリーについて、今回の展覧会との関連について、オリエンテーションを受けることになった。講師は、都市デザイナーで建築家であるアルナバである。『48℃ Public. Art. Ecology』は、この11月、ゲーテ・インスティチュート等がスポンサーとなって開催されるが、その実施場所がニューデリーからオールドデリーに亘っていて、地下鉄を乗り継いで見て回るという大規模なアートフェスティバルである。モスク、門、墓やダムなどの遺跡、工場跡、公園、大通り、ジャンタル・マンタルなどの観光スポット、それにヤムナ川の河川敷など、10ヶ所ほどが、展示場所候補になっている。そのそれぞれの場所のもつ歴史的背景、都市計画的な役割、現実社会での機能など、パワーポイントで作った映像を使って、たった一人の受講生である私を相手に、1時間超のオリエンテーションが続く。アルナバの英語の半分もわからないが、アーティスト勘で聞き分ける。ここぞと思うと、壁の映像のところに駆け寄って、質問する。必要なことは、「彼が出来ないことを、私がやる。私が出来ないことを、彼がやる」という、コラボレーション感覚だ。「相違の力学」と、私は以前から言っている。次第に、デリーのもつ重要な課題が、浮かび上がってくる。

　アルナバ曰く、Metropolitan Mega Dream vs. Community Aspiration. まもなく世界一の大国になるであろうといわれる、インドの首都。そこには、「大都市のもつ、巨大な夢」と「コミュニティが生き残る願望」との対決が、際立ってるという話しだ。

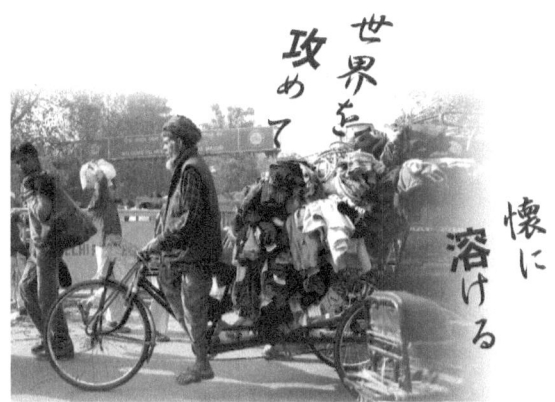

世界を攻めて　懐に溶ける

　KOHJ を出て、キルキー・ビレッジの狭い路地を抜けると、古いモスクが現われる。ここも展示会場の候補なので、中に入るが、全く使用されてないからか、コウモリが群棲し、鳴き声が不気味である。モスクの側に立つ植民地時代の看板を見ると、モスクから 200 メートルの範囲は住居が立てられない、となっている。いまのビレッジの殆どが、不法居住ということになる。アルナバは、「大通りから、邪魔ものなしにモスクが見えるようにしたいということ」と言って、更に付け加えた。大通りの向こうは、ショッピング・モールなどが立ち並ぶ裕福な人たちの地域で、いま自分たちの立っているビレッジの貧しさとを、見比べてほしい。彼のいう、大都市の巨大なドリームとコミュニティの生き残り願望との、対決の構図だ。

　そこから5分程歩くと、ダムの遺跡がある。そのダムの下の広大な面積に、水を溜めて、池を造るという Mega Dream が、2年後には実現されるという。そうなれば、向こうに見える貧しい人たちの居住区での生活は、どうなるのか？ またもや、Metropolitan Mega Dream vs. Community Aspiration だ。

　たった一日の滞在で、大きな幾つかの課題に直面した。これぞ、アーティスト冥利だ、と感じる。アートプロジェクトを立ち上げる足場は、深く、大きなほどいい。今日は、これで充分だ。明日は、アルナバが、オールドデリーの、展示会場候補の場所を案内してくれるという。ゲストハウスでの、アットホームなインド・ディナーを食べて、休むとしよう。

WaterArt Times-2008.3.2

　リュックに入れるのは、デリーの地図、携帯電話、デジカメ。それに、絶対に生水は飲めないので、大きい水のペットボトル。日本で買ったガイド・ブックは、観光旅行ではないので、全く役に立たない。そろそろ、昨日長時間の個人オリエンテーションをしてくれたアルナバが、今日は実地案内ということで、ゲスト・ハウスに迎えに来るだろう。

　ここで、肝に命じておくことがある。展示候補地をくまなく回って、どこが自分の展示に相応しいかを考えるという態度は、禁物だ。多分普通の作家

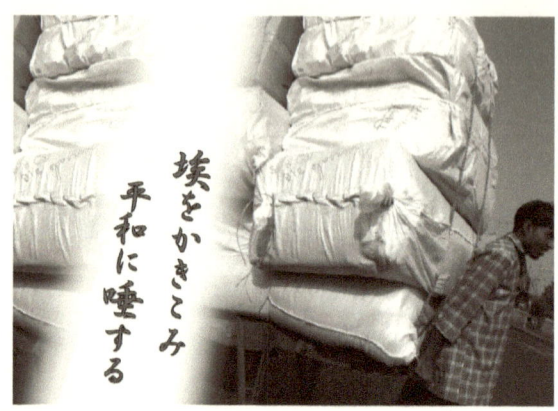

埃をかきこみ平和に唾する

中心主義の展覧会では当たり前のことが、ここでは通用しない。調査の段階から、共に考え、共に創るという、開かれたパブリックさが強烈なほど、いい。そこで、一日の調査が終わった段階で、即座に、デリーをひもとくのに、「Water Channel 水脈、水路」というキーワードから入りたい、と申し出た。アルナバは、私の申し出に従って、ヤムナ川にかって流入していた水路跡を案内してくれるはずだ。ガヤトリは、デリーの中の水の流れを調べるために、Center for Science and Environment という施設に電話をかけた。

アルナバの車に乗って、オールド・デリーに向かう。車中でも、昨日に続いて、アルナバの、デリーという大都市の都市構造に関する集中講義が続く。ムガール王朝の時代、イギリスによる植民地時代、そして独立後と、異なった歴史の層が重なりあっている。Multi Layer History City と、彼は呼んだ。西側の、Ridge リッジと呼ばれる森林地帯と、東側のヤムナ川の間に、開けたデリーという都市。そのリッジからヤムナ川に向かって、かってはいくつもの水路があったという。

オールド・デリー駅を左に見て、少し進むと、カシミール門に着く。ここは、幾つもの路線バスが乗り入れ、地下鉄の乗換駅であることもあって、「デリーへの、北の入口」として、人・人・人でごった返す。ここから、レッド・ラインと呼ぶ地下鉄に乗って、2駅目で下車。駅からは、日本の人力車が語源といわれるリキシャにのって、目的のロシャナラ公園に向かう。この地域は、いわば、見捨てられた地域。閉鎖された工場、シアター、シャッターの下りた商店が目立つ。しかし、ここも、IT関連の企業や商店が進出して、新しい町に生まれ変わる、という。やはり、救世主は、IT様というわけか --。

ロシャナラ公園に入ると、大きな凹地がある。かっては、水が満ちていた水がめであった。Ghats ガッツと呼ばれる、水辺とつなぐ観覧席のような階段状の構造物が、今も残っている。デリーの水問題は、需要と供給のギャップにある。頼みの地下水は、飲料水と灌漑用水のために過剰に汲み上げられ、水位は平均年間10フィート下がっているという。そこで、重要視されているのが、雨水であり、雨水の貯留、地下水の涵養化である。　Rain Water

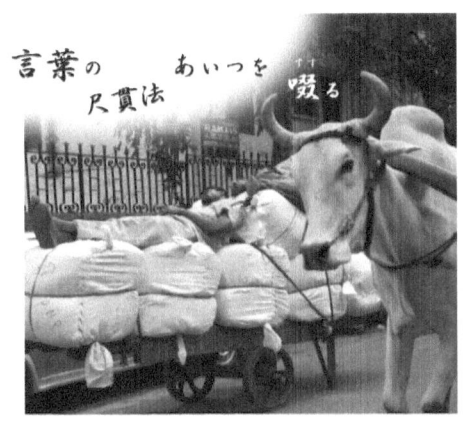

Harvesting。いま目前にしているかっての池も、雨水の溜め池であったのだろう。

　ロシャナラ Roshanara は、ムガール王朝の権勢を誇った王妃で、1640年にこの巨大な庭園を建造した。しかし、ロシャナラの墓は、その栄華を偲ぶには、殆どメンテナンスがされておらず、むしろ荒涼とした感じがする。その墓を取り囲む、掘割り。そこから、パレスのゲートに向かう長い掘割りは、約3mの幅で、100m以上はあるだろうか。時間の中で剥げ落ちた、寂寥感が漂う、この長い水路が、私を誘う気がする。ここは、私がデリー・プロジェクトを展開する第2の候補地になるだろうか。

　多くの場所は、充分になにかが満ち溢れていて、それ自体で成立している。私が、それに付け加わる必要性がない。だから、私はいつも観光地的な場所を嫌って、なにか空白を感じる、そこだけがポッカリ抜け落ちたような場所を選んできた。1999年、鹿児島の知覧町での「水駅伝プロジェクト」の時は、町の人が案内してくれる古い建物や公園などの観光スポットは全て断り、一人の人が子供の頃によく遊んだ河原を探し当てることになり、結局竹やぶの中に見捨てられてあった、荒れ放題の3つの鶏小屋を使うことにした。アーティスト勘とでもいうのか、「ここから、世界が覗ける隙間」が、どこにでも必ずあるものだ。「地球の臍」みたいなものだ。

　ロシャナラ公園を出て、通りを真直ぐ行くと、古い時計台に出る。人で賑わう市場を横目にして、アルナバは「ロシャナラの墓と時計台という二つの歴史的な建造物をつなぎ、観客はリキシャで移動する」というプランは？と話し掛けてくる。イベント的な発想は、労多くして実少なしなので、「ひとつのアイデアだね」と答えておく。自転車でこぐサイクル・リキシャに乗って、駅へと戻る。料金は、15ルピー（30〜40円）。地下鉄に乗り、カシミール・ゲイト駅で、レッド・ラインからイエロー・ラインに乗り換え、チャンディ・チョークという駅で下りる。ここも展示候補地なのだが、ムガール朝の庭園を見ても、もはやツー・マッチである。ただ、東西に延びる大通りが、かってはヤムナ川に続く水路であった、という話は興味深い情報であった。

　セントラル・デリーのタクシー乗り場で、アルナバと別れた。私の移動コー

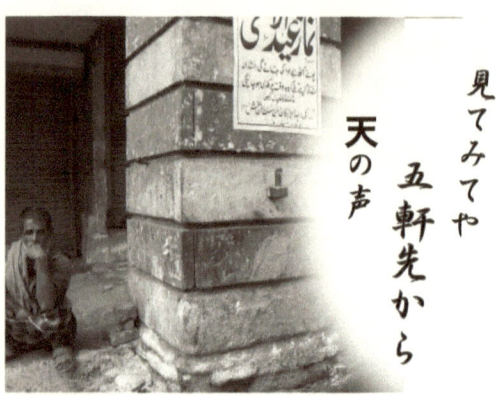

見てみてや 五軒先から 天の声

スが綿密に組まれているといっても、全く不案内の大都市では、携帯電話は絶対に必需品である。KOHJのガヤツリによるリモート・コントロールで、なんとかKOHJに辿り着いた。ちょうど昼食のパーティの時で、はじめてインドのビールを飲む。その後は、インドのアーティスト、アツールとの相互プレゼンテーションで、インドの中の数少ない水のアーティストであることを知る。アツールが、私が帰国する日の早朝に、ヤムナ川の上流を案内してくれることになった。ガヤツリには、昨日行ったDNDよりも下流も訪れたいと申し入れた。夕方、ヤムナ川だけでなく、デリー全体の水の資料を閲覧するべく、ガヤツリとCenter for Science and Environmentに向かう。途中、道に迷ったこともあり、センターに着いたのは、閉館15分前であったが、いま直ぐには良い資料は見つからないので、2日後には集めておくという丁寧な対応には感心した。

　ヤムナ川での展示が濃厚な感じになってきたが、展示空間は特定の場所、一ケ所なので、ここまで実地調査、資料集めをしなくてもいいのではないか、と思われる向きがある。Site-specific サイト・スペシフィック、すなわちその場所ならでわの製作、設置が、注目されているが、多くは場所の魅力に寄り掛かった作品が多いのが事実だ。場所に寄生している感じが強くて、アートの将来を時に憂いたくなる。私が、ヤムナ川を出来るだけ丸ごととらえようとするのは、特定の場所のもつ固有の意味合いが、地続きな全体に触れてこそ、始めて立ち現われてくると思うからだ。Earth-specific 地球ならでわの場所と呼んだ方がいいか --。Earth-specific な場所だから、わざわざ日本人がインドの河原で作業するという大義が成立する。

　ガヤツリが途中でタクシーを下り、後は貸切りタクシーだ。ディレクターのプージャ女史が誘ってくれた写真展のオープニング・パーティに出掛ける。タクシーの運転手がやっと見つけてくれたギャラリーは、超満員。インドのスナックの王様といわれるサムサ、チキンの串焼き、それにワイン、これ以上飲み食いすると、次のレストランに行けないと、ギャラリーを出る。そして、ガヤツリ推薦のインド・レストランに行き、kingfisherというビールとカリーを注文。ただ、一人だと、量が多いのには閉口する。

軽
か
ろ
う
じ
て
右手
正道に握手し

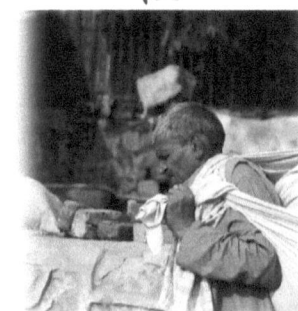

　レストランからは、宿泊先のゲスト・ハウスへ。全ての場所の住所が書かれた紙を渡されているので、困ることはなかった。5時間近くの貸切りタクシーの料金は、550ルピー（1,800円程）。今回は私的な利用だが、調査の時のタクシー代は、全て主催者側の負担なので、殆どお金を使うことがないだろう。

　明日は、調査3日目。セントラル・デリーの展示候補地を案内されるが、午後はゆっくり休んでください、という。大体の取組む方向は、見えてきている。テーマは、Water Pollution 水質汚染とWater Channel 水の道。より渾沌とした海原に自ら漕ぎ出すという無茶さも果敢さととらえて、いつもながらの大上段の構えで、行くとするか。自分らしさが湧いて出てくる感じは、悪いものではない。

WaterArt Times-2008.3.3

　プワーン。ブッブー。ピ〜。けたたましい車のクラクションの音が響く。車、オートバイ、バス、荷物満載のトラック、自転車のリキシャ、エンジン付きのオート・リキシャ、それに牛、馬などなど。交差点では、物売り、時にバックテンなどの芸を見せて金をせびる子どもたち。その中をすり抜けるように、車が走るものだから、たえずクラクションを鳴らし続ける。バスの後側には、「HORN PLEASE」の文字が--。横の車との間が20cmほど、あわや接触とヒヤッとするが、事故に遭ったことも目撃したこともない。KHOJが契約しているタクシーの運転手とは次第に親しくなり、「東京も、同じようか？」と聞いてきた。

　調査3日目は、休養中心にという計らいで、セントラル・デリーに向かったのは、正午であった。初めての観光スポットの訪問である。この一帯も、「48℃」展の展示候補地だというが、私には長年身についた判断基準がある。「私は、アートというレンズと、水というレンズを携帯している。この場所には、これら二つのレンズを差し込み、世界を拡大して見せるだけの、隙き間はあるだろうか？」

　放射状に道が集まる中心地「コンノート・プレイス」、その南にある不思

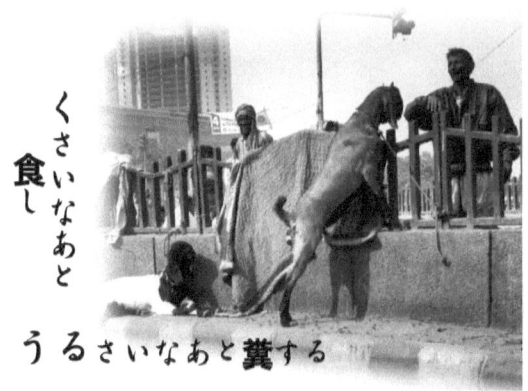

くさいなあと
食し

うるさいなあと糞する

議な形をした天文台「ジャンタル・マンタル」など、やっとガイドブックに登場する場所にやって来た。劇場や美術館など、芸術系の施設が立ち並ぶ「マンディ・ハウス」も訪れた。しかし、例え多くの人が集まろうとも、余りにも表面が情報や装飾で埋め尽くされてると、文字どおり私がつけ入る隙がない、必要がない。

　その私の思いを察知したのか、都市デザイナー・アルナバとのコンビも、息が合ってきた。「このオフィス街の大通りは、うっそうと街路樹が茂っていたが、地下鉄工事で全て切り倒してしまった。40℃を超す夏期に、木陰で憩うこともできない」「ジャンタル・マンタルの横の大通りは、抗議集会の最先端の場所だ。これより先は国会へとつながっていて、集会が禁じられてる」。街並や建物を凝視しても、このような場所に巣くう時間的な変化の情報は見えてこない。アルナバのおかげで、中を覗き見る隙き間が広がってきた。壁に貼られた、さまざまな抗議のビラを見て、この場所は私を誘っている気がしてきた。

　コンノート・プレイスの脇にある観光客で賑わう United Coffee House で昼食を取り、ゲスト・ハウスに戻ったのは、2時半過ぎ。夕食まで、たっぷり時間はある。部屋でごろごろしながら、手元に集まってきた資料に目を通すことにした。

　ガンジス川の支流であるヤムナ川は、ヒマラヤに源流を発し、全長1,375km。日本で一番長い川である信濃川が367kmだから、約3.7倍の長さである。上流のタジェワラ・ダムで、実に95%の水が取られる。その殆どが、灌漑用水のためである。「川には、何も残ってない。想像してほしい。取水された水から、たった4.48%しか戻ってこない現実を。そして、主流に流れ込む他のものが、あなたの鼻を腐らせ、腹痛を与える。大量の汚染物—工場からの排水、ゴミ、糞、畑からの殺虫剤」環境教育活動のポスターは、更に激しく訴える。「Bad Farming, again. ヤムナ川から新鮮な水を奪い取り、排水や汚物を川に流し込む」

　ヤムナ川がデリーに入る時には、既に自浄能力を失い健全な川であることを止めてしまっている。その上、デリー市内を流れる22kmの間に、19本

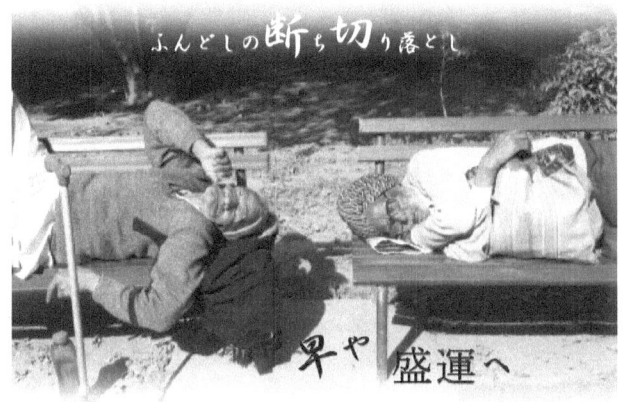

の下水溝が流入する bad water channel はあるが、汚染された川の水を希釈する新鮮な水の water channel は見当たらない。

　工場廃水や家庭汚水を未処理のままで、大量の水と共に川や海に流す従来の方法は、『flush and forget』と呼ばれるシステムだが、今や『時代遅れ』になってきている。インドの環境NGO『科学環境センター (Centre for Science and Environment)』の Sunita Narain 氏は、水に頼る廃物処理方法は、環境的・経済的にも効率が悪いと指摘している、という記事を見た。インドでは現在、下水処理の過程で川や海に排出された汚染物質が人々の体を蝕んでいる、と言う。

　ヤムナ川、特にデリー市内を流れる 22km については、痛烈な言葉が目に入ってくる。「川は、デリーのトイレだ！　この過食で嘔吐症状の首都は、毎日未処理の下水を約18億リットルも、川に吐き出している。それに、毎日、3億リットルの工場排水も。デリーの飲み水の70%がヤムナ川からのものだから、一体、我々は何を飲んでいるというのか？」　WHAT ARE WE DRINKING?

　ヤムナ川から、世界的な水危機を身近にとらえることが出来る。もっと直視するべきだ。翌日は、DND の下流にあるダムに案内してもらった。ダムの手前は、川が消えて干上がっている。土壌に潜った水は、殆ど閉じられた水門の下をくぐって流れ出してくるのだが、白濁して、気色悪い。

　なら、デリーに入る手前の上流はどうだろうか。帰国当日、早朝6：30に出発して、インドのアーティスト／アツールと合流して、北に向かう。河原が砂地になっていて、そのきれいな砂を使って、作品を作ったことがあるという。早朝だけあって、渋滞もなく、スムーズなドライブだったが、目的地に近づくと、困ったことになった。濃霧で、3メートル先も見えない。車を下りて、歩き始めるが、初めての者には、横に川があることすらわからない。やっと、川岸に着いた小舟がぼーと浮かび上がって見える。不思議なヤムナ川の光景に遭遇したが、一向に霧が晴れそうにないので、対岸に回ることにした。

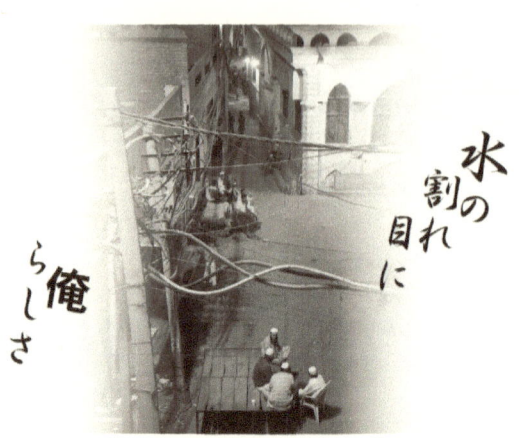

水の割れ目に俺らしさ

　橋を渡ると、仕事に出掛ける人たちが増えて、道は次第に混んできた。まだ少し霧が残っていて、牧歌的に見える川の風景だが、近づくと、やはりゴミが散乱し、臭いが鼻をつく。アツールは、川沿いに広がるコロニーから排出される下水のせいだと喋り、「River is a toilet !」と吐き捨てるように言った。

　橋に戻り、徒歩で渡ることにする。川に流す色鮮やかな供物の残骸が、無残に川に漂っている。それらのゴミが滞留している川の中に、ヒモらしきものを垂らしている青年がいる。「磁石を使って、供物の中に紛れ込んでいる硬貨を集めているのだ」と、アツールが説明してくれた。至る所に、サバイバルへの強烈なむき出しの営みがある。「メトロポリス・メガ・ドリーム」と「コミュニティの営み」とが対決するところは、殆ど「水が絡む場所」であることがわかってきた。だんだんと大きな隙間が溶解して、世界というこんがらがった臓物のような混沌さがむき出しになってくる。デリーは「地球のへそ」であり、ヤムナ川は「へその緒」に違いない。このように、「地球のへそ」をたぐり寄せるのが、私のようなアーティストにこそ求められる力業なのだろう。

アツールに感謝の気持ちを伝え、空港に向かう前に、『48℃ Public. Art. Ecology』を主催する KHOJ に立ち寄った。

　ディレクターのプージャと、アシスタント・ディレクターのガヤツリが、待ち受けている。4日半の調査旅行は終わった、「さあ、なにか話して下さい」とプージャが催促してきた。ここで、短期間の調査なので、帰国後考えて、プランを提出するなどと、普通に語るのは、論外である。慌てて、プランの思いつきを語るのも、余りに不用意だ。私は、このようなケースは何度も経験しているので、「プランを提出する前に、6つの項目について論議しなければならない」と語り始めた。共に考え、共に知恵を出す環境を創るための、私流のやり方だ。

　1）テーマ： これは明解だ、「Water Pollution 水質汚染」と「Water Channel 水路」、その関係の追求。

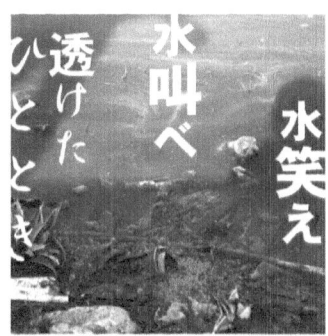

２）展示サイト：DND Expressway から見渡せるヤムナ川の河川敷。それに、ロシュナラの墓の前の、約100mの掘割り。両方を使うことも検討。「川原での作品設置がメインなのだが、心配なのは背後のスラムの人たちがどのように反応するか？」だと言うと、プージャからは「スラムの人たちと対話を進めたい」という頼もしい返事が返ってきた。

３）展示エレメント：「gate 門」と「wall 壁」と「flags 旗」。プージャの勧めもあって、「水を未来に送り届けるための、水を汲む手」と「基本的人権を主張する『80リットルの水箱』は、インド風にアレンジして、使用する」と断言した。

４）タイトル・イメージ：
仮題として、Water SOS Channel project 或いは Mobile Clean Delhi

５）使用する資材：「ゲートは、竹とロープで造られることになるだろう」と言うと、「竹とロープは、安くていい」という返事。竹が充分集められることを確認した。竹を使って構造物を造る職人さんのホームページを見せてくれ、「彼は、どんな形でも竹で造れる」という話。詳しい情報を送ってもらうことにした。

６）制作体制：展覧会前の製作のために、私自身は長期滞在は無理であること。そのために、２～３名の日本側スタッフが同行し、作業することが必要であること。そのために、昨日、デリーの国際交流基金を訪れ、渡航費などの助成協力をお願いしたこと。デリーと東京の両面作戦で、この問題は進めましょう、という運びになった。

　　ますます「今後の環境問題は、想像力の問題だ」と確信する。車から排出した炭酸ガスが、地球温暖化になぜ結びつくのか？　足元に捨てた廃油が、川の汚染になぜつながるのか？　ポイと投げたゴミが、なぜ地球環境に影響するのか？　アートが重要なのではない、アートから展開する想像力、自分と地球をつなぐ想像力がいま強く求められている。デリーという巨大都市をひもとくために、アジアの水危機の象徴といわれるヤムナ川にこだわり続けたい。何故なら、それは地球につながる巨大な隙き間だからである。

（初出：国際環境アートムーブ川口 BLOG　2008年3月24、25、28日）

Waterpolis @ Delhi の設置

最終的には、ヤムナ川畔のスラムの住民の意見、ロシャナラ公園の王妃の墓の保存会の人の考え等を、主催者と共に検討した結果、地下鉄チャンディ・チョーク駅にあるタウン・ホールの前に広がる、ムガール王朝の水路・噴水跡に、未来に水を運ぶ船を連想させる「WATERPOLIS」を出現させた。約80mの水路跡全体を使っての長大な野外インスタレーションは、「行方不明の水を探せ！ WANTED: missing water」と「将来有望な水脈を見つけろ！ WANTED: promising water」をテーマにして、その場を訪れた人々を「ウオーターポリスの住民たち」として、迎え入れた。

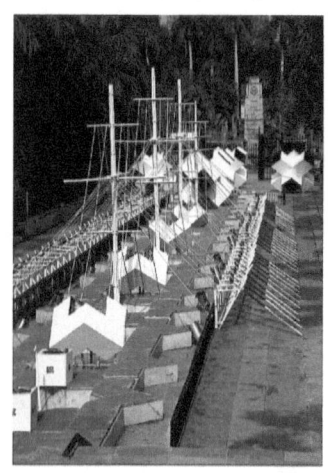 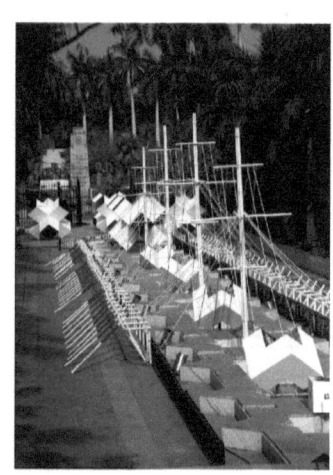

デリーでの雑誌インタビュー（抜粋）

● パブリック・アートについて、どう思うか？

池田一／毎日の生活を取り囲む環境の急激な変化とともに生きていく、そのことを運命づけられた今日 --、エコロジカルに持続可能な未来につながるパースペクティブでものごとを見ていかねばならない。そこで、日常生活と強い結びつきをもつパブリック・アートは、未来におけるエコロジカルな問題と深い関連をもつ特別なサイトとして特長づけられる必要がある。私が、しばしば言うのは、「私のアートワークは、未来の入口を押し広げる拡大レンズに例えることができる」、と。そこで、私にとってのパブリック・アートとは、公共空間に設置されたモニュメントのような構造物ではなくて、未来の地球に住む人たちのために必要な想像力を見い出すことが出来るオープンな場所のことです。もし、このやり方を変える必要があるならば、それは、私の拡大レンズを誰しもがより鮮明に覗き込むことが出来るように、私自身が磨きあげることよりも、もっと効果的な方法を共に見い出すことでしょう。

● **あなたのプロジェクト「WATERPOLIS」が何を意味するか、話してほしい。**
池田一／疑うことなく、水は地球上のもっとも貴重な資源のひとつです。水は、地球上に住むひとりひとりにとって、絶対に不可欠なものです。水を生存のための権利、基本的人権として把握することの重要性を、先ずは強調したいですね。WATERPOLISは、誰でもが乗り込むことが出来る船のようなものです。そう、地球を豊かなものにしている多様さをつなぐ共存と協働の、新しいチャンネルを求めて航海する、未来の船です。いま、WATERPOLISは、チャンディ・チョウクのタウン・ホールの前に、錨を下ろしているわけです。そこで、あなたを、未来の船に乗船するよう、招待したい。どうぞ、WATERPOLISの乗組員に。そして、未来の地球に住む全ての人のために、基本的人権を守るための航海に出ましょう。

● **厳密に言うと、何を設置するのですか、なぜですか？**
池田一／ムガール王朝の時代に造られた水路の上に、WATERPOLISは、全長約80メートルの未来の船のイメージを構築したものです。実際に、5本のマストと、60本のオールを持つ。まず、積み込まれた2種類の積み荷について、語りたい。『80リットルの水箱』は、WATERPOLISの、もっとも重要な要素のひとつです。一人の人がある程度の人間生活の基準を維持しようとすると、一日80リットルの水が必要であるということ。80リットルの水は、地球上に住むひとりひとりの毎日の生活を支える基本的人権としての水である、ということなのです。私がパブリック・アートを展開する場合に、この水箱は公衆の中での共通言語のひとつになるのです。『Water Joint 水ジョイント』は、文字通りWater Channel 水路の間をつないでいき、水不足に困っている人たちの方へ水路を拡張していくためのツールです。『Water Joint 水ジョイント』の中を覗くと、基本的人権としての水を確保しようと待ち受ける手を見い出すことが出来ます。そして、さらにいろんなものが、WATERPOLISには積み込まれているのです。

● **何が、WATERPOLISから展開するのですか？**
池田一／WATERPOLISは、通常の場所を、未来に向いた想像的な地点に変えることが出来ます。WATERPOLISが、その住民と呼ぶ人たちの息遣いによって、徐々に変化していくことを想像して下さい。人は、『80リットルの水箱』を背負って歩き回り、現実のWater Channelに関するさまざまな情報をWATERPOLISにもたらすことが出来る。これらのアクションを通じて、WATERPOLISは流入、流出によって活性化される、ある種の基地として機能するでしょう。チャンディ・チョウクにおける、未来の水船としてのWATERPOLISは、「拡張するパブリック・アート」とか「変化するパブリック・アート」として定義される、と確信しています。

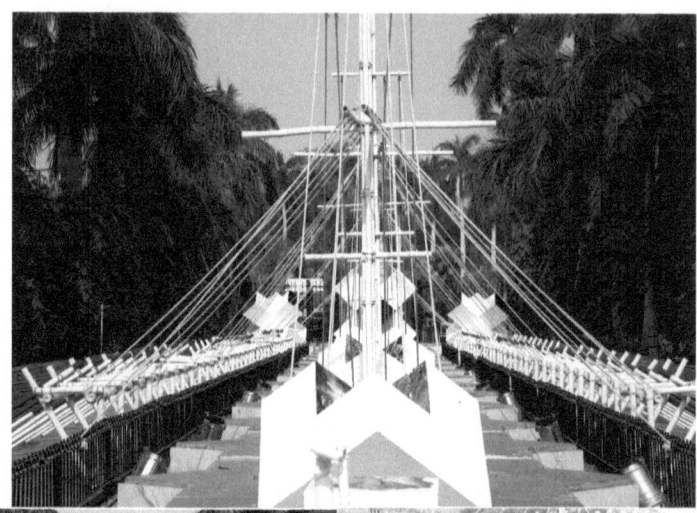
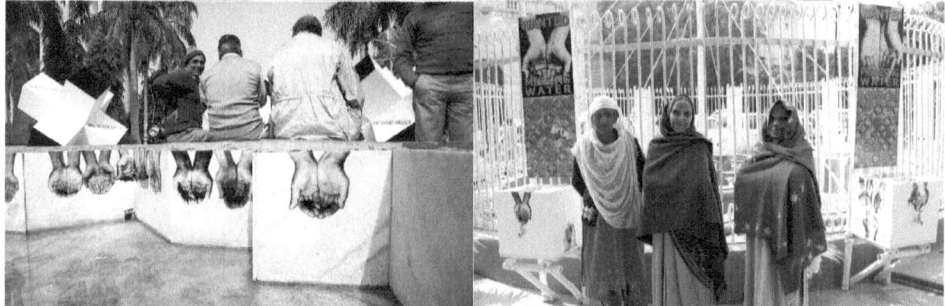
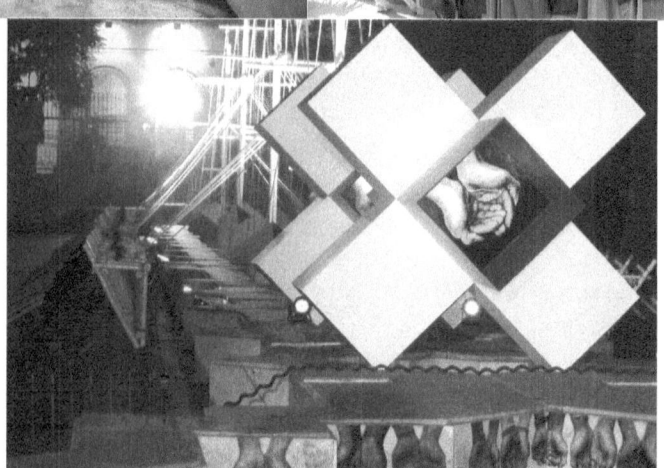

WATERPOLIS @ Delhi: missing or promising ?
48°C Public. Art. Ecology., Chandni Chowk, Delhi, India 2008

池田一/屋久島 2016 アースアートプロジェクト
『天水の島』レポート—天水は宇宙から降るか—

織田理史

　平成 28 年、11 月 4 日から 6 日にかけて、屋久島で池田一氏が手掛ける最新のアースアートプロジェクトに赴くことになった。以下次の日程に沿う形で多分に思弁的なレポートを残すことにする。

1. 初日、シンポジウム
2. パレードの日
3. 最終日、春田浜

1. 初日、シンポジウム

　飛行機と高速船を乗り継ぎ、屋久島宮之浦へ降り立つ。空気が違う、だとか、潮風が心地よいだとか、はたまた東京よりも気温が高い、などといった諸印象は意識から締め出されていた。頭の中はといえば、これから催されるイベントで私のすべきことの反復であったり、ときおりその反復が途絶えるときには、その隙間に滑り込むとりとめのない思考であったり、そういったもので占められていた。

　この 2 日間の日程で行われるイベントは、宮之浦からは少し離れた安房で行われる。宮之浦港付近の民宿にチェックイン後、バスを使い安房へ。少々トラブルがあったものの、無事現地に到着。時間にも余裕があったので、池田氏に一言ご挨拶しようと、屋久島町総合センターへ。関係者用の部屋のドアを恐る恐る開けると、池田氏が部屋のほぼ中央に座し、関係者の方々に取り囲まれていた。いつもの屈託ない態度でご挨拶をいただき、その場にいた関係者の方々を紹介して頂いた。私は今回、プロジェクトの関係者ではもちろんなく、半分は映像での記録を依頼されて来たようなものだったので（もう半分は、というより当初の全動機は、池田氏の新しいプロジェクトに立ち会いたい、という純粋にアーティスティックなものであったのは当然だが）、少々の戸惑いはあった。現地の方は、東京の人とは全然違う人柄であると伺っていたが、私の印象としては、民宿やバスの運転手の方も含め、非常に礼儀正しい態度で接してくれた。礼儀正しいとはいっても、外部と内部とが遊離し、諸々の制度の編み目で織り上げられた仮面を被ることで二重化された東京の人とはやはり違うものは感じられた外部と内部という区別が、あまり感じられない。要するに一元的なのだ。形式と内容とが、分割されることなく、互いに自然に移行する。そこには人となりのレベルで、池田氏の主張する、一元論にも通じたものがあるだろうか。

関係者の控室で、お弁当を頂き、会場へ。中規模のホールである。私は撮影のため、上の方に座り、始まりを待つ。オープニングは、地元のミュージシャンによる演奏。演奏者の一人がエレキヴァイオリンを使っていたという以外は、特別な記憶がないが、「屋久島の木挽き唄」「トビウオ招き唄」という極めてローカル色を感じさせるタイトルにあって、伝統的な太鼓や笛に加えエレキヴァイオリンや環境音的な SE の導入は、なかなかにチャンレンジングである、とは思った。

　演奏が終わり、垂れ幕が閉じる。いよいよ池田氏の講演である。いつもの青みがかったシャツ、多くを包み込む大家の余裕、あまりにも人間的な笑み。この人は人間が好きでたまらないのだな、ということが伝わってくる。壇上での PC のトラブルのため、間を持たせねばならないとき。池田氏にはかつての砂漠が過ったのであろうか、あるいは単なる冗談であったか「一曲歌います」と宣言。そう、これは基調講演とあるが、池田氏にとってパフォーマンスとなにが違うことがあろう。残念ながら、空気の読めない（？）PC の迅速な復帰で、池田氏のボイスパフォーマンスは聴けず。

　講演内容は、池田氏が私に直接にお話してくださったことであったり、ご自身の刊行物の内容だったり、そういったところで主張されていた内容と大きくは違わない。いや、いやしくも一つの「思想」であるからには、語る場所や時間によってその根幹は揺らぎえないものである。ことに自身の生き方に対して責任を持つ、池田氏の思想にあっては―。しかし逆にそういった事情であるので、池田氏の思想が居合わせた聴衆に伝わったかどうかは疑わしい。もちろん分かり易さを重視した講演であったと思うし、そもそも池田氏の思想は難解ではない。非常に具体的で、生き方そのものであるがゆえに、「何かを説明する」「解明する」といったこととは無縁である。つまり思想の外に在るものを思想によって包摂する、という、19世紀以前の西洋哲学的な態度とは無縁である。この件についてはまた後程触れるとして、一言。思想の外に在る物は、水という紐帯によって、自然に水系に入りこんでくる。そこには、概念的な把握の暴力性はない。しかし、逆に言えば、池田氏の思想においては、入りこんでくるものしか受け入れない。だから、思想にも暴力性がないし、そればかりでなく、思想はある特殊な暴力に対して免疫がない。その「ある特殊な暴力」というのは、体系全体を根本から揺るがすような、ひとつの出来事のことである。出来事は、まず第一に、池田氏の思想の対象とならない、なぜなら池田氏の思想は、自然に入りこんでくるもの以外には、無関心を装うからである。あるいはそれに関心があるか関心がないか、といったことに対して無関心だからである。第二に、それゆえ出来事に無関心ではもはやいられなくなったとき、つまり水の思想では穏便に迎え入れられることの不可能な暴力的な外部に直面したとき、そのとき出来事は、池田氏の思想を破壊するというよりはもはや、多くの説明不可能で不可知なものを抱え込んだ、数多くの一元論の一つへと、それを矮小化するであろう。

話を元に戻すと、池田氏の基調講演は思想の一側面であると私が感じたにしても、やはり島民の方々に寄り添ったテーマを中心としていた。つまり、アートと非アートの境界を破壊すること、及び、人間としてひとつ大きくなるための行為としてのアート。屋久島のような地で、「高尚な」芸術など何になろう、それこそ「わけわからん」ものに留まるのであって、そうであるならばそれは、もはや「何でもないもの」である。池田氏は、恐らく司会の方から「世界的な芸術家」と紹介されたとき反撥するものを抱いたであろう。「わけわからん」高尚な芸術ではなく、「わけわかる」一連の行為として、アートを捉えること。それゆえ、池田氏はアートの遂行そのものが、人間的なものと即座に結びつく。そう、アートは遂行されるものである、それも数多くの協力者や地元民、つまり「ひと」が、その土地、大地、水系といった自然において、共生を自覚すること。共生とは地域を越えた「ひと」との共生であり、さらにまた「ひと」と土地との共生であり、つまり極限的には、「そこで」、「として」、「ともに」生きることそのものである。さらに言えば、この「ひと」と地域との共生は、その人の特異性を一切損ねなどしない。なぜなら「ひと」であることと、特異的であることとは、本来パラレルな事態だからである。その人は、共生的な「ひと」でありつつ、己の特異性を失いなどしない。さらに、ローカルな地域は、この「ひと」に回収されない特異的なその人を媒介してこそ、ローカルに留まらずにグローバルな世界全体へと開かれるのであり、またそのことで地域の特異性も失われない。というのは、特異的な人が、その地域にありながら、その特異性の極限にて地域と己の相対性を自覚することで、その地域が遂行する個の囲い込みを失効させるからである。つまり世界に対して己が開かれると同時に、地域は囲い込みを停止し、囲い込みに依るのではない真の特異性を与えられることで、特異でありながら世界全体へと開かれるのである。この意味でこそ、私は池田氏に、あなたの思想がネグリ＝ハートやリュック・ナンシーに通じるものがある、と言ったことがあるのである。

　つまり池田氏の主張するアートの必要条件は「『そこで』、『として』、『ともに』生きること」であり、こんなにも当たり前のことなのに現代ではその当たり前がもはや通用せず、不可能なことになっている。都会人と地方人、都会と地方、自然と文明—すべては取り返しのつかない分裂状態にある。この分裂状態はただ加速するだけであって、誰もそれを止められないし、原理的にそうなっている。だからむしろ自然（フィシス）とは、この加速する分裂、複雑化の方なのである。

　だからこそ、アートが、例えアートの次元に留まるとしても—すべてをもう一度繋げなければならない。それは退行ではない。前述のように「そこで」（イマとココ、地域と時代の自覚）、「として」（己の特異性の自

覚）、「ともに」（公共性こそが特異性とパラレルな根本形式であることの自覚）生きることを、恢復することで、かえって己が世界に開かれると同時に、地域もまた世界に開かれることになる。

　アートは恣意的である。池田氏においてすらそうである。だから、アートの遂行中においてしか、恢復はないかもしれない。しかし、一度アートを通じて恢復を経験したものには、確かに認識を変える、また生き方を見直すといったことが期待される（そのうえ、別に期待されなくともよい。自己の価値観を押し付けてひとの価値観を暴力的に捻じ曲げるのでない。パフォーマンスの受け取り方はまさに個々人に任せられる。まさにそのことがアートの持つ自然（フィシス）なのである）。今回、このアートを通じて認識を変えることとしてテーマに挙げられたのが、「ひとつ大きくなる」ということだった。実に分かりやすい。誰でも理解できるし、多くの者がそれを望んでいる。そして、それこそがアートなのだとしたら、確かにアートと「生き方」とは、相即している。

　さて、池田氏の基調講演およびそこで語られたことについての私の解釈だけで長くなってしまった。シンポジウムに関しては、手早く形式的に済まそう。司会は元赤十字病院診療放射線技師の上水徹也氏が務められ、池田氏を除く3人のパネリストはそれぞれ小脇清治氏（NPO法人屋久島森林トロッコ理事長）、ジェニファー・ルー氏（屋久島ツアーガイド）、日高順一氏（山岳ガイド・原区長）であった。それぞれの立場・視点より面白い話が聴けたが、当然のことながら話題は屋久島の地域おこしや環境保全が主であった。いやむしろそれが最も差し迫った重要な事項であることは承知しているが、池田氏との距離を感じたのも事実である。

　シンポジウムの終了後、私は反省会という名の打ち上げに参加させて頂くこととなった。そこで感じたのは、地元の方々の、開放的な力である。彼らは、何も隠していないし、何ものも拒まない。私は地方民と言うと、それぞれのコミュニティで完結し、よそ者ことに都会人を排除する、といったいつの時代のものとも分からぬ先入観を抱いていたのだが、彼らの開放性は、何も観光地であることだけがそれを説明するのではあるまい。とにかく私は歓迎された。池田氏は、地元民ばかりでなく一般に人と相対する際、「丸裸になること」を実践的な態度として強調していたが、シンポジウムの司会も務めた上水氏も、同様のことを私に勧めてくれた。それは簡単なことではない。池田氏は、もちろんフォーマルな態度や思考を持った常識人であるが、そのことと「丸裸になること」との間に、一切矛盾がない。力強く、エネルギーに満ち、あらゆる経験の十分性として、能動的に経験を作りだすことのできる人である。もしかしたら、裸と着衣の二元論において、着衣を剥ぎ取ることが、即丸裸になることではないのかも知れない。そうした病的な二元論への囚われが、自分自身を、形式的で堅固な仮面と支配される側の裸の自分とに分割するシステムを構成しているの

かもしれない。いずれにしろ、私は大分打ち解けることはできたが、終止仮面を捨てることはなかった。

2. パレードの日

今回のプロジェクトで大きな目玉のひとつが、トビウオ漁の漁師の方々によって行われる海上パレードだ。池田氏は彼らを「水主」と呼ぶ。十五ものトビウオの漁船が、水を掬った漁師たちの手をプリントしたものを船首に掲げて、漁帰りで一息入れる間もなく、漁港を出発する。一艘づつ出港するがゆえに、港を出る際は初めは一つのリニアな系列の形態をとっていたものが、湾に入ると、そこをぐるぐる回るものだから、運動は円環状になる。そして最後に、再びリニアな配置に戻る—といっても今度は横並びであり、従って観るものに対して、十五艘の水主たちの手すべてが、真正面から向かい合うことになる。横並びの漁船が、配置を乱さぬまま、観るものの方に近づいていき、一斉に止まる。以上が、簡単な前もってのプランではあっただろう。そして実際のパレードは、ほぼそのプランに沿う形で実現された。漁師の人たちが漁から帰り、トビウオを豪快に水揚げしている姿、休憩も挟まず、船首に上述の布を取り付ける姿、パレード開始時間も迫りまだ帰らぬ漁船があって、当初の時刻通りに行われるのが難しくなりつつある際の現場全体の緊張感、そして一艘一艘が普段とは全く別の意味をもって再び漁港から出ていく姿。そういった一連の生々しい過程を、興味深く拝見させて頂いた。

漁師の方たちは実にきびきびと弾力ある動きで、一連の水揚げ作業、及びパフォーマンスへのシフト、そしてパフォーマンスそのものを遂行していく。現地の太鼓グループの力強い打音が、プリミティブな気分を高揚させる。見物人は、100人はいたであろうか。当時お祭りがすぐ近くで行われていたこともあって、日常とはまるで剥離したような異様な雰囲気がその場にあった。

パレードのクライマックスにて、漁船が横一列に並ぶ。こちらへ向かって、速度を揃えゆっくりと前進してくる。漁師たちの家族と思われる子連れの方々が、声援を送る。そして静止。いまや目的という極限と一致し、パフォーマンスの絶頂にて畏怖すら覚えた。

そのとき、しかし私はこうも思った—これは（池田氏がそう呼ばれるのを嫌うであろう）芸術ではないのか、と。予めプランがあり、リニアなタイムラインに沿って、演者（ここでは漁師たち）が指示に従う。そのタイムラインには希薄ではあるが物語性のようなものがあって、物語は大きく4つの部分から構成され、そのうち最後をクライマックスに設定している。そのクライマックスが、良きにつけ悪しきにつけ、観賞するものの精神を最も高揚させる部分だとするならば、今回のパフォーマンスもそれが予め設定されたものであるに違いなく、従って一つの起伏ある完結した物語で

ある、ということになりはしないか。物語、ないし芸術作品という、それだけで完結し外部が閉ざされている形式、これは池田氏が最も否定する部類の形式ではないのか。

このことについて、池田氏からは大きく二つの反論があるであろう、すなわち今回のパフォーマンスに内在する偶然性の主張に基づく反論と、また開放性の主張に基づく反論とがそれである。そしてこの二点は、池田氏の思想によれば実は一にして同なるものであることが示されるであろう。

（池田氏が嫌う）現代アートでは、偶然性を作品に採り入れる、ということは珍しくない。鑑賞者がそこに介入し、その都度差異が生じるようなインスタレーション作品もそうであろうし、あるいは額縁に収まっているような現代絵画でも、予めの合理的な計算をしないまま即興的に描かれたケースはそうであろう。あるいはPCを使ってランダムネスを採り入れつつアルゴリズム的に描画していく、ということも考えられよう。これら諸形態において、偶然性ということで意味されていることが異なっているが、それを分析するのは本稿の目的ではない。しかし、大まかなカテゴライズをすることは許されるであろう。すなわち、不合理なものとしての人間心理を偶然性の湧出点と捉え、それに基づいて即興的にパフォーマンスを行う形態（さらにこの偶然性は、精神分析学や心理学、脳科学等の必然性に還元できない、という神秘的な前提が伴うことが多いのであるが）、またあるプログラム等で、機械によって生成されたランダムネスを管理する形態。あるいはまた、ある種のインスタレーション作品がそうであるのだが、作品は偶然性も含めそこに起こる出来事すべてを包摂せず、予めの全体性でなく、部分として存在する形態。以上の三つが考えられよう。インスタレーション作品は、それだけではなんら完成した全体ではないのであって、鑑賞者が作品に参与する者となる限りで、その都度（その者のうちで）完成し、その都度解体する（つまり部分に戻る）作品形態である。そこには、目的も始まりも終りもない。そこで、池田氏の今回の作品はどれに当たるかというに、最後に挙げたインスタレーションが最も近いものであることは疑いない。しかし、もうこの時点で池田氏はそのようにカテゴライズされることに対して明確な拒絶を示すであろう。だが、ここは我慢して頂いてもう少々語らせて頂きたい。今は作品形態の話でなく、作品に採り入れうる偶然性の諸形態を語っているのである。

偶然性の考え方自体は、インスタレーション作品に対する室内性（閉鎖性）あるいは作者/鑑賞者の分別の保持などの池田氏による批判ポイントとは別に、池田氏と共通のものであり、かつそうではない。

この「かつそうではない」、という部分にこそ、上述した「開放性に基づく反論」が対応することで、偶然性の主張と開放性の主張とが密接に関連し、最終的に一にして同であることの示されることが期待されるのである。

そこで、この偶然性を二つ段階に分けて述べよう。まず第一の偶然性は、

システムにメタ的に管理された閉塞的な偶然性でない、ということ。ここで偶然性は、偶然性の可能性を制約しているような、上位のシステムをもたないのである。しかしそれではすべての出る目の同じ、全くの画一的な偶然性なのではないか、と言われるであろう。システムに管理されるとは、その内部に偶然性を包摂していたとて、そのものによってシステムそのものは安定性を保つ、ということを意味する。しかしもし偶然性が、システムを超えてシステムの構造そのものの変形をももたらし、システムがさらにそれを包摂していく、という動的運動と解されるならば、それはオートポイエーシスの一つの表現であろう（ここで詳論はできないが、しかしオートポイエーシスとは全く神秘的な仮説であり、私自らの立場では否定される）。しかし、インスタレーションおよび池田氏の「作品」は、このような事情にはないであろう。偶然性を管理する上位のシステムがあるのでも、偶然性とシステムが同一次元にあり互いに作用しあっているというのでもなく、かといって逆に、偶然性が作品を上位の審級から支配しているのでもない（そんなことは作品を成立させるのが不可能であるか、カオスからの秩序の発生というあの受け入れがたい神秘的な仮説に帰着するであろう）。むしろ、偶然性と「作品」とはパラレルな関係にある。偶然性がなくても、作品は成立する。例えば人のいない真夜中のギャラリーでインスタレーション作品が成立していない、とは言えないように。池田氏の場合では、「プラン」の概念が、偶然性とパラレルな関係にある。池田氏は「プラン」を提示するであろう、プランとは形式とも取れるが、質料（ここでは偶然性）を限定することなき形式である。すなわち、プランはあっても、それは専制的で細部・末端に至る完全なる支配のようなものではない。プランの下で、あるいはプランの中間、上部、下部、さらには外部で、人々—ここでは屋久島プロジェクトに関わったあらゆる人たち—は自由であり、プランに拘束されてなどいない。この並行関係は、ひとつの「作品」へと総合ないし止揚されることなき、非弁証法的で、運動というよりはそれ自体が形式的なものである。プランは存在する。しかし、それに携わる人々の内面、行動は、自由さをいささかも失わない、つまり彼らは「作品」の内部と外部を行き来する、より適切には、「作品」の内部と外部の区別がない、ということは、これは「作品」ではないのである。ここから、「開放性に基づく反論」ないし第二の偶然性への自然な移行が可能となる。池田氏の、今回春田浜に設置した四つの「家たち」が「波にさらわれて解体してしまっても構わない、水に自由に出入りして遊んで帰ってきてもらう」という旨の発言、及びそれと相即すると思われるが「パレードが最後横一列に並ばなくとも構わない、バラバラになっても面白い、だからリハーサルはやらない」（実際には漁師たちの主体的な判断でリハーサルは行われることにはなったのだが）という旨の発言に、この第二の偶然性は遍く表現されている。四つの家および漁船のパレードは「作品」ではない。その理由は第一の偶然性について論じた箇所で述べられた。で

はそれはいったい何なのか、作品でなくとも、少なくとも人工物ではないのか？まさにこの地点でこそ、インスタレーション作品と池田「作品」とが決定的に襟を分かつのである。池田氏の「作品」の方が、より自然に近い、というのさえ適切でないし十分でもない。池田氏の作品においては、まさに自然との境界がないのである、あるいは、自然（フィシス）の自然な拡張である、とも言える。「だが四つの家はプランに基づいた人工物ではないか？」という反論に対して、池田氏は次のように反論しうるであろう、私は根本のところで自然から生まれ、自然から分枝し、かつ自然的であることを失わない、そして四つの家は、そうしたより深く広大な思想的背景から、自然に結果したものであり、あるいは自然が分枝したものであり、自然と人工物という二元論的発想から生まれたのではないのだ、と。

漁師たちについても、事情は同様である、あるいは同一である。漁師たちがリハーサルを行った、という事実は、池田氏の当初のプランに反することなどでは全くない。バラバラになってもよかった横一列の行進が、パレード開始よりさらに遡っただけである。すなわち、漁師たちは既に池田氏のプランからすれば逸脱していたが、そういった事実も含めて、開放的な第二の偶然性は既に作動していたのである。開放的な偶然性は、遂行する人間がそこに根付いている地域への開放性によって可能となる。つまり漁師たちの場合では、己の存在と、己の存在が依って立つ場所とが、区別されつつ、それ以前に区別されていない。このことは、第一日についての記述で詳論した通りである。池田氏においては、このことは全自然にまでに拡張される。

漁師とて、また屋久島とて、根本のところでは自然と一体である。これこそが池田氏の自然一元論であり、自然に関するあらゆるものを射程に収めることが可能な思想であるように思える。

最後に、この池田氏の思想が、「数多くの一元論の一つへと……矮小化」されるであろう、と言った理由を簡潔に述べよう。このようにあらゆるものを自然に還元することで、二つの重大な問題が出てくる。一つは、「すべては自然である」とは、なんら具体的なものを述べていない、ということである。自然というものが、最も普遍的で、つまりありとあらゆるすべてのものに述語付けされることが可能だとしたら、それは当然のことである。なんでも自然であるのだから、では自然とは何か？と問われた時、自然自体は限定されることのない、つまり主語となることのない永遠に無規定なものである。このとき、池田氏の自然とは、アリストテレス以来の「存在」と置き換えうるのではないか。というのも（池田氏の）自然も存在も無限定であるならば、そのものが何と呼ばれるかについてもまったく無限定であるからである。つまり自然というも存在というも同じことである（最もこのことについて論じるにはより深い研究が必要であるが）。しかしもし、自然が存在とは違い、特に地球上のそれに限定されるならば、

つまり実在を存在するもの一般とするのでなく特に水に限定するのであれば、地球がそれ自体閉じているように、池田一の思想も閉じた体系性をなすであろうし、閉じることで体系性を維持しつつ内部的に発展するのである。それは勿論、水の特殊性に依る。これに関しては第二の問題の部分で詳しく触れる。このことは、池田氏の思想の発展性が有限的である、ということを意味しない。一般にある体系は、最も普遍的な実質である宇宙的な物質性に対して閉じていても、内部で無限に発展することは可能である（「宇宙的な物質性」なるものも下に述べる意味で特に限定された特殊な実在であるに過ぎないのだが、ここではそれについて詳論しない）。その際何が実質、ないし実在として選ばれるかは規約の問題である、と考える。すると、水を特に選んだというのは、その諸々の理由は以下（第二の問題）に述べる事情があったとしても、数ある可能的な実在のうちから現実的にそれを選択したということを意味するだけであって、その時点で「それはそういう特殊な思想」なのであり、したがって数ある一元論のうちの一つに過ぎないものとして矮小化される恐れがある。「水の論理はすべての現象をそれで包摂できる」といったところで、どんな特殊な論理であっても、一般に任意の現象をその論理内部で特殊的に包摂し、また処理できるのである。

　このことに関連した第二の問題とは、自然が最も普遍的なものであるとされるときの、特殊な実体としての水との折り合いについてである。もちろん、水という物質は、地球に固有である（月や火星に水があったかどうか、それはこの文脈では無視していい）。池田氏が水を選んだ理由としては、生成の原理であり、及び形を否定する未規定性、ならびに偶然性等の象徴であるから、等々であろう。だが未規定性および偶然性については、物質としての水が偶然、形を否定するものとして未規定的で、その運動に関して偶然的なものであった、という方が適切に思える。そうすると、水はなんら根源的なものでなく、水がそれら（未規定性、および偶然性に限りなく近い複雑な運動）をもつように限定されたところの、さらに未規定な何ものかがあるはずである。そこで第一の問題に送り返される。水を実在として選ぶ次のようなリスクがある。水がそれに属し水の必要条件であるところの、未規定な実在、つまり宇宙的な物質性を捨象することで、また水を根源的な十分性をもった実在とする特殊な一元論となることで、池田氏の思想はユニークでありつつ、かつ同様にユニークである数多の特殊な一元論と同じレベルの平面に並べられることになる。それは、いくら池田氏が「定点観測」「俯瞰」を否定したところで、池田氏の思想は、まさに水を実在として選ぶ限りで、存在論的にはそのような一つのパースペクティブを有した数あるパースペクティブの一つである、ということになる。

3. 最終日、春田浜

　朝4時に宿を出発。目的は、春田浜「水神宿る家たちよ！」を、日の出と共に見ること。屋久島であっても晩秋の朝は寒い。まだ薄暗かった浜辺が、徐々に色づいていく。どこから来たのか、我々とは別のグループが、いつの間にかヴァイオリンと歌とで演奏を始める。それも夜明けの静けさを乱すのではなく、一種特別な印象をその場にもたらしていた。日が昇り4つの家たちがそれぞれ照らされる。神々しくさえあった。その感動は、「芸術的」ではなかったか。もはや「家たち」が設立された元々のコンセプトとは別のところで、それは一つの「芸術作品」として、純粋に美しかった。池田氏とて、美しさを否定するわけではあるまい。その美しさとは、概念的・設計的な発想の背後にあって、当初のコンセプトすら無効化するほどまでの強度をもつのではないか。このプリミティブな美しさと、池田氏の「水源」と、どちらがより深いか、それを論じるのは余りに無粋であろう。両者は共生すらせず、しかしどちらも「家たち」を成立させているものなのである。

以上をもって屋久島のレポートを終える。最後に滞在中お世話になった、下津公一郎様、山崎巳代治様、児玉龍郎様を始め、多くの方々に心よりの感謝を申し上げます。

池田一論序説

宮田徹也

はじめに

　池田一の芸術の核心とは、実在にある。この仮説を立証するのが、本稿の目的である。立証のために、まずは池田の芸術がパフォーマンス/インスタレーション史、または世界の現代美術の動向の何処に位置するのかを明らかにしなければならない。その結果が「池田は何処にも属さない」ことになるのは前提の上なので、これまでに全く編まれたことのない、敗戦から今日に至るまでの、日本の現代美術史を私は提案する。池田はそこからも滴り落ちていくのであろう。それでも池田を様々な定義の遡上に乗せることによって、池田の芸術の本質に迫ることは可能であろう。池田の芸術が世界の現代美術の枠からはみ出すことが明確になれば、池田の芸術が日本の現代美術の暗部を背負っていることが自ずと明らかになっていくのである。

1. 先行研究

　池田一が語った言語、池田一を語った言語は、池田の地元である相模原の小さなミニコミ誌から、世界的国際美術展におけるカタログや各国の新聞、雑誌記事、町のタウン誌から美術学会研究誌に至るまで、多種多様を極める。それは池田の芸術活動が、多くの者に支えられる大衆性を帯びることでも、ほんの一部の美術愛好家に蒐集されるべき対象でもないことを示している。
　第一次世界大戦の最中の 1915 年当時に発見された現代美術とは、人間が人間を無差別に大量殺戮する姿を目の当たりにしたアーティスト達が、百人百様の人間の尊厳を守り、如何なる権力権威に関わることなく、自己を含む人間の存在理由を明らかにしようとする意志と義務が備わっている。池田が様々な媒体に取り上げられる意味とは、このような現代美術の思想そのものを体現している点にある。
　池田自身の発言、池田が掲載された文献を隈なく収集し、分析することは不可欠であろう。現代美術の絶対的要素である「いま、ここ」は、翻れば「いつか、どこか」に転換されることが運命となる。ここでは主要な参考文献を探ることによって、池田がどのように語ったのか、池田はどのように語られたのか、そして、その場所とはどこであったのかを主として考察することを先決とする。

最初から、この項目の結論めいたことを記すことになる。確かに池田は雑誌、新聞などで自ら発言しているのではあるのだが、池田が自ら刊行する雑誌、パンフレット、新聞が主となっている。ここに優秀な批評者による批評も組みこまれている。つまり池田にとってのマガジン出版とは、それ自体が池田のパフォーマンスであり、池田の作品であり、池田の主張であるという事実が確認できるのである。

　池田にとって出版はパフォーマンスであるならば、Web もまた同様に池田の作品の一つとして数えるべきであろう。池田は 1996 年に紹介美術館 IAM（Introducing Art Museum）第一回企画展として、Web 上で「WORLD WIDE WATER」展を開催した記録が残っている（「Art Net News ASIA＋EDGE」1996 年）。池田の Web に入れば、池田が発行した様々なマガジンの詳細を辿ることができる。ここでは、手許にあるものの詳細を分析する。

　『P.M.2』（1984 年 1 月）は、池田の主張、池田の作品の自己解説、池田の提案が大半を占め、G-Day PLAN に参加した 6 名が寄稿している。パフォーマンスを開始した当時の池田がパフォーマンスとは何かを自問している姿が窺える。目次を記すと特集①G-Day PLAN、特集②いま、35 種類のメッセージ、特集③パフォーマンス論（序）に分類される。私が重要視する②が、誰に向けられているのかを以下に記す。

　実業家、美術館館長、ギャラリー・オーナー、劇場主、出版関係者、書店主、文化人、建築家、美術家、パフォーマー、伝統芸術家、音楽家、俳優、小説家、批評家、観客、スポンサー、ジャーナリスト、デザイナー、コピーライター、マーケティング・コンサルタント、プロデューサー、歴史家、哲学者、教育者、エコロジスト、平和運動家、行政担当官、弁護士、芸術など縁がないという人、自らの領域を逸脱したい人。憂国の志をもつ人、あらゆる被害者、100 年後の将来をみつめる人、海外の日本人である。大凡、美術やパフォーマンスに関係しない種類の職種に対してメッセージを放っていることが、池田が持つ思想の特徴となる。現代美術は万人に対して発信している筈であるのに、我々は何時しか自らの世界を狭めてしまっている。専門職に成り下がり、幹から先端に行っているつもりが、単なる末端に陥ってしまっている。

　池田は、国際連合が 1995 年に 50 周年記念の際に作成したカレンダーに登場する。世界から 12 人アーティストを選出し、12 月に《地球のヘソ》（1985 年）の写真が掲載された。2008 年 5 月 8 日には NYC 国際連合本部において「非寛容を学ばないこと―アートが環境への意識を変える」をテーマとした環境セミナーにパネリストとして参加した。池田にとって、国連への参加は上記のように、万人に語ることの一環なのである。

　『ICHI IKEDA PROJECT WATER MIRROR 水鏡　池田一』（1988 年）は 1987 年 8 月 1 日から 7 日まで、大倉山記念館で開催された「大倉山アートムーヴ '87」の記録である。5 つのアートプロジェクトの一つ「池田一と〈水鏡〉プロジェクト」として参加しているのだが、他の四つの内の一つに柳幸典

の〈GROUND CREW〉も出品されていることが象徴的である。池田はカタログでドローイング、写真を使用し、プロジェクトを説明する。

巻頭文は村田真（1954-）「波紋を呼ぶ「柔らかい装置」」である。「〈水鏡〉は深さ 5 センチほどの薄っぺらな水の皮膜にすぎないが、その下は深く地下水と通底していたのだ。水面の波紋は 121 平方メートルの出来事である。しかし、そのゆらぎは、地下水を通して地球全体を覆う総体としての「水」をも揺り動かしていたのである」と展示されている作品に批評を行う。その上で、以下のように結論付けるのだ。

「「一」はこのように地球を循環する水を通して場所の記憶を呼び起こそうとすると同時に、DNA のように人体の中を連綿と貫いてきた水分子を通じて、われわれの水に対する集合的無意識をも呼びさまそうともくろんでいるのかもしれない（中略・引用者）。〈水鏡〉は、われわれ人間と母なる水とをつなぐ、「柔らかい装置」なのである」。非常に批評的な、鋭い観察と生きた言葉である。

『WATER DIARY in NEW YORK』（1989 年）では活動の記録と共にマーサ・ウィルソン＋星野共＋池田の鼎談が載録されるが、近藤幸夫（1951-2014）の考察が重要である。「その直截な表現は、解釈のための伝統的コードを持たないために、一見、奇異にみえたり難解にみえたりするかもしれない。しかし、それ自体もコミュニケーションの不可能性という点で対象化され作品の一部として取り込まれてしまうのである。

池田氏にとってパフォーマンスを行うことは、安定した日常生活のなかで不協和音を奏で、そこに生じた裂け目を通して、ともすれば曇りがちなわれわれの眼を本質的な部分へ導こうとするものである。そして、これは 20 世紀の前衛芸術の多くが試みた方法であり、それゆえ、一件まったく何の系譜にも属さないかのようにみえる池田氏の作品は、実は最も正統な前衛の流れのなかに位置づけられるべきものなのである」とする。

池田は 1990 年 1 月から、大型の新聞サイズのポスター兼批評紙を発行する。手許にある 1 号では Kim, Yeong-Jae（1948-）が「私の心を打ったのは、地球の隠されたメッセージというテーマを、統一された方法で首尾一貫して追求する姿勢にである」と評する。2 号では古川美佳（1961-）が「そのパフォーマンスは、池田一という〈個〉の身体—肉声と物質が交換し合うことで、眼には見えない関係性と連続性を提示したのであった」とする。

同号で粉川哲夫（1941-）は武蔵野美術大学に池田を招いた際の作品を評する。「池田一のパフォーマンス・プロセスは、キャンバス内の三つの普段は全くありふれた場所が、一ヶ月という緩慢な時間と一時間という足早の時間との交錯のなかで全く別の空間に変わることを池田自身が経験し、わたしたちに経験させた」。3 号では「美術手帖」1986 年 5 月号の抜粋があるのみである。

池田が出版したマガジン以外の媒体では、池田の主張を解説する域を超えない。無論、上記と同様な犀利な評が行われていることも多々あるが、ここで注目したいのは、池田の活動を相対化した研究がまだ存在していないことにある。研究を行うためには、池田の範疇から距離をとり、客観的な事実の調査の必要性が生じる。それを理解していても、私も池田のパフォーマンスの領域から脱出することは未だ不可能である。

2. 池田一の芸術の変遷と特徴

上記のような視線を携えて、つまり、池田が主張する意見を無視して池田の作品の変遷を辿る必要がある。そのためには当時の池田が行った活動の記録と共に客観的な資料を探し当て、それを基に池田の活動を再構成するべきではあるのだが、今回私は、池田の懐に飛び込んだまま、池田のこれまでの活動を俯瞰し、全体像を把握することに努めることとする。池田のWEBなりマガジンに記載されている活動歴を参照する。

池田のWebを参照すると、池田は自らの活動を「プロジェクト」「展覧会国際/国内」「個展」「パフォーマンス」「演劇（劇作・演出）」「出版物/アーティストブック」と明確に6つに分けている。この分類＝主張は重要であろう。私も池田の作品とパフォーマンスは一体でありながらも分別すべきであるという主張がある。ここではこれを参照し、大まかな池田の活動の変遷を辿る。

〈Ⅰ　演劇期〉。1943年、大阪に生れた池田一は、1961年に京都大学工学部高分子化学科に入学、その秋に、劇団「風波」に入団し、演劇活動に取り組む。65年、同大学院に進学、68年、美術と演劇を融合させたマルチ・プレイ・グループ「円劇場」を創立。演劇の創意に励むが、1981年、演出家廃業宣言。アジアの何処かの、人で溢れ、土埃が沸き立ち、人が容易に土に還っていい路傍で展開したヴォイス・パフォーマンスが転機となる。

〈Ⅱ　パフォーマンス模索期〉。1984年、多摩川全域で行うプロジェクト《RIVER PLAN》を開始。ソロパフォーマンス《WATER PIANO》を発表。85年、桧枝岐パフォーマンス・フェスティバルに参加。87年、NYCのスペースフランクリン・フォーネスに選抜される。89年、韓国との共同プロジェクトを開始。《EARTH DRAWING》は「今までのパフォーマンスの常識を打ち破った」と評される。

〈Ⅲ　水の直接的インスタレーション模索期〉。1991年、ケイタケイダンスカンパニー24時間パフォーマンス全米ツアーの環境デザインを担当。第21回サンパウロビエンナーレに特別招待され、メイン・ステージに《floating Earth》を設置、ゼネラルキュレーターのJoão Candido Galvāon (1937-95) に第20回のJ・ボイスの作品よりも「繊細で、物理的

でないこの存在の方が私は好きだ」と評される。各国でインスタレーションを発表する。

〈Ⅳ　水の間接的インスタレーション模索期〉。1996年、多摩川河口と源流を往復するビデオ《WATER MAN》を発表。98年、「未来の水を思考し、生成し、交易する」をキャッチフレーズとして、初めての「水市場」を開設する。2000年《水の沖縄プロジェクト》開始、2003年《80リットルの水箱》プロジェクトを実現、今日に展開する。2007年、幾つかの世界巡回展に参加。今日に至る。

池田のWebの活動歴を見ると、池田は活動を開始した1968年から今日に至るまで、毎年休みなく、演劇、プロジェクト、展覧会、個展、パフォーマンスを世界各地で行っている。しかも、同時期に複数の場所で開催していることも多々ある。このような池田の活動を上記のように僅か四つに分類することは乱暴ではあるのだが、研究の素地を形成するために行った。一つ一つの池田の行動の詳細を辿る作業は、今後の課題としよう。

確かに池田の作品の特徴は、パフォーマンスとインスタレーションにある。それらも多様に展開し、パフォーマンスはヴォイスから日常生活、水の中での単独作業、自らのインスタレーション内での行為と定義しかねるほどに多様である。私が注目するのは水の現場内と、水の現場から離れたインスタレーションの差異である。当初池田は水の現場に拘ったのであろうが、水がない空間でも水のインスタレーションが可能となった。

近年、私が池田の作品の現場に立ち会ったのは2015年9月の阿蘇アース・アートであった。池田は会場である学校跡地の校庭に巨大な船を、校舎を跨ぐ格好で形成した。つまり校舎の中全てが船の中であると認識することもできる。船は屈折した時代の中で、ノアの箱舟の存在とも重なってくる。全く水のない空間で、水の存在を想起させる広大なインスタレーションであったのだ。私はこの時のパフォーマンスには立ち会えなかった。

池田は世界の各所を巡る旅を続ける間に、水がなくとも水の存在を想起させる手法を思いついたに違いない。水をボトルに入れるインスタレーションも存在する。池田が水に対する追求を行い続ける理由は、この論考の第4章で行うことにする。インスタレーションの特徴を簡単に分析したので、次は池田のパフォーマンスの傾向について考察する。池田のパフォーマンスの特徴は、常に「直接的」であることを挙げることができる。

池田は自らの作品の中でパフォーマンスを行うが、他者が制作した作品の中でパフォーマンスを行ったという記録は確認できない。同様に、ケイタケイのパフォーマンス空間に自らのパフォーマンスを同席した場合はあるが、直接に他者とパフォーマンスのコラボレーションを行ったこともないであろう。すると池田がパフォーマンスを行っている日常、水なども、実は池田のインスタレーションと解釈することが可能ではないだろうか。

ここで私は池田のパフォーマンスの広義な定義を行いたい。前記の近藤幸夫論文にある「池田氏の作品は、実は最も正統な前衛の流れのなかに位

置づけられる」ことに対しては賛同するが、「安定した日常生活のなかで不協和音を奏で」ることについては別の意見を持っている。我々は日常の中で安定して寛いでいるのでは決してない。むしろ世間からはみ出ないように、必死に常識人というパフォーマンスを行っているのではないか。

　それだけではない。2016年8月、私はクロスメディア研究会ソウル大会での発表の為、韓国を訪れた。発表の翌日、韓国人であり韓国に住む友人の研究者に、二つの国立韓国現代美術館を案内戴いた。ソウル館から徳寿宮館へ移動するタクシー内で、警告音を耳にした。全ての車は止まった。軍隊の演習のためだったのだ。タクシーが走り出し、徳寿宮館に到着しても直ぐに入場できなかった。我々は国家の管理に従っているにすぎない。

　日常で緊張感に満ちたパフォーマンスを繰り返し、窒息寸前の私達は「アートパフォーマンス」に立ち会うことによって現実の疲労から解放され、リラックスして本来の自己を取り戻す訳では決してない。むしろこれまでに実現されていない現実を創出するパフォーマンスに対して、命を賭けた姿勢で臨まなければならないのであろう。つまりパフォーマーの問題ではなく、立ち会う我々に問題は突きつけられていることになる。

　確かに池田一は、パフォーマンスを模索している際に、J・ボイス（1921-86）、P・ブルック（1925-）、M・アブラモヴィッチ（1946-）らを参考にしたのであろう。しかし前述したとおり、池田の視線はアート「業界」の世界だけではなく、全く異なる視線からパフォーマンスを見詰めていた。その結果が美術の動向の正統に組み込まれながらも、それを保持しつつ乗り越えるパフォーマンスを実現したのであろう。

　1984年の《WATER PIANO》、所謂《水ピアノ》に勝るパフォーマンスが、これまでも、これからも登場する可能性は少ないであろう。池田はこれまでの世界の現代美術アーティストが行おうと想いながらも果たせずにいた、現実に、直接的に触れる行為を「実践」し、これまでに創出されてきたアートパフォーマンスを易々と超過することが可能となったのだ。この手法の発見により、池田はその後の活動の展開が可能となったのであろう。

3. 現代美術の歴史における池田一の位置—従来の定義—

研究の場では、対象となるアーティストに対する先行研究と年譜の制作が重要となる。それが可能になった今、私がしなければならないことは、池田の作品を美術の歴史に組み込むことにある。現代美術とは大文字の歴史概念を無化するので、現代美術の歴史が存在すること自体に矛盾が生じる。ある時代にアーティストと作品を代表させ、他の時代にはそのアーティストが死んでいるような歴史観は真っ平御免である。

　この傾向を回避するために、常識のある批評者と研究者は、試行錯誤を繰り返してきた。悪意がなくともアーティストが活動してきた事実を曲げ

ることができないし、そのアーティストを知らない多くの者にアーティストの活動を伝えるためには歴史観を避けて通ることはできない。私はここで世界的現代美術の動向と、国内で展開されるパフォーマンスとインスタレーションの変遷とそこから生じる視線を基に、池田一の立ち位置を検証する。

パフォーマンスを世界で初めて行ったのは、J・ケージ（1912-92）ともA・カプロー（1927-2006）とも言われる。どちらとしても1950年代後半のことである。インスタレーションは、60年代の舞台美術が発展して60年代後半のアルテ・ポーヴェラに繋がることを起源とする考察もある。パフォーマンスとインスタレーションは当時の権威的な芸術に対するアンチとして、コンセプチュアルアートから派生したと言ってもいいだろう。

しかしパフォーマンス、インスタレーション、コンセプチュアルアートの起源とは、当然のことながら1915年当時の現代美術の発見者達、チューリッヒのダダ、ドイツのバウハウス、ロシアの構成主義に求めることができる。彼/彼女らは人類の発生の「いま、ここ」に立ち会うことを信条としたので、世界の宗教が成立する以前の芸術の姿こそ、コンセプチュアルアートであり、パフォーマンス、インスタレーションであったと解釈することも可能なのかもしれない。

私は川村浪子（1938-）の2016年4月28日、久遠キリスト教会における公演評において、パフォーマンスを狭義において定義した。「パフォーマンスとは絵画の身振りの延長や概念の痕跡、ダンスの一部とも思われている。川村のパフォーマンスを見ていると、音楽、演劇が持つ再現性を排除し、美術、ダンスという主観から解放され、肉体という思考の檻と無関係に存在する。

つまり、あらゆる意味を剥奪するのがパフォーマンスの本質であり、あらゆるアートに疑問を投げかけるのがパフォーマンスであろう。そのため、パフォーマンスに定型は存在しない」（『ダンスワーク』74/ダンスワーク舎/2016年6月）。人間存在の根底を探る現代美術の動向は、何時から「分野」となってしまったのだろう。空間性があればインスタレーション、体を使えばパフォーマンスではない。新発見とは原点回帰である。

それでもパフォーマンスは誤解され続けてきた。日本の場合、バウハウス同様、戦前の村山知義（1901-77）に発祥を求め、フルクサスの小野洋子（1933-）、ハイ・レッドセンター（1962-64）、具体美術協会（1954-72）を経て、ボイス、R・アンダーソン（1947-）らが構築し、ダムタイプ（1984-）が代表とされる。工藤哲巳（1935-90）、草間彌生（1929-）らが海外で行った未確認情報は、外国で活躍する日本人アーティストを権威づけた。

今日では演劇、ダンス、リーディングを含める演奏にもパフォーマンスという広義の定義が与えられている。池田のパフォーマンス活動のスタートをあえて演出家廃業宣言の後の1981年からだとすれば、確かに池田は

1980 年代のパフォーマンスの流れを汲むと認識されてしまうかもしれないが、池田の活動は演劇から現在まで一貫しており、時代がたまたま池田の前を通り過ぎたに過ぎない。今日の池田のパフォーマンスは 80 年代的ではない。

　インスタレーションも同様であろう。海外の動向を見据えれば、インスタレーションはランドアートとして知られるようになった。イサムノグチ（1904-88）が 1930 年代から「地球に彫刻する」発想を携えていたとしても、実際にはR・スミッソン（1938-73）、A・ゴールズワーシー（1956-）、クリスト（1935-）らの、1970 年代の活動が多くの目を引いた。そして池田自身も数々の場で指摘しているように、これらの作品は自然と共存しない。

　ランドアートは次第に廃れ、R・セラ（1938-）、M・ディ・スベロ（1933-）らの巨大彫刻が世界を席巻する。大胆にして繊細、その場の空間に対して制作意図を重く置く方法は、人間の未知の可能性を見せ付けた。しかし、単なる彫刻であるという認識を乗り越えることができなかった。A・キーファー（1945-）の絵画も再定義しなければならないだろう。単なる絵画では収まらない作品の性質を一過性に留めてはならない。

　日本ではともかくも、海外の国際展に出品すれば大御所となる。特にヴェネツィア・ビエンナーレの権力は計り知れない。1982 年に参加した川俣正（1953-）、1988 年の若手作家部門で注目された森村泰昌（1951-）と宮島達男（1957-）、1993 年のアペルト部門に受賞した柳幸典（1959-）、など、枚挙に暇がない。彼らの作品は「現代美術のインスタレーション」の枠を超えることは決してない。

　池田もまた海外では高く評価されても、日本において注目されていない理由は何か。それはやはり、「現代美術のインスタレーション」という枠に留まることを知らない点にある。池田の作品は、川俣ら現代美術の持つ晦渋さよりも端的で直観的あるにも関わらず、美術の専門家からすると、美術の枠の外に存在するので、理解ができないのである。最先端技術を用いず、自然回帰する作品が古臭くみえるのかも知れない。

　古臭く見えるのは、見る者の問題であることを忘れているのだ。「時代がたまたま池田の前を通り過ぎたに過ぎない」と私は書いたが、正にたまたまここに及川廣信（1925-）がいたことが重要である。先に見たフルクサスら「ハイカルチャー」のパフォーマンスと同時に存在していた「アンダーグラウンド」の「儀式」である加藤好弘（1936-）率いるゼロ次元（1962-）や「暗黒舞踏」の土方巽（1928-1986）、大野一雄（1906-2010）を忘れてはならない。

　及川は順天堂医科大学卒業。敗戦後単独で演劇を学ぶ為にフランスへ渡り、パントマイムを持ち帰る。大野一雄・慶人、土方巽、勅使川原三郎、ヤン・ファーブル、ラインヒルト・ホフマンらの作品を製作する。シュウウエムラのアートプロデューサーを長く務める。近年は再び舞台に立つ。

桧枝岐アートフィスティバルも、及川が仕掛けたのであった。及川は桧枝岐の各所で同時多発的にパフォーマンスを行わせた。

及川はパフォーマンスに芸術の本質を見つけ、その可能性を今日でも探っている。桧枝岐アートフェスティバル当時の 1985 年 6 月に発行された『肉体言語』12/特集・パフォーマンス（肉体言語舎）はその一端である。及川は「身体都市　パフォーマンス 1984」において、フルクサスが行った日常行為と音の関わりと、高橋悠治ら音楽家の立場のパフォーマンスには若干の隔たりがあり、それを埋めるのがヴォイス・パフォーマンスだとする。

「音とヴォイスと身体が巧くプランニングされ、組み合わされたばあい、ケージたちが試みたものがより一層、幅広く意識化され、構図化されるだろう」（148 頁）。及川が池田を「ヴォイスパフォーマー」として見ているのは、今日でも変わらない。単なるパフォーマンスでも、音楽でもないと認識しているのだ。『東京創造芸術祭 2015 年のトークに向けて』（私家版）にも、池田の桧枝岐アートフィスティバルの様子が描かれている。

4. 現代美術の歴史における池田一の位置——これからの定義——

「会が始まって間もなく、公園にいる私たちの耳に池田氏の大きな発声の「アー」という声が下の川の方から聞こえてきたのです。われわれは思いがけない方角からのこの突然の声に驚き、急遽声がする川の方向に降りて行ったのです。と、川の中に立ち泳ぎで浮かんで、大きな眼鏡をかけた池田氏の顔が多少恥じらいを見せながら、子供のように手で水面をぱしゃぱしゃと叩いて飛沫させ、また大きな声で」（2 頁）発音したとする。

及川はこの「始めの声」に「サンスクリット語の最初の「阿（a）」字の発音」を見出す（3 頁）。その上で「池田氏の当時のパフォーマンス思想というのは、観ると観られるの固定された関係を強要する額縁の劇場を拒否し、理想的には自然の中で行うことであるが、観る、観られるの関係が、行うものと、それに立会うことによって参加者となるような関係を結べるような「スペース」を選ぶことが大切だった」（4 頁）とする。

及川は池田がサンパウロビエンナーレのメイン会場で展示されたことを前提に、「スペース」の問題を提起している。「ヴォイス」とは見えない声である。及川がここで使用する「ヴォイス」「スペース」「観る」「観られる」という語彙は、既存の美術史の概念では定義できないのだ。東京創造芸術祭 2015 で池田が配布した『「池田一」を形象する言葉たち』に登場する数々の批評もまた同様である。

既存の価値観、倫理観、常識を権力とし転覆させ、新たな世界の創造に努める現代美術を語る言葉が、従来のまま停滞していてはならない筈だ。既にフランス革命を横目で見ながら新しい哲学の創造を願った W・ヘーゲル（1770-1831）ですら、当時の哲学の衰退を嘆いている。これまでの世界

大戦とこれからの帝国主義に対しても哲学は無力であることを考慮に入れると、哲学はその発生と共に死を迎えていたのではないかとも感じる。

常に更新を続ける池田のような本来の現代美術に対して、我々もまた「現代美術を語る言葉」という殻を脱ぎ捨て、新しい言葉の模索を止めてめてはならないのであろう。現代美術は既存の美術の枠をはみ出すのであれば、それは美術であることを破棄するのではなく、より一層、美術の本質に近づいていく行為に他ならない。「美術」という原理主義をかなぐり捨てることから、本来の意味での美術の本質に近づくことができるのであろう。

明治期に外国から「美術」という概念が到来し、敗戦に至るまで皇国史観に絡めとられていた日本の作品群のほぼ全て—古美術も現代美術も—は、御物であった。焼け野原に米軍のジープが走るGHQ統制から抜けた日本の敗戦後美術は、日展などの権威は度外視して、1950年代からはシュルレアリスムの流れを組むルポルタージュ美術を含む具象、1930の年代からの探究を続ける山口長男ら（1902-83）の抽象という拮抗から始まった。

1960年代は、瀧口修造（1903-79）が推奨するオブジェの時代であった。反芸術の運動は1964年の東京オリンピック、1970年の大阪万国博覧会で死滅した。60年、70年と二度に亘る日米安全保障条約との闘いの時期、K・マルクス（1818-83）を援用したJ=P・サルトル（1905-80）の『実存主義』は広く読まれたが、『実存芸術』は、遂に姿を現すことはなかった。実存の上滑り的なもの派が「分かりやすい」為に流行した。

同時期の「幻想絵画」の存在は重要である。1965年のドイツでの展覧会により国際的に認められたウィーン幻想派に対する研究がある。「オーストリアは第二次世界大戦後、米・英・仏・ソの四国管理を受けて、永世中立国として独立（1955年）後も、ちょうど西欧と東欧の中間という立地条件から、社会主義的状況と資本主義的状況がせめぎ合うなか、そのどちらにも心揺ぎながら、どちらにも進むことが出来ないジレンマが強くあった。そして、それに対する一つの社会的反撃衝動として戦争の傷跡が非常に内省的に、幻想的に、芸術作品に表れてきたという気がする」（針生一郎「社会的反撃の表現」『月間美術』1992年10月号/実業之日本社）。この傾向は日本にもあり、浜田知明（1917-）、横尾龍彦（1928-2015）、池田龍雄（1928-）を筆頭に、数々の優れた作品が50年代から今日に至るまで制作されていることを忘れてはならないであろう。

80年代に入ると、舞踏、演劇、美術などの前衛芸術は地下へ潜り、楽しく分かりやすい「アート」が蔓延する。前述した川俣正のインスタレーションを見ると、いかにアートと土地＝金が絡んでいたのかを思い起こすことができる。大浦信行（1948-）の《遠近を抱えて》が富山で問題になったのが86年である。鈴木省三（1946-）、川島清（1951-）、内海信彦（1953-）がデビューし注目を集めた。

90年代とは、本当に何もなかった廃墟のような時期であろう。右上がりの日本経済が爛熟し、熟れた実はぽたりと地に落ちてしまった。それでも人々の生活は決して奈落の底に落とされたわけではないのに、日本人は生きる気力を失ってしまったのであろう。村上隆（1962-）がデビューし、出世街道をまっしぐらに進む頃、関直美（1949-）や間島秀徳（1960-）らの地道な活動が確実に定着していく。
　2000年代は90年代の尾を引き、新しい動向が生れることはなかった。前述した、海外の国際展で評価された権威者達が、アートシーンを牽引し始めた。つまり、権威を拭い去る現代美術が、権威的になった時期であるということもできるであろう。権威の出現は、ファシズムの到来を意味する。この状況は、2016年に至る今日にも続いている。それでもヒグマ春夫（1947-）、丸山常生（1956-）といったアーティストは優れた活動を続けている。
　乱暴に、敗戦後から今日に至る日本の現代美術の流れを押えた。これ以外にも運動、潮流、主義主張が多岐に展開していることは前提である。しかし敗戦後美術とは、どのように展開しているように見えても、たった「これだけ」なのである。敗戦後70年の現代美術の歴史を、ここで取り上げた1917年生れの浜田知明でなくとも、1943年生まれの池田一が、全て体で体現したことになる。
　具象/抽象、彫刻/オブジェ/インスタレーション、ランドアート/パフォーマンス、もの派/幻想絵画、音楽/写真/映像と、無限の可能性を秘めた現代美術の領域は、振り返れば何と狭い世界であろうか。私は倉重光則（1946-）が形成するネオン管によるインスタレーション空間と、暗黒舞踏のコラボレーションに立ち会ったことがある。全く異なる性質の現代美術同士であるにも関わらず、違和感が生れないのだ。その際、この定義を思いついた。
　ここで挙げた、優れたアーティスト達も大勢いる。それでも重要なのは、人間が危機に立たされ、消滅寸前の状態にありながらも、「我々は生きている」という実在を強烈に、ストレートに、直接に見せるのが、池田一であることに我々はやっと気付くことができるのだ。池田一がプランを基に自らも手を入れるだろうが、共同作業でインスタレーションを作成するとしても、アーティストの思想を表すのが作品であろう。
　池田が日本で、もしかしたら世界で唯一の実在作品を作成するアーティストであるという定義を私は行った。ならば池田の作品は、他のあらゆるアーティストが制作する作品と比較考察することが不可能となる。否、現代美術の作品とは本来、百人百様であることをモットーとするわけであり、比較することなど不可能である筈だ。私こそ、創られた現代美術の領域の色眼鏡を外さなければならないことになる。

5. 池田一の水を巡る考察

　池田一を歴史的に位置づけることができた。最後に、池田一が何故水を主題とするのかという核心に迫る。「水に絵を描いた人はいないし、水に彫刻をした人もいないでしょ」（中略・引用者）「水と共に流れ、共鳴し、共振することが大切なんです。20世紀は火の時代でしたが、21世紀は水の時代。これからは水（自然）との共存・共生の時代であり、価値の多元化の時代です」（「未来のための水/アートプロジェクト」『エプタ』vol.22/2003年7月）。

　ここから二つの事項を読み取ることができる。①水を直接素材にできない。②自然と共存する。まずは②から検討する。既に見たとおり、ランドアートは時代の潮流から外れ、今日では実際に行われなくなったどころか、顧みられることも珍しいことになってしまった。世界に未開の地はなく、国内など草の根一本にまで管理が行き届いている。ランドアートを行う場所が限られてしまっている。

　池田もまた、2012年には上野・不忍池でインスタレーション行ったが、それ以外は鹿児島、阿蘇などの地方でしか巨大なインスタレーションを行っていない。しかし池田は川口や東京のフリースペースにおいて、自らの芸術の思想の伝達に励んでいる。そしてランドアートの世界的な代表者から、次世代の新しいアートの創出者の候補としてあげられている。ランドアートが古くなったのではない。新しい波が押し寄せてきたのだ。

　『「池田一」を形象する言葉たち』を見るとD・カラゾフ『アースアートの倫理学』（ミネソタ大学出版局/2010年）では、過去50年間のランドアート、アースワーク、環境アートなどを詳論し、その結論「地球に論理的に向き合うこと」の代表アーティストとして池田が「初期の「ランドアート」から池田一のような現代の「エコ・アート」へのシフト」ついて論じられている。(The Ethics of Earth Art/Amanda Boetzkes/University of Minnesota Press)。

　東京創造芸術祭2015における及川廣信×池田一のトークセッションにおいても、池田はこの事実を実際の洋書を携えて説明した。更に池田は、クリストが川を覆い隠すという川の生態系を破壊するインスタレーションに対して批判した。池田は自然との共存を1987年の「池田一と〈水鏡〉プロジェクト」の際、木枠の下にシートを敷けと主催者から要求され、跳ね除けたことがあった。自己と自然との関わりを大切にしている。

　世界中の空調が管理され、いつでもどこでも「快適」に過ごせる環境を手に入れた人類にとって、過酷な自然環境と共存するという池田の主張は、狂気の沙汰と感じるのかもしれない。しかし池田が携える「エコ」の発想とは、人類を過去へ逆戻りさせようとしているのではなく、人間と自然の本質を呼び起こし、取り戻す作業に他ならない。現代の生活こそが恐怖に満ちている。我々は自分に立ち戻る必要性に迫られている。

①については、これまで引用したように、各人の鋭い批評が為されている。私も当然同意するのではあるのだが、池田自身の言葉を無視して独自の見解を示すと、池田は水を用いながら、人間を含む自然と重力との拮抗を我々に示し、我々もまた、重力を意識しながら生きる術を自覚すべきではないかと考える。水は地上の物質の中で、摩擦が生じない為、重力から最も自由なのではなく、逆に重力の制約を一番受けている。

　海の満ち引きが水と重力の関係性を良く示している。良く晴れた日、川や海の水面を眺めるほど美しいものはない。水は動き続け、生きている。温度の上昇によって水蒸気と化し、大気を漂い、冷えると再び水に回帰する。冬の寒い日、深々と降り頻る雪に魅了される。水が結晶化されていながらも、春になれば必ず氷解し、洪水となって川を経て海へ流れ込む。自宅で朝起きて、コップに水を注ぐだけでも生命力が与えられる。

　それは全て、重力との拮抗を見せてくれる。コップに静かに水を注げば優しい気持ちになるが、椅子に乗ってポットからをコップを引き離して注げば、コップが破壊されることすらある。この水の恐怖は洪水、津波、雪崩だけではなく、灼熱の溶岩すら思い起こすことができる。ただ水がそれだけで存在していれば、災害など全く起こらない。水が、重力の影響を容易に受けるからこそ、我々は死の危惧と隣り合わせにいる。

　W・ヘーゲルにとって自然科学とは新しい学問であり、哲学が迷信に陥る可能性と対峙しなければならない必然に迫られていた。ヘーゲルの『自然哲学』を当時の誤認と一笑することはできない。何故なら哲学とは徹底的に自己と向き合う作業であり、哲学を否定することは自らを否定することに現代でも繋がってしまうのである。人間を知る広義な宗教と狭義な芸術を繋げるのが哲学であるとヘーゲルは『歴史哲学』において語っている。

　「感覚と理論的な過程は、1 機械的な領域の感覚、—すなわち、重力と凝集状態、およびその変化である熱の感覚である。—これが触覚一般である。つぎにそれは、2 対立の感覚である。すなわち、特殊化された空気性の感覚と、具体的な水という同様に実現された中和性と、この具体的な中和性の解消によって生ずる対立物との感覚とである。—これが嗅覚と味覚である。最後に、3 観念性の感覚もまた二重である」（下巻610頁/岩波書店）。

　観念性の感覚が視覚と聴覚であることを考察した上でヘーゲルは水に関する中和性を説明する。「一面では、抽象的な熱に対して、自分自身の内へ、他方では、人が取り去りたいと思っている特定の味に対抗する。だから人は水を飲む。—この衝動は、この衝動が固体化されたものに関わるときに限っては、本能である。ときどき充足される欲求はつねに再生産される」（下巻626頁/岩波書店）。

　ヘーゲルは「これに対して精神はむしろ普遍的な真理の認識において、普遍的な仕方で充足される」と考察を続けていく。ヘーゲルは私と異なり、重力に対しての中和性として水を考察している。池田がなぜ水を主題にするのかという考察に止む事は決してない。それは池田の意図を乗り越

えて、見る者が創出すべきでもある。あらゆる意見を甘受し、自らの思想を強化するのが現代美術の方法である。今後も議論を続けたい。

おわりに

嘗てC・カスタネダ（1925-1998）が鳥の羽根となって飛び立ったように、B・フラー（1895-1983）が宇宙船地球号に飛び乗ったように、ヒッピー達が想像力を以て月の裏側に降り立ったように、私もまた、「いま、ここ」の力を用いて時間と空間を超克し、池田一の活動と作品の本質に迫ってみた。この努力など、一握の砂に過ぎない。池田一の思想と活動が、これからも多くの者達によって追求されることを、私は願っている。当然のことながら、私もまた、異なる翼を手に入れて、池田の芸術を探ることを忘れない。

『水奏：Water Crossing project With 池田一（Ichi Ikeda）』公演評

宮田徹也

　『水奏：Water Crossing project With 池田一（Ichi Ikeda）』が2016年4月23日（土）、なかのZERO地下視聴覚ホールで開催された。開催の趣旨は公式Webによると以下となる。「世界的アースアーチスト池田一のパフォーマンス映像に作曲家・サウンドアーチスト達がクロッシングする触聴的空間（Tactual Sound Space）」。主催は東京創造芸術祭、後援が日本現代音楽協会、日本作曲家協議会、芸術メディア研究会、日本映像学会クロスメディア研究会となると、無記名の開催趣旨は、河合孝治が書いたのではないかと推定できる。

　作曲者であり演奏者でもある河合はこれまでも様々な場所で、音楽にダンス、映像、美術を実際にコラボレーションしてきた。近年は単なるコラボレーションの枠に収まらず、個々の芸術の思想そのものと対峙する発表を行ってきた。今回もその一環であろう。

　河合孝治のWebに以下のプロジェクトが記されている。

　「『Water Orchestra for Peace 平和への水奏楽団』。2016年1月10日（日）／KAWAGUCHI ART FACTORY。『混沌さが加速する世界へ向けて「水」を世界共通の言語として平和へのメッセージ。KAFのアート活動と、池田一の川口アートプロジェクトとのジョイント、2016年初頭、解体前のKAF、そのスペースZEROでのプロジェクト』。第一部　14:00～アーティストと音楽家によるArt Crossing。第二部　15:30～水面の変化、波紋の創出：干渉。第三部　16:00～ 自由参加による水奏。企画・演出　池田一。演奏・パフォーマンス　池田一　永井清治　河合孝治　小川類　小森俊明　田中大介　山本諭　他」。私は立ち会うことができなかったが、今回のプロジェクトもこのプロジェクトに端を発しているのであろう。

　池田一（1943-）は1967年京都大学工学部大学院修了、翌年から演劇の創作と演出を1980年まで続ける。1981年に演出家廃業を宣言し、パフォーマーへ転進。1991年のサンパウロビエンナーレに特別招待され、世界的アーティストとして認知される。

　池田はパフォーマンスのみならず、インスタレーション、ビデオアート、作品集出版と、その活動は多岐に亘る。池田の全貌を捉えることは至難の業で、個々の作品の制作意図は明確に提示されていたとしても、その本質に手を伸ばすことは容易ではない。池田は他のアーティストや作品とコラボレーション/コラボレートすることは、これまで一切なかった。今回も同様で、作曲者が池田の作品からインスピレーションを受けて制作した作品を発表するという「プロジェクト」に相当する。

池田の作品とプロジェクトを行うためには、池田の作品そのものを理解するだけではなく、池田の思想そのものと触れ合わなければならない。その池田の思想を解釈し、自らの作品を提示しなければならないという、何重もの困難が待ち受けている。今回、作曲したアーティストは、この困難を僅か3ヶ月で乗り越えた。

　プロジェクトは私が司会を務め、作曲者に制作の意図を聞いた上で、実際の演奏となった。ここでは作品の内容を重視し、公演評として記していく。

*山口紘《水声》　エレクトロニクスソロ＋池田一
《Water Mirror 水鏡》（1987年／横浜市大倉山記念館／ビデオ）

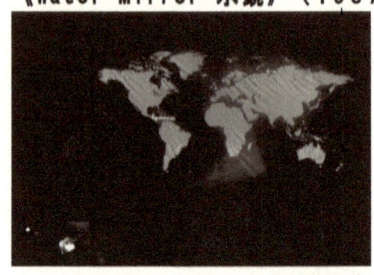

　山口は池田の作品から記号や意味を感じるという。今回、二部構成にして、一部は映像に文字を多く使用、後半に池田の映像を用いた。山口が暗闇の中で水が入った透明なボトルを振ると、スクリーンに世界の海の文字が浮かび上がる。静謐なエレクトロニクスの音は、滴り落ちた水が洞窟の中で響き渡るような印象を与える。やがてスクリーンに世界地図が浮かび上がるのだが、海の文字と共に消え、代わりに海、水、行かねば、場、屍、などの連想的な言葉が浮かび上がり、エレクトロニクスも秩序立てられていく。言葉と海の文字、世界地図の三重の映像が投影されると、世紀末の鐘のような音が空間を包んでいく。世界地図の福島の場所に「Fukushima Coast」という文字が何重にも折り重なり、鐘の音は地獄のはじまりへと転じていく印象を与える。第一部は7分13秒程度である。

　第二部は水の映像と、名前、住処という山口の自己紹介的文字が連なる。山口の映像と演奏は止み、池田が水に口をつけ、発音している映像となる。池田がつけるゴーグルは、池田の存在を強調するよりも、アノニマス性によって池田自身を消滅させているように見える。池田は言葉でも歌でもない発音を繰り返す。この発音が、第一部の山口の映像とエレクトロニクスを思い起こさせるのだ。池田の映像が薄らと消え失せ、水が注がれる音が場内に広がる。山口はボトルの水を飲み干し、トータルで12分のプロジェクトは終了する。福島の海岸に池田が直接口をつけるというイメージには戦慄が走る。その水を、最後に山口が自ら飲み込むという行為が衝撃を与えた。時空を越えて、池田の行為の再解釈をしたと解釈することが可能であろう。未来は過去に始まっていたのだ。

* 小川類《MoZaic Aqua for Flute and Electronics》 Flute：間部令子＋池田一《Water man》（1996年／多摩川の河口と源流を往復する旅／ビデオ）

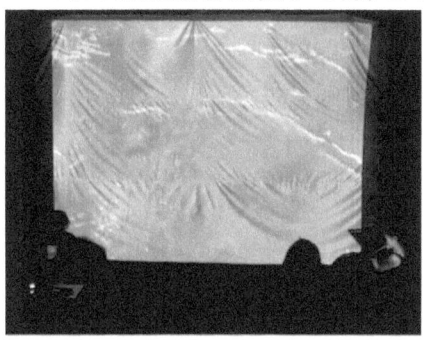

（小川類（左）、間部令子（右））

小川は即興ではなく、作曲してきたことをトークで明かす。水面に光が反射するようなフルートで演奏が始まる。《Water man》は水面だけではなく、瀧の様に水面に落下する大量の水も捕らえている。急流の川は恐怖心さえ見る者に与える。小川によるエレクロニクスは同調するように、フルートの響きへ忍び込む。俯瞰的に水面を捕らえる映像がスローモーションになると、エレクトロニクスとフルートが拮抗し、危機的状況を描写する。池田が川を歩むシーンとなると、エレクトロニクスからピアノの響きが散りばめられ、逆にフルートが電子音的印象を聴く者に与える。音楽は転換し、エレクトロニクスとフルートの掛け合いとなる。映像の池田の歩みのシーンは反復され、水面に注ぎ込む大量の水へと転じるのだが、演奏によって池田の水平の歩みと水が落ちる垂直の印象が混在されるのだ。静かな川の流れの映像になると、木霊のようなエレクトロニクスと、点描的フルートの演奏となる。特にフルートの旋律は旋廻するような感触を立ち会う者に与える。池田の映像の真意は、水の脅威では決してない。むしろ自然に恐慌を与えるのは人間の仕業であり、人間の悪意を持った行為を咎めなければならないというメッセージを読み取ることが出来る。この池田のメッセージに対して、小川はレクイエムを生み出したのだ。アフタートークで小川は「変容」を語ったが、私は「変容」よりも「輪廻」を感じた。演奏の最後に流れた美しい純旋律は、人間が穢く生き延びるのか、自然と同化して自然を大切するのかなど、水は問題にしていないのではないかと考えさせられる。それにしても、間部のフルートのテクニックは抜群であり、小川の意図に充分に応えたであろう。約11分。

＊内田満開《ホーミー、口琴、笛の為のKANJO》
ホーミー＆口琴：直川礼緒、口笛：夕部奈穂、ピアノ：宮崎滋

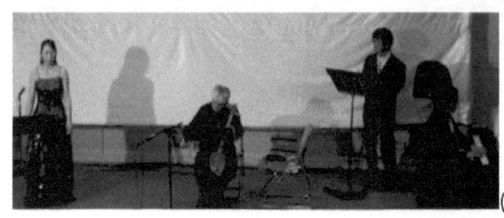

（左から夕部奈穂、直川礼緒、内田満開、宮崎滋）

内田は映像を用いず、池田の作品と触れ合った感触をそのまま作曲したという。口琴、口笛という、口が直接演奏するという発想は、池田の《Water Mirror 水鏡》から着想を得たのではないかと憶測する。直川がホーミーを鳴らしながら喉で声を発生して、演奏が始まる。清らかな旋律を夕部が繰り返し、宮崎は濁った不協和音を断片的に注ぎ込んでいく。水は単体で存在することなど、決してない。様々な微生物を内在化させ、川や海の底の土や砂を攪拌し、生命のスープを生み出すと共に育んでいるのだ。精製されたミネラルウォーターでさえ、人間の体に入れば無限の生物の渦に巻き込まれる。

3分44秒で沈黙し、ピアノが重い連打を放つと、直川は口琴の演奏を始める。夕部は同じ旋律を繰り返す。全く異なるように展開したのではなく、曲は続いている。それは池田の歩みと川の流れを克明に捉えた《Water man》に通底する。直川はホーミーに持ち替え、一定の持続音を流すと沈黙し、再び口琴を荒く演奏する。7分14秒過ぎ、内田自身が声明を始め、ピアノは溶け落ちるように沈黙する。口笛も止み、声明と声明の掛け合いとなったかと思うと、再び建物が瓦解し再建するようなピアノが崩壊を支える。異なる旋律であっても、口笛は清らかさを保っている。

ピアノもリズムを立て直す。声明は止まり、口笛、口琴が同調する。徐々にピアノは狂乱していく。突如、演奏が終わり、曲が終了する。約12分。水だけではなく、風、大地が動く、大気圏内の動向が全て含まれていた曲であった。アジアのモンスーン気候も私は感じた。無論、アジアとヨーロッパの区別ではない。湿度が問題となっていく。

この後、休憩を挟んで宮田と池田の5分ほどのミニ対談が行われた。要約して載録する。

宮田：池田さんは1984年にパフォーマンスをはじめ、1991年のサンパウロビエンナーレでJ・ボイスを凌ぐ存在となりました。
池田：水を呑む。アリストテレスを呑んだ。嘗て、アリストテレスが呑んだ水の分子がここに残っているはずだ。但し、水が満遍なく流れていることが条件だ。水は物質ではない。言語である。

宮田：今回の企画についてどのように思いますか？
池田：今年の一月に川口アートファクトリーを水浸しにしようと思ったが、広くてなかなかうまく行かなかった。その際は、水からパフォーマンスを行った。今日はやりませんが（笑）。音楽も水に通じている。今回の試みは大変面白い。水はどこからきて、どこへいくのか。私の好きな言葉、水という言語、川という文法、地球という物語が生れていくことを望んでいる。アーティストは覚悟を持って、世界に向かっていかなければならない。人間は80％が水だ。体を震わせて奏でる音楽に、期待します。

* 河合孝治 《水境-Embodied Water Action》
パフォーマンス：河合孝治＋《Water man》（1996年/多摩川の河口と源流を往復する旅/ビデオ）

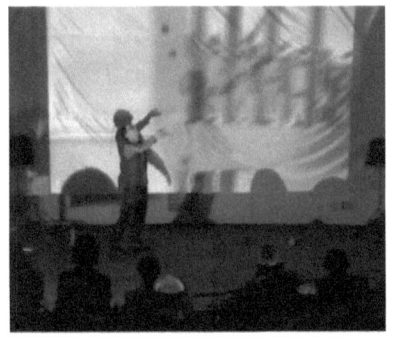

　池田と宮田のトーク終了後、河合がセンサーの通じた筒を放り投げることによって音を発する楽器の説明をする。ボールは今回の為に作った。パフォーマンスが開始すると程なく池田の映像が流れる。小川は編集版を使用したが、河合はオリジナルを用いた様子だ。テロップ、川縁にある塵、川を運行する船、岸に並ぶボートと映像は多様に展開する。河合は緩急をつけて筒を投げ、手にボールを持ってはセンサーに感知させる。センサーを通じて流れるエレクトロニクスの音色は純音であり、複雑な水の流れに対して予想外の感触を齎す。映像に盛り込まれている水が流れる音と池田の呼吸と渾然一体と化し、電子音ですらも所詮人間が生み出したちっぽけな存在に過ぎないことを教えてくれる。鼠、鳥の屍骸が映像に盛り込まれる。これらもまた、水の力によって自然へと回帰していくのだ。
河合は淡々とパフォーマンスを続ける。河合のパフォーマンスは演奏を超えている。それでも奏者としての河合が存在することに、このパフォーマンスの豊かさがある。映像の水が氾濫しようとも、河合のパフォーマンスが乱れることは決してない。しかし精緻で、客観的な河合のパフォーマンスは、神からの視点ではなく、人間が知性によって自らを制御し、この小さな制御が巨大な自然と同等であることを見せていくのだ。それは、池田のパフォーマンスの根底にも繋がっていることは前提であろう。河合は突如、1.5mほどのステックを擦りだす。猫や犬の声、ビデオゲームなどの粗

雑な音が、人間の営みを感じさせる。断片的な音色は持続音へと収斂されていく。河合のパフォーマンスは「無邪気」であり、「無我」に通じている。突如終る演奏は、始まりも終わりもないことを示す。約17分。

＊小森俊明《停滞、前進》ピアノ・ソロ＋池田一《WATER PIANO》
（1984年/水面をpianoの鍵盤に見立てる/ビデオ）

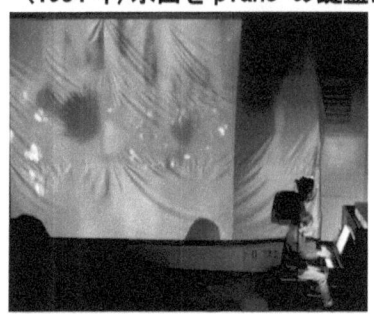

小森は水が当たり前すぎて、あまり考えていなかったという。生ピアノと映像であっても水ピアノの競演をそうは体験することはできまい。小森にスポットが当たり、後方壁面に映像が投影される。水が流れる音も聴こえる。池田は黄色いプレートを水の中に落とす。カメラはその様子を俯瞰的に捉えている。池田は水面を、優しくピアノをひくように水をはじく。ひくとはじく、共に漢字であれば「弾く」と書く。小森は旋律を流していくが、徐々に速度を下げ、運動が停滞しているような印象を立ち会う者に与える。映像の池田の指の動きと実際の演奏が別々であることがいい。異なる世界の共存が行われている。池田は指先を上下にして、ピアノでは弾けない指先を構成する。池田は人差し指、子指のみ、掴むように、洗うように水と対峙する。

小森は一貫してペダルを多用してアルペジオをレガートする。8分24秒、池田の指先が水から離れ、映像が止む。直ぐに再開される。今度は両手を揃えるのではなく離して演奏する。そのため、映像には指先よりも指先の間の波紋が強調される。小森はアルペジオから単音、和音と微細に展開する。この些細な変化こそ、人間の心の襞の繊細さが現れる。小森は映像が止むと共に、演奏を終える。12分12秒。ピアノの演奏とは、ビブラートが生じない。水ピアノはビブラートが中心となる。しかし音楽とは空気を振動させて、我々の耳が感知し、脳に伝達し、心に響き渡ることには変わりがない。地球上は7割が海に覆われているというが、大気圏はその水と陸を包み込んで存在する。その大気圏とは、やはり水分が多く含まれていることを私達は忘れてはならない。

＊橋本信《Water ship》＋《五大陸》（2008年/写真）

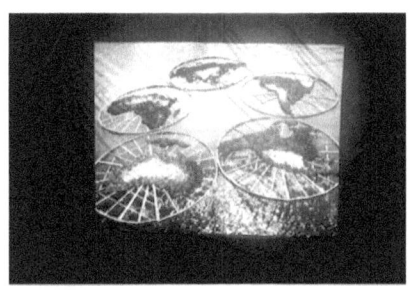

　橋本は《五大陸》に刺激されて、映画音楽のような曲を創りたいと感じたという。《五大陸》の写真が投影されると共に、パーカッションとピアノ的持続音の電子音が響き渡る。電子音といってもシンプルな曲になっている。《五大陸》の写真はズームされたり制作の様子が映し出されたりと、静止画ではなく、極めて多様に展開する。曲のリズムは一定であっても、徐々に和音が複雑化し、リズムも細かくなっていく。壮大な物語が語られるように、曲は進行する。時間概念が失われ、太古の世界では五大陸がひとつであり、いつしか五つに分裂していった、その過程を示すような曲調である。6分32秒のエレクトロニクスによる演奏の中には、このような悠久の時間が秘められている。池田の作品は非常にストイックであるが、橋本のような解釈があってもいいのだろう。

　オーストラリア、アフリカ、ユーラシア、ノースアメリカ、サウスアメリカという五つの浮島による《五大陸》は、橋本がいうように、夢やロマンに満ちている。しかし人類はこの五大陸を戦わせ、汚染し、破滅に導こうとしてきた。そのようなことが起こったのは、アメリカ合衆国独立、フランス革命、産業革命などが生み出した、近代の話である。人類は近代以前に、そのような発想を持ち得なかったはずだ。我々は近代を批判するのではなく、近代が生み出してしまった欠点を何とか乗り越える努力が必要なのだ。それは、近代以前に回帰することではない。もっと知的に考えれば、我々の今日の力でも自然と共存することが可能である。我々はまだ自然と向き合っていない、自然を発見していない、自然と対話を為していない。そのようなことを私は想起したのだった。

　今回のプロジェクトはオマージュでもコラボレーションでもない。音楽と美術という区切られた領域を繋ぎ、本来、芸術が果たすべき役割を実践したということができるであろう。現代芸術の使命は人間が人間であることを認め、理解し、共存することである。この目標の為には形態が何であれ、人間が生きることを否定する存在に対して、真っ向から闘争すべきなのである。我々は生きていていい。この確認と実践は現代に不可欠である。

池田一とガストン・バシュラールにおける水の形而上学——存在論化された水と形態を巡って

織田理史

　池田一は、主に水を使ったパフォーマンスにおいて国際的に高く評価されているアーティストであり、今なおその活動は衰えを見せない。そのパフォーマンスには、これから見ていくように思想的な根がある。対してガストン・バシュラール(Gaston Bachelard、1884 - 1962)は、20世紀前半に活躍したフランスの哲学者であり、科学哲学の分野で大きな功績を残している。また、今回取り上げる『水と夢』を一部とした水や火や大地など四大元素と想像力、及び詩作に関する著を残している。なぜこの二人を採り上げ並行的に論じたか、については、明確な理由がなかったことを白状しなければならない。私は池田一のテキストを読み、そこに水の存在論とでも呼べるものを認めた。バシュラールのテキストを読み、そこに水の形而上学的実体性を認めた。両者は、読みの最終地点にて、極めて緊密で内面的な親近性を見せた。これは驚くべきことである。池田のパフォーマンスは、以下に詳しく述べるように、制度解体的な側面がある。非—西洋的な根があると言ってもよかろう。バシュラールはポエジーという一つの形式について書き、やはり水というテーマを扱いはしたが、この水は当時の精神分析や文芸批評の観点から考察されており、本質的に詩作におけるイマージュの地位を占めるに留まる。だから両者を並行的に論じるのはそもそもその初めの部分からナンセンスであった。しかし、互いのテキストを読み進むうち、池田のパフォーマンスを構成するその「池田」の顔ないし名前が見えなくなるぎりぎりの地点にまで到達すると、そこには純然たる水の存在論が立ち現われてきた。バシュラールに関しても同様である。この水の存在論こそ、本稿がその内容を明らかにしようとするところのものである。

1. IKEDA WATERの水源と存在的水、存在論的水

　池田一にとっての根本問題とは、「自分とは、何者か？」「池田一というアーティストは、どのような構造の持ち主か？どこから来て、どこへ行こうとする存在なのか？」というものである(注1)。
　ジョン・カンティド・ガルボン(注2)は池田作品を「〔池田一の作品は〕分類されることを拒否し、他から決められた自らの限界に反逆し、自分自身で自らの境界を形づくることに無上の喜びを感じるのである。」(IW5)と

評論している。これに対し池田は、「私を思い切り飛躍させるに充分な、最大級の祝福すべき言葉であった」（Ibid.）と述べている。しかし、この池田をして飛躍せしめるに充分だというガルボン氏の評論も、西洋の実存哲学的な概念装置と論理で記述されたものである。この地点においては、まさに池田一の作品が、西洋の論理によって「分類され」、「他から決められた」ものに留まっている。ではそれに対置すべき、池田一の論理とは何か？

1-1. 水との出会い

　まだ水と出会うことのない池田は、「砂嵐の吹きすさぶ路傍に、独り投げ出された」（IW6）状態であった。ここで砂嵐とは、自分の存在を即座に否定され、存在の常なる否定を耐え忍ばねばならない、カオスとも言い替えられるであろう。
　また、「長年蓄積されてきた制度としての政治、文化から逸脱した時にのみ出現する『自分の中の長大な流れ』との遭遇」（Ibid.）こそが「IKEDA WATER」の水源である、という。
　水源は、砂嵐の中から突如現れた。砂嵐という、存在の否定を、さらに否定する、裸の存在が唯一もつ志向的かつ志向対象を持たない表現器官「口」及び口の作用としての叫び。ここで池田は砂嵐に堪え続け、砂嵐の作用と、ボイスパフォーマンスの作用とが、同じ次元において、相互に否定し合い、争い合うギリギリの状況・限界状況において、成立していたと言える。
　しかし、池田はそこに留まらなかった。きっかけは偶然的で外的ではあっても、制度を否定し続けるという池田の根本姿勢は、存在の否定に対抗するものから、まさに制度の逸脱を媒介して、ある一つの制度として存在してきた己の存在を超越し、あらゆる構成された制度より根本にある「自分の中の長大な流れ」（Ibid.）との遭遇へと飛躍したのである。しかし池田のいう長大な流れとは、それは半ばユング的で神秘的な集合的無意識や神話といったものではなく、池田という個人において出会われ、開かれ、そこに内在せずして相対することができる。長大な流れは、池田個人を否定しないし、池田個人が流れに飲み込まれてしまう、といったこともない。長大な流れは、西洋的に言えば個をも押し流し、否定してしまうようなものかも知れないが（同じ個の否定でも、流れとは砂漠より、より根本的である）、池田において開かれた流れは、池田を否定しない。むしろ池田個人を「ひもとく」ものである。「表現とは、自らの起源をひもといてみせること」（IW7）だ、と池田は言う。
　しかし、こうして池田にとって明らかとなった「長大な流れ」とは、池田を成立させるのではない。池田は既に成立している。しかしあらゆる制度からの逸脱を、長大な流れへの開けは必要十分条件としていたのであった。だから、長大な流れと遭遇し、それを遡行的にひもとき、おそらく永

遠に自分自身の起源には辿り着けないとしても、池田は既に砂漠でなく流れの中にいる、あるいは流れに対して在る。正確には自らの特異性を少しも損なうことなく流れに内在している。つまり制度から逸脱している限りで、そうなのであり、池田は自由な個体なのである。もし、長大な流れが、経験的な世界や個体、形態などより先に存在し、それらを可能にし成立させるようなものだとしたら、それはまさに西洋哲学における超越論的審級である、ということになろう。

1-2. 水における存在論的差異（注3）

しかしながら、この「長大な流れ」とは、必ずしも水ではない。「長大な流れ」が開けたからといって、その流れを遡行すること＝表現することが、直接に水を媒体にするのでも水を指示するのでもない。
　表現媒体としての水は、全く別のところにある論理からやってくる。
　「なぜ、水のアートですか？」という問いに対し、池田は「水に絵を書いた画家もいないし、水を彫刻した彫刻家もいない。水は、文明が蓄積し進化してきた芸術文化の方法論や技術を越えて存在している」(IW7)と答える。これが水の論理を余すところなく表現している。水が確かに文明が蓄積してきた芸術文化の方法論、技術を超えているとすれば、それは確かに制度を否定する実在であり、制度化に抗う実在である。ここで水は経験的な単なる分子の運動であることをやめる。しかし、ある表現主体（ここでは特に池田のことを指す）が、頑なに制度化に抗し、常に成立し続ける制度とその常なる解体との間の緊張関係に堪え続けなければならないのに対し、水という実在は、厳密には制度を否定も肯定もしないのである。ここで水は、その存在的性格（表現媒体としての性格）から、存在論的性格（文明とは独立に存立しているものとしての性格）へと深められる。水は、その本質から言って、あらゆる制度化や規定作用に全く無関心なのである。
　制度化や規定は、（存在論的）水という究極の実在に達することも出来ない。だから、この水の制度化や規定に対する無関心さは、それら制度や規定や論理が文明の進歩と相関的に発展してきた一連の流れとは全く別のところにパラレルに存在するものとしての水という特権的実在を指し示す。文明が築き上げてきた論理や制度は、確かに水を解釈はする。しかし、水という実在は、文明、あるいは歴史の文脈から超越しており、この意味で生成のシンボルであるどころか、より深いレベルではむしろ歴史という流れから超越した静的な実在なのである。池田の先のコメントは、このような水の存在論的性格と、存在的性格（水ピアノにおける予測不可能な反応など）との密かな混合を含意していると言えよう。
　だから、存在論的な実在としての水は、あらゆる歴史内在的な制度や論理とは全く異なる、それ自身に固有の論理がある、と考えられるのである。

水の流れを制御することはできる。池田のパフォーマンスのように、身体的に水に働きかけ、なんらかの（予測不可能な）反応を得ることもできる。しかしそれらは単なる水の存在的性格である。

存在論的な水は、「長大な流れ」ではない。特に水は「長大な流れ」の単なる表現手段ではない。どちらがより深いか、ということも言えない。

深さは本来計測不可能である。だが、「長大な流れ」における遡行も、存在論的水も、共に制度からの逸脱を条件としていた。その限りにおいて、「長大な流れ」と存在論的水とは、互いに超越しつつ、従って互いに異質でありつつ、深さのレベルは一致していたのである。

水は決まった形式や規定を持たないものと定義される限りで、かつ歴史や文明の流れから超越して存在論化されたものである限りで、実体である。それも特殊な実体である。特殊でありながら、比較・対比によって規定されることのない実体である。

比較・対比によって規定されることのない実体の特殊性、言い換えれば存在論的の水の特殊な性質は、なぜ可能なのであろうか。存在論的水の定義（決まった形式や規定を持たない、等々）は、もちろん存在的な水の一般的性格から借りてこられている。逆に、存在的な水の一般的性格によって限定されない存在論的水とは、水である必要がない。それは単なる非歴史的で未規定な実体でしかなくなるであろう。特に、上で挙げた「決まった形式や規定を持たないもの」としての存在論的な審級とは、それだけでは何も限定されたことにならない。当然それだけでは水の存在論化の十分条件には到底なり得ない。

むしろ、存在的水の一般的性格が、未規定の実体に作用して、その実体を水化したのであるとすれば、存在論的な水は、存在的な水のあらゆる一般的性格を、そしてそれのみを書き込まれなければならない。

だから、存在的水と存在論的水とがもつ性格は、余すところなく完全に一致する。両者にはレベルの差異しかない。日常的なものとしての水、形而上学的実在としての水。この条件のもとで、「芸術文化の方法論や技術を越えて存在している」（IW7）という池田の水は、存在論化さるのである。だから、レベルの差異を度外視すれば、存在的水と存在論的水とは、全く識別不可能である。存在的水を表現媒体として対象化しているのなら、彼はその水の一般的性格に関して、万物の根源としての水にアクセスするかも知れない。タレスの水とは、まさにそうして得られた存在論的水である。

レベルの差異しかないとはいっても、まさにそのレベルの差異によって、またレベルの差異に応じて、水は可能な関係性を増減する。つまり、存在的なレベルでは、水は数ある物質や対象、あるいは観念の一つに過ぎない。逆に言えば、それは多くのものと共存している。池田の言葉で言えば、「共生」している。「共生」とは存在的なレベルで可能なのである。逆に、唯一の実体でなく、特殊な諸実体のひとつとしての存在論的水は、その深さに応じて、他の諸実体（あるとすれば）との交流可能性を失っていく。「点から線へ」というスローガンのもと、ツリー状の構造を否定したドゥ

ルーズ哲学(注4)とは異質な、そこであらゆる存在的な対象が共生可能な存在的なレベルとしての「唯一の現実」を頂点とした、「逆さまのツリー状構造」が思考可能なのである。それが可能なのは、水の存在論化のように、存在論的な実在を特殊化することによってである。アリストテレスのあらゆる第一諸実体の第一実体たる「不動の動者」でなく(注5)、プラトンのイデア界にまで遡行すること。しかしプラトンと違い、イデア(存在論的水)とそれに与かったもの(存在的水)の間には、深さのあるいは程度の差異しかないのである。

1.3 パフォーマンスの本質

識別不可能であるということは、それを対象とする能力、例えば感性的認識に関しては、同一である、ということである。反省的・思弁的な態度においては、確かに両者はレベルの違いとして差異化される。しかし、必ずしも思弁的でない表現行為、池田のそれのような特に非思弁的性格をもつパフォーマンスにおいては、もはや彼は自分が対象としているのが存在的な水なのか、存在論的水なのかを識別できない。だから、水の存在論的レベルが識別不可能であることで、パフォーマンスは、存在的・存在論的水の間を自由に運動する。ただし注意したいのは、パフォーマンスとは水に内在することでは決してない、ということだ。パフォーマンスにおいて、特権的なパースペクティブが担保されていることを条件にして、彼は水に「対して」パフォーマンスをすることが出来る。形式的には区別されるものが実践においては識別不可能であるということは、後者の実践においてはそれらの間の連続性が可能となる、ということだ。この哲学的にはナンセンスな存在的・存在論的の両極の間の連続的な運動、つまり世界内の具体的な存在としての水と超歴史的な実在としての水とのあいだの連続的で自由な運動(厳密には自由な眼差し)こそが、水を対象としたパフォーマンスにおいて、潜在的にパフォーム(遂行)されているところのものなのである。二つの水はなんら性格的に変わらないが、その深さに関して異なる。深さが増すにつれて、他の存在的な対象、ステージや観客、舞台装置などといったものとの関係は希薄となる。他と一切関係を持たない、究極的に純粋な実在としての水に、彼は到達することができる。同時に、水の深さが増すのに応じて、やはり存在的でないような、当の水の深さと深さにおいて一致する別の審級が、並行して立ち現われてくることになる。

だから、この存在論的水とは、存在的水のあらゆる性格を書き込まれた、特異的な実体である、あるいは特異な非実体的審級である。

歴史から逸脱した審級は多く語られてきた、例えばゼロ記号(注6)であったり、対象X(注7)であったり理念的出来事(注8)であったりする。その多くは、歴史という具体性と対比させられることで、究極的に抽象的なものであった。しかし、そういった歴史を可能にすると言われる超歴史的審級を、十分に特異的な存在論的水に置き換えることで、その超歴史的な審級は歴

史形成的であることを辞める。歴史を可能にするものとしては余りに具体的な存在論的水は、従って歴史に無関心なものとして歴史とは独立して存在する実在となる。

それにもかかわらず、この存在論水とは、物質的である。あらゆる現象は、水の存在論化を経たことで、水とのアナロジーで解釈されることになる。その極限として生まれたのが、池田の提唱するWater Politicsという水による包括的理論である。恐らく池田は、それを「理論」と呼ぶことを嫌われるだろう。文字通りそれは政治なのである。

重要なのは、現代において絶え間なく増大する複雑性や混沌に対して、複雑性の縮減という西洋的な発想に依らることなく、水という実在で抗することであり、それは、タレスを逆さまにしたようでもあり、『水の論理』という新しい思考を発生させうるのである。というのも、水とは素朴な実在として捉えられうるが、それが純粋に超越的実体でない程度に応じて、同時に形式的・論理的でもあるからだ。逆もまた言うことが出来、水の形式的性格はそれが純粋な形式的言語でない程度に応じて実在性・質料的な存在をもつ。このことを池田は、「人間の思うにまかせない、殆ど唯一の物質が＜水＞である」（Ibid.）と表現している。水は人間を否定するのである。あるいは、それに加えられるあらゆる意識的作用ないし意図された行為に、反撥するのである。それは純粋に形式的性格でも実在的性格でもない。厳密に言えば当然それは論理ではなく、水の存在的性格を書きこまれた、ないしそれに制約されたところの、ひとつのパースペクティブではある。

1. ガストン・バシュラールの「水と夢」（注9）における物質的想像力と形態批判

相対的にであれ何らか新しい観念的なものをもたらすことを想像といい、それは主体の力能の一つとして、粗雑にカテゴライズされていた。物質的に新しいものをもたらすのは創造であり、その主体を措定するならば創造は能力となり、能力は主体つまり神に帰属させられ、神を消去したなら、創造はベルグソン的な生や主体なき「力そのもの」といった別の神秘性へ、またその神秘性の実体化へと帰属させられる。

バシュラールは、そういった構図を取らない。想像力のなかに物質性を見ることで、いかにその物質なるものが怪しげで結局は観念的なものに還元されることが有りうるとしても、伝統的な創造の神秘性から一見すると免れている。

2-1 形体的想像力と物質的想像力

バシュラールは、想像力を2つの形態に分ける。つまり「ひとは二種類の想像力を区別できる。」（ER7）ひとつは形相因を活気づ想像力であり、

他の一つは質料因を活発化する想像力である。あるいはもっと手短にいってしまえば、形体的想像力と物質的〔質料的〕想像力である。」(Ibid.)この二つの違いとは何か。

まず、形体的想像力(l'imagination formelle)とは、我々が詩作や絵画作品などにおいて、普通行使されている、と考えている能力のことである。バシュラールの言葉で言えば、「作品が多彩なことばと光の変幻する生命をもつためには、感情の動機、心情の動機が形相因にならなければならない」(ER7-8)のであり、必ずしも後述の物質的想像力(l'imagination matérielle)と比較して貶められているというわけでもない。形体ないし形体的想像力のもつ重要さは同じ箇所で何度も強調されている。「〔詩的作品は〕万難を排して花を開き、身を飾らねばならないのだ。まず最初に読者を誘惑するために、仰々しい形体の美を受けいれねばならないのである。」(ER8)また「〔形体的〕想像力は、もっとも一般的にいえば、喜びが向かうところで──あるいはともかくひとつの喜びが勇んで向かうところで──はたらく。つまり形体や色彩のとる方向、多様性と変貌の方向、表面の未来の方向にそってはたらく。」(Ibid.)

形体的想像力とは、形相因として「感情の動機、心情の動機」などの観念、つまり非物質的イマージュをもつのであり、このイマージュは物質的(質料的)でない限りで観念的(形相的)である。つまり「かたち」である。本来、哲学的概念としての形相とは、絶えざる生成状態にある質料と対比される概念であり、経験を超えて永遠に同じ姿に留まるものとしては、イデアであり本質である。しかし、バシュラールは、形相因として「感情の動機、心情の動機」を挙げており、そのようなものである限りで恒常不変な実体ではない。むしろ物質的・質料的なものに対して、観念的・形態的であることが問題なのであり、「自然の中で、……われわれから遠く離れて」(ER7)ある限りで、「飛翔力」をもち、物質を超越したところで、「多彩なことばと光の変幻する生命をもつ」(ER7-8)のである。

要するに形体的想像力は、物質的な次元を離れたところで、「変幻きわまりなく、変貌を重ね、徹底的に形体を追う」(ER8)のである。

しかしバシュラールは、この形体的想像力のほかに物質的想像力が存在する、と述べる。この物質的想像力の対象こそが、諸々のイマージュの基礎としての物質であり、例えば水なのである。しかし、物質的基礎としてのこの水や別の個所で述べられる火などは、意識に対する現象の背後にあるような物自体や、あるいは単純に意識から超越している実在などといったのものではない。バシュラールが水や物質的想像力に基づく精神分析を行っていることからも分かるように、それは詩人の精神において感情や心情などといったものより深い物質的イマージュである。当の水が、詩人の無意識に刻まれたものとして、「想像する力の根源」にあるのか(その場合、バシュラールの意図からして水は幼少の経験と結びついた精神分析学的な物質的「イマージュ」となる)、あるいは実際に「いまここで」経験される実在的な水──例えば湖や池、雨といったような──として素朴実在

論的に捉えられるものなのか、という問いに関しては、バシュラールは区別を意識しつつも（この区別は別の章で詳しく研究されている）、さしあたり区別はしていない。問題なのは詩人の想像力にとっての実体的・物質的源泉としての水なのである。実在的物質としての水と、水のイマージュとの差異がここで指摘できるが、ここで前者を実在的、後者を観念的とする従来の哲学的二元論に還元するのは横暴に過ぎよう。詩人にとって豊かな想像力の展開の基礎となる水が、目の前に実際にあろうと、あるいは遠い記憶の底にあろうと、なんの違いがあるだろう。だから物質としての水と、水のイマージュとの間にはある不可識別性があり、それは詩人の物質的想像力の観点から論じられるときに限り、そうなのである。

　バシュラールは物質的想像力に重きを置き、その深さを強調する。「〔物質的想像力は〕存在の根底を掘り進む。それは存在の中に原始的なるものと永遠なるものを同時に見いだそうとする」（ER7）のである。結局、要約すると、従来の詩作分析においては「形体」が重視されたが、「詩的創造の完全な哲学的研究のためには」（Ibid.）詩的イマージュの物質的基礎を重視しなければならないのである。「物質は形相活動のたんなる欠如態ではない。物質はあらゆる変形、あらゆる細分化にもかかわらず、それ自体としてあり続けるのだ。」（ER9）

　ところで、このように詩作の深さに関わる物質として、バシュラールは「火、大気、水、土」の四大元素を挙げている。ここでバシュラールの論じる物質が、物理学的・化学的（科学的）なそれではないことが分かる。「われわれは想像力の支配する領域において、物質的想像力が、火か、大気か、水か、土の、いずれかに結びつくことによって、多様な物質的想像力を分類する四大元素の法則を定めることが可能だと思っているのである。」（ER10）これら四大元素は、詩的なるものつまり夢想に深さ、重さを与える実体なのであるが、この非伝統的意味での実体が、最終的にどこに定位されるのかを見ていこうと思う。

2-2.　「深い」水

　さしあたって水の物質性は、夢想を支える実体としての物質性である。「あるひとつの夢想が……作品に書かれるに足る安定したかたちで追及されるためには、夢想はそれみずからの物質〔材料・素材〕を見つけねばならない。つまりひとつの物質的元素が固有の実体や、それ独自の規則や、それにふさわしいぴったりとした詩学を、夢想にあたえねばならないのである。」（ER10）

　そしてこれは甚だ時代を感じさせることでもあるが、バシュラールは四大元素に基づく「物質主義的な精神分析学」を目指している。しかしここで重要なのは、経験に先立つ夢想という発想である。「一般的にいえば、熟視に入る前の物質的夢想の段階を研究すれば、美的感動の心理学は得る

ところがあるだろう」とし、「だれでもじっくり見る前に夢想するのである。いかなる風景も、意識された景観である以前に、夢幻的な経験なのである。」(ER11)バシュラールは、古き精神分析によって夢想を解釈することに時代によって制約されている。夢想の（新しい）解釈を可能にするのが物質的なものであり、物質的想像力である、と考えている。

　バシュラールの「水と夢」において、また彼の研究目的からして、純粋に形而上学的で形式的な水の性質の記述を抽出するのは難しい。それには、この著作に散在する形而上学的な断片的記述を拾って、再統合するしかない。

> エドガー・ポーの教訓に従っていけば、物質化する夢想—物質〔材料、素材〕を夢見るこの夢想—は形体の夢想を超えたひとつの彼方であることに気づく。要するに、物質は形体の無意識であることが分かるのである。反映の根強いメッセージを人々に送るのは、もはや水の表面ではなく、総体としての水そのものである。(ER63)

　ここでも、夢想における物質的なものの形態的なものに対する優位性が強調されている。それどころか「物質は形体の無意識」であるのである。る。つまりはっきりと目に見える、ないし想像できる形体の世界の背後には、潜在的な物質の世界があって、それが形体の世界に作用したり、影響を与えている、ということになる。究極的には、物質が形体を可能にしている、ということになる。「われわれのたましいの過去は深い水なのである。」(ER66)

　この「たましいの過去」がベルグソンにおける純粋過去（注10）とは同一視できないとしても、経験世界を超えた深さをもち、単に個人的な過去でなく神話的過去とも連続するような普遍的で非人称的な過去である、ということは示唆されている。ただし実際にここで分析されているのは、エドガー・ポーの個人的な暗い過去である。過去に関するこの二つの見方は、矛盾しない。

> 深みを凝視しながら、主体はまた自己の内密さを意識する。この熟視はだから無媒介の感情移入Einfuhlungではないし、止めどない融合でもない。それ〔熟視〕はむしろ世界に対するそしてわれわれ自身に対する深さの遠近法である。それによってわれわれは世界に向かって距離を置くことができるのだ。(ER63)

　（水の）深みの熟視によって、われわれは深みに飲み込まれてしまうことはない。なぜならわれわれはあくまで深みを熟視できる或るパースペクティブでありつつ、世界に対しても、またわれわれ自身に対しても、距離を置くことが出来るからだ。換言すれば、深さとしてのたましいの過去が意

味するのは、普遍的・非人称的な世界でもあり、同時に極めて個人的なものでもある。しかしこの過去の分節化は、夢想という心的行為を媒介してのみ可能である。「だれでもじっくり見る前に夢想するのである。いかなる風景も、意識された景観である以前に、夢幻的な経験なのである。」(ER11)

　バシュラールにおいて水は物質的な実体であり、ただ夢想にとってのみそうなのである。したがって水は既に物質的夢想によってイマージュ化されている限りでそのイマージュを支えている潜在的な即自なのであるが、この水の深さは、夢想が当の実体としての水に無限に近づきながら、しかし決して到達不可能である限りで、無限で底なしである。従って、実体としての水は、どんなに深い夢想をも超えて静的に存在している、「特殊な物自体」なのであり、存在論的な審級である、と結論できるのである。

　こうしてわれわれは、バシュラールと池田の極めて内面的な類似性を主張することができる地点にまできた。水は、存在論的な実体であり、この実体に対して、夢想あるいはパフォーマンスによってその流れに飲み込まれてしまうことなき或る超越的視点の定立が可能である、ということ（つまり存在論的水とは、絶対の他者である）。またこの特権的視点において個人的あるいは普遍的な過去を、水の無限の過去をひもといていくという行為としての詩作あるいはパフォーマンスにおいて、表現可能である、ということ。

3. 池田一とバシュラールの形態批判—改めて形態を救い出すということ—

　特に過去や記憶といった、時間的な概念を水に見いだすことについて、両者がともに言及しているのは興味深いことである。「本当に過去を叙述するのに、深さのイマージュなしでできるだろうか。深い水のほとりで思いにふけることがなかったならば、充実した深みのイマージュがはたして得られるだろうか。われわれのたましいの過去は深い水なのである。」(ER66)ここでバシュラールが述べる過去は、個人的な過去でも神話的な（従って一般的な）過去でもあり得ることは第二章で確認した。

　「水というのは膨大な記憶装置でね、洗い浄めるというか、誕生のイメージと、それに洪水等に象徴される終末のイメージとが同時にダブって記憶されている。」(IW12)と語る池田一の水は、神話的な記憶を保存する媒体のようであるが、それを抽出するのは他でもない、パフォーマンスに臨む特異的な自分である。

　バシュラールにおける形体的想像力の軽視、それをパラフレーズすれば絶対に特異的な形態の軽視である。バシュラールにとって形態とは、形体的想像力なるものが苦も無く当たり前のように産出する当たり前の存在者なのである。

一方、池田一の水理解の一側面、例えば水ピアノにみられるような、水の脱コード化的性格、すなわち固定した形態の常なる否定とは、その見かけに反して、形態そのものを否定しない。形態を否定するのは水であるが、水が形態を否定するのは、その制御不可能で「人間の思うにまかせない」ような固有の本質に基づくのである（IWⅡ7）。国内外で、共生の理念を掲げつつも、その地域に密着したパフォーマンスを行い、「普遍性と固有性」（IWⅡ54）の望ましい結びつきを主張する池田が、普遍性としての水に対して最も特異的なものとしての固有性たる形態を否定するはずがない。池田は、次のような「造形」批判をしている。「『造形』ではなく、『出現emergence』は、シフトへの重要なキーワードとなるであろう。」（IWⅡ189）

　造形とは、予め完成された作品像（形相）があって、それを形相因として手持ちの材料（質料）でもって再現しようとするような作品創造の一形式である。しかし本当の意味での形態とは、不可知である、と強調したい。

　予め完成された作品とは、そもそもどこからやって来るのか？それはやはり想像や夢想のなかで作りだされたものであろうか。それともプラトンに忠実に、それはイデアとして経験を超越したものであるのだろうか。単なる自然的な過程、因果的な過程からは導き出せないような、さらには哲学的な超越論や生の哲学によってもそれがまさにその形態である必然性を証明できないような、それでしか有りえないところの、ユニークな形態とは、どこからやってくるのだろうか。この形態の由来が自然科学や論理学、果ては哲学によっても示され得ないものであるのならば、その形態はもう由来を一切持たない、と結論することに果たして飛躍があるだろうか。由来を持たないのならば、それは「常に既に」在ったのではなかろうか。

　水が否定するのは、水の形態である。水に相対するものは、水への働きかけにおいて、水を固定できない。水への作用において、その結果の予測を常に裏切られる。それが水の脱コード化的性格である。しかし水は己に相対するものを否定しないし、水に入りこんでいく手を否定しない。これは水の存在的性格である。

　では存在論的水は、その深さによって、形態を否定するであろうか。そんなことはない。我々が第一章で確認した通り、「存在論的な水は、存在的な水のあらゆる一般的性格を、そしてそれのみを書き込まれたものでなければならない」のであって、従って「存在的水と存在論的水とがもつ性格は、余すところなく完全に一致する」のである。だから、存在論的水によっても形態は否定されない。存在論的水は、水が手を否定しないように、深く入りこんでいくパフォーマンス的人間を否定しない。存在論的水とは、あらゆる形態以前にある純粋な生成のような、そしてそこで個が解体されるような、超越論的審級ではないのである。

・結論——水は形態を否定しない、ということ

　水は、その存在論化された性質としての、結び付け作用によって、またレベルや領域の差異に関して一般化されたその作用によって、水でないもの同士の結びつきの媒体でありつつ、自らは即自的に他の場所に在る自らと結びつく。深い水と表面の水が結びついているのだとしたら、また追加の条件として、水自らがあるレベルやある領域の差異に関して一般化された結びつけ作用そのものであるとしたら、水は連続性の象徴であり同時に連続性の実体である。水はあらゆる存在を結びつけることが論理的に可能であり、また存在論的に既に連続性の実体である限りで、現実的にあらゆる　存在と結びついている。そして今度は水が結びつきの媒体であることで、水と現実的に結びついているあらゆる存在は、水を介して、必然的に他のあらゆる存在と既に結びついている。だが、現実にはあらゆる存在が必ずしも結びついていないという経験的事実に基づいて、実体としての水のうちに含まれる全的な結びつきが、現働化する際に切断なり差異化なりされ断片的なものとなったのだ、と考えることは誤りである。水は超越論的審級でないことを強調したい。水は、実際に潜ることが可能である。それは存在論的水においても同様である。ただし、存在論的水に潜ることは、存在的水と存在論的水の識別不可能性を生じることであり、パフォーマンスを条件とする。

　存在論的水の中で、形態は一切否定されない。それどころか、あらゆる可能な存在（形態）が水の中で全的なネットワークを既に形成しており、パフォーマーは自らそのネットワークを俯瞰することになる。それは、全知ということであろうか。あるいは神秘的な響きのする悟りということであろうか。そうではない。存在論的水に潜る（潜るとは内在することでなくして、自らを深めつつ、俯瞰することである）条件としての識別不可能性とは、まさに分別することとしての理性、合理的・思弁的態度を放棄すること＝パフォーマンスにおいて可能となる。だから、深い水に潜る者は、なんら認識を持ち帰らない。かつて在ったし、現在在り、これから在るであろう全てのもののネットワークを俯瞰しつつ、「存在の中に原始的なるものと永遠なるものを同時に見いだそうとする」（ER7）のはバシュラールである。原始的なるものと永遠なるものは共に不可知である。つまり認識できない。そもそも思弁的な認識は存在論的水を対象とすることに対して排除されていた。認識はできなくとも対象化はできる、と主張するのならば、詩人はその認識できず名状しがたいものについてのイマージュを、他の言葉や比喩を駆使して表現することはできる。当然それは象徴的であり、それが何の象徴かが彼自身にとって不可知なのだから、神秘的なのである。この不可知で、それが表現もたらされるとき必ず象徴化されるが、当の象徴が何の象徴であるかが分からないような、想像力を超えたもの、それがまさに形態である。あらゆる形態は、池田やバシュラールの表面的な軽視に反して、深い水の中に既に在り、かつ永遠の様相を呈している。それは

詩作における物質的想像力の基礎を成しており、バシュラールがあれほどまでに当たり前のように扱った「形体」なるものの自由な振る舞いの源泉なのである。つまり「形体」は、基礎を持たず形体的想像力なるものが当たり前のように産出するようなものであるどころか、物質的基礎より遥かに深い、不可知なるものにその基礎を置くのである。

注

1) 池田一 (2016).イケダ・ウォーター 1/2 G-day PLAN. なお以後イケダ・ウォーター 1/2 を「IW」、イケダウォーター 2/2 を「IWⅡ」と略記することに決める。

2) João Cândido Galvão (1937 - 1995)、第21回サンパウロ・ビエンナーレのゼネラル・キュレーターを務める。

3) 存在論的差異(ontlogische Differenz)とは、ハイデガー哲学の根本主題であり、もともと「存在」と「存在者」の差異を表すものであったが、本稿の以下では単に「存在的」を経験的レベル、「存在論的」を形而上学的レベルと捉えれば十分である。

4) ドゥルーズは『差異と反復』期から一貫してツリー状すなわち「樹木状組織のシステム」を批判している。代表的な箇所としては、Gilles Deleuze(avec Pierre-Félix Guattari),Mille Plateaux: Capitalisme et schizophrenie 2 (1980),Editions de minuit,pp361-362.

5) アリストテレスの概念であり、結果に対する原因の系列を無限に追っていた先に（無限背進）、その無限背進を否定し、それ以上原因をもたない自己原因として要請される存在者のこと。出隆訳『形而上学』（岩波文庫,,1959-61）を参照した。

6) 浅田彰(1984). 逃走論――スキゾ・キッズの冒険 筑摩書房, p177 以下で、浅田はある構造ないしシステムにおいて、「オブジェクトレベルにおいては『それ自身の場所においては欠けている』」超越的中心としてのゼロ記号を論じている。

7) 対象Xとは、要するに任意の対象のことであり、けっして何か具体的なそれに還元されることのない抽象的な対象のことである。レイ・ブラシエはその著作のなかで、フランシス・ラリュエルについて一章を設け、非実体的で対象化不可能な本質を持つものとしての「対象X」を定義した。(Ray Brassier(2007). Nihil unbound: enlightenment and extinction. London: Palgrave Macmillan, p.138)

8) Événement ideal. ドゥルーズが主に『差異と反復』や『意味の論理学』など比較的初期の著作で用いた概念。潜在的―現働的な巨大なドゥルーズ的システムの内部にありながらも、そのシステムを成立させている強度や差異といった概念には完全には還元が不可能な、いわばシステム外的な存在として私は考えている。

9) Gaston Bachelard (1942).L'Eau et les rêves (J. Corti).(ガストン・バシュラール. 及川 馥 (訳)(2008). 水と夢--物質的想像力試論 法政大学出版局 (叢書・ウニベルシタス 898)). 以下「ER」と略記。ページ数は特に断らなければ原典の Le LIVRE DE POCHE 版のもの。

10) ベルグソンはその著「物質と記憶」において独自の時間論を展開したが、その際過去を純粋記憶として規定していた。その純粋記憶の一般化をへて存在論化されたのが、純粋過去である。ドゥルーズは『差異と反復』でベルグソンの時間論触れ、以下のように論じている。

「過去はもはや現実存在せず、また過去は現実存在していない。しかし、過去は存続し、過去は存立し、過去は存在する。〔……〕過去は、過ぎ去るということのの究極の根拠としての時間の即自なのである。」Gilles Deleuze, Différence et répétition (1968),p.111

「池田一」に関する 参考文献・資料一覧

A List of References on Ichi Ikeda 1982 ~2016

PUBLISHED BOOKS 自著本
- *P.M.1 Primary Magazine*、発行：G-day PLAN 1982
- *P.M.2 Performance Magazine*、発行：G-day PLAN 1984
- *Water Mirror* 水鏡、発行：G-day PLAN 1988 (J+E)
- *Water Diary in New York* ニューヨーク水日記、発行：G-day PLAN 1989 (J+E)
- *Floating Earth* 漂う地球、発行：G-day PLAN 1999 (J+E)
- *Arcing Ark* 水之方舟計画、発行：G-day PLAN 1999 (J+E)
- *Water Ekiden* 万之瀬川 AP、発行：エコ・リンク・アソシエーション 2008 (J+E)
- *Moving Water Days* 花渡川 AP、発行：エコ・リンク・アソシエーション 2009 (J+E)
- *WATER'S-EYE*, published by Ichi Ikeda Art Project 2008 (E)
- *WATERPOLIS @ Delhi*, published by Ichi Ikeda Art Project 2008 (E)
- *Future Compass: rooted water*, published by Ichi Ikeda Art Project 2009 (E)
- 木口屋集落＜地球の家＞ AP、発行：エコ・リンク・アソシエーション 2011
- *5 GREENSCAPES* 不忍・緑・五景、発行：マルモ出版 2013 (J+E)
- *Water Blooming*, published by Ichi Ikeda Art Project 2015(E)
- *IKEDA WATER 1/2 (P.M.3)*、発行：G-day PLAN 2016
- *IKEDA WATER 2/2 (P.M.4)*、発行：G-day PLAN 2016
- *Earth Art Catalog 1/2*, published by G-day PLAN 2016 (E)

NEWSPAPERS & POSTER BY ICHI IKEDA
- Ichi Ikeda Art News *TRANSFORMATIVE No.01* 1990.2.1、発行：G-day PLAN (J+E)
- Ichi Ikeda Art News *TRANSFORMATIVE No.02* 1991.2.19、発行：G-day PLAN (J+E)
- Ichi Ikeda Art News *TRANSFORMATIVE No.03* 1991.9.11、発行：G-day PLAN (J+E)
- *The WaterArt Times* 水藝術時報 2002.12,14、発行：台北市政府文化局 (C)
- ポスター [*Ichi Ikeda/100 WATERS*]、制作：池田一＋児玉龍郎 2012 (J+E)

DIGITAL PUBLICATIONS デジタル出版物
- 月刊マガジン [*Earth Art Catalog* 全12巻]、発行：マルモ出版 2014　発売：ZENIO
- *Earth Art Catalog* ダイジェスト版、発行：マルモ出版 2015　発売：ZENIO

HAND-MADE BOOKS アーティスト・ブック
- 池田一「水の家ー最初の晩餐」相模湖メニュー、発行：相模湖交流センター
- *One Month Water Diary* 池田一＜月間水日記＞、発行：相模湖交流センター
- *Water／Art Lesson* 水／アート塾 (万之瀬川 AP2000)、制作：池田一 2000 (リング製本)
- *Water's-Eye Indonesia Water Diary* 池田一＜インドネシア水瞰日記 2002＞、制作：池田一＋児玉龍郎、写真：児玉龍郎（蛇腹本）

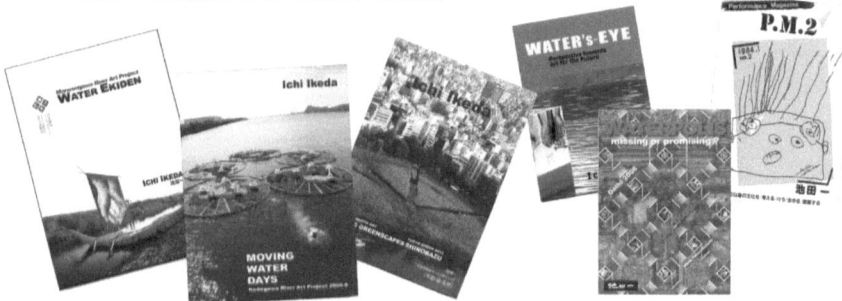

(E) 英語、(C) 中国語、(K) 韓国語、(P) ポルトガル語、(T) タイ語、(IN) インドネシア語、(IT) イタリー語、(N) ノルウエー語、(H) ハンガリー語、(J+E) 日本語＋英語、他　記載無しは、日本語のみ

- **80,000 liter Water Box in Kawaguchi**、制作：池田一 2004 (カード版)
- **Ichi Ikeda Performance File "flowable"**, made by Ichi Ikeda 2001（カード＋リング）
- ジャバラ本＜池田一アートプロジェクト 全 100 巻＞、制作：池田一

VIDEO ON ART PROJECTS ビデオ作品＆記録
- **WATER PIANO video version 1984**, Just in Post-object + Blue Hand's Story
- **WAVING ROAD-**TOKYO アクション 5 月 @ 渋谷エピキュラス 1985　30min.
- 地球に関する水ピアノ @ 横浜市大倉山記念館 1986　39min.
- **Water Plane #2** 水平面 @ 神奈川県民ホールギャラリー、edited by 宮崎佳紀 19min.
- **Book of the Earth** 大地の本 @ 千葉 1993~5、edited by 樺沢耕史 11min.
- **WATER MAN** (多摩川 128km の旅)、edited by 樺沢耕史 16min.
- **WATER FOR THE FUTURE** @ 相模湖 2002、edited by 樺沢耕史 14min.
- **WATER FACTORY for 2025A.D.** 川口水工場、edited by 樺沢耕史 20min.
- **WATER TRUST** 水たちよ！ @ 芝川 2006、edited by 樺沢耕史 15min.
- **MOVING WATER DAYS 2006** @ 花渡川、pictured by 高橋素晴 7min.
- **MOVING WATER DAYS 2007**(100m 水筏)、pictured by 高橋素晴、edited by 崔誠圭
- 未来形の七福柱／阿蘇 **2013**、制作：李容旭 9min.
- **Water Mirror @ Singapore** シンガポール水鏡 **2013**、制作：李容旭 10min.
- **Water Blooming** @ South Tyrol, Italy 2016, by TV ST HEUTE　3min.

CONTRIBUTIONS 寄稿文
- 肉体言語 Vol.11、発行：肉体言語舎 1983---「日本人」の外の日本人 P.212~P.213
- **personal paper No.1** 1985「ポスト・オブジェ・アートとしてのパフォーマンス」
- **personal paper No.2** 1985「エコロジカル・アクション『for BLUE』の提案」
- **personal paper No.3** 1985「" 創造 " より " 消去 " のアクション」
- **personal paper No.4** 1985「" 非常時の表現 " から " 平常時の表現 " へ」
- **personal paper No.5** 1985「公共表現としての『T・O・K・Y・0 アクション』」
- 肉体言語 Vol.12、発行：肉体言語舎 1985---「芸術」から "パフォーマンス " へ
  世界という名の行為のエネルギー計画書　P.46~P.55
- performing arts journal **JAM** No.3　1984.7.20、発行：SCORPIO -- Message：To Joseph Beuys & To Nam June Paik　P.2
- performing arts journal **JAM** No.4 1984.8.24 --- デイリー PERFORMANCE　P.2~P.3
- **THEATER BOOK YELLOW** Vol.001 1985--- 発行：シュウ ウエムラ アートシアター ---
  遊耕の演劇 P.25~ P.29
- 1985 秋期 関東学院大学公開講座テキスト --- パフォーマンスが切り拓いたもの
- **TOKYO ART CELEBRATION** 1985 パンフレット --- TOKYO アクション

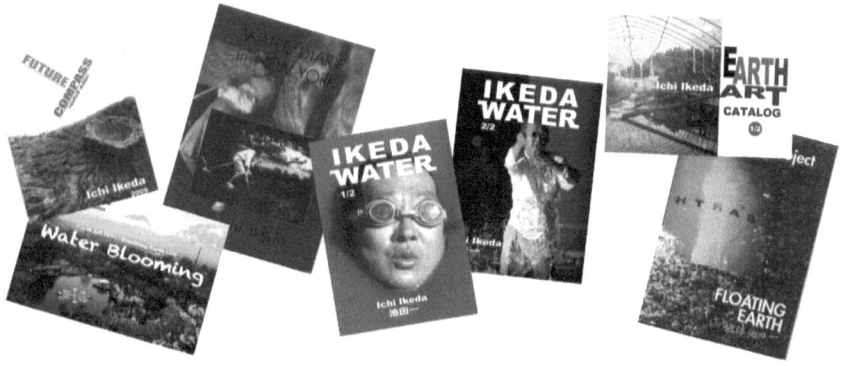

CONTRIBUTIONS--2

- **THEATER BOOK BROWN** Vol.002 1986--- 発行：シュウ ウエムラ アートシアター --- 私は氾濫する P.23
- 非場所連弾、発行：TATA86 出版局 --- 水・平・面　P.34~P.35
- 京都新聞 1988.7.27 他各地方新聞文化欄 --- いま共働しよう
- オルタナティブスペース論、小林進・著、ダンスワーク舎 1989--- フランクリン・ファーネスについて聞く
- 日韓シンポジウム・テキスト＠東崇アートセンター 1989--- 立方体は尖っている
- 琉球新報 2000.12.1--- バンコク 2000 から沖縄 2002 へ：越境する " 水の思想 "
- **JAPAN LETTER** Dec.2000~May.2001、発行：バンコク日本文化センター --- After the end of Arcing Ark 2000/Bangkok
- **IN-BETWEEN**: 独立藝術空間國際会議ー展覧計劃 2001,1a space 香港 --The Alternative Network is flowing P.100~P.103
- アサヒビールメセナ Mar-May 2002--- Arts to the future / Arcing Ark の触先
- **GO Japan** 2008 年 12 月号 ---「ミッシング・ピース東京展」特集
- **WaterLink** 2008 展カタログ --- IKEDA WATER から、Water Link へ
- 日本造園学会誌 ランドスケープ研究 第 79 巻 3 号 2015.11 特集：オリンピックのランドスケープ -- 東京発世界発信＜アースアート＞への３つのシフト
- 崇城大学教養講座講演レポート 1985---- アースアートへの招待
- 水奏：**Water Crossing Project with** 池田一 パンフレット 2016--- 人間水楽器

INTERVIEW ON WEB SITE

- **MOMENTARIUM**　http://www.momentarium.org/dialog/ikeda/ (E)
- **PlanetShifter**　http://www.planetshifter.com/node/681 (E)
- **WEAD**　http://weadartists.org/japanese-anti-nuclear-art-ichi-ikeda-interview (E)

▬ reviews on Ichi Ikeda & his artworks 評論・記事一覧

BOOKS 評論・記事掲載本

- パフォーマンス・ナウ、by 南條史生 + 鶴本正三 1986, 発行：東急エージェンシー出版部 --- 水ピアノ P.107 、P.171 パフォーマンスー日本の現状 P.237 ISBN: 4-924664-14-6
- **REJUVENATION From the East; Japan-Korea** 1990, 発行：[Seoul-Tokyo-New York] Art Project--- 池田一 P.18~P.19
- 響きの生態系、著者：藤枝守、フィルムアート社 2000--- メディアとしての水ー池田ー P.152~P.154　ISBN: 4-8459-0004-1
- **groundworks: Environmental Collaboration in Contemporary Art**, published by the Regina Gouger Miller Gallery, Carnegie Mellon University, USA 2005 -- Ichi Ikeda P.124~P.129 ISBN 0-9772053-1-2 (E)
- **NATURAL ARCHITECTURE**, authored by Alessandro Rocca, 22 Publishing, Milan, Italy 2006--- Ichi Ikeda P.74~P.85 ISBN: 978-1-56898-862-7 (IT)
- **art in action**, published by Earth Aware Editions, USA 2007 --- Ichi Ikeda P.146~P.147 ISBN: 978-1-932771-77-0 (E)
- **Cosmopoli Sostenibile** 永續之城 , published by Kaohsiung Museum of Fine Arts, Taiwan+Genos, Italy 2008 -- Ichi Ikeda P.50~P.55 ISBN: 978-986-01-4258-7 (IT+E)
- **The Ethics of Earth Art** , authored by Amanda Boetzkes, published by University of Minnesota Press, U.S.A. 2010--Conclusion P.182~P.193 ISBN: 978-0-8166-6588-4 (E)

- 棚・觀・集 *Scaffolding・Viewing・Assembling*、著者：謝燕舞 等、発行：藝述研究社、香港 2010--- 竹棚：香港地道文化的當代符號 P.108~P.109 ISBN: 9-789-881-959-218 (E+C)
- **The New Earthwork Art Action Agency**, published by isc Press 2011---A Conversation with Ichi Ikeda by John K. Grande, P.133~P.138 ISBN: 978-0-295-99164-1 (E)
- **ECO-ART**, published by Pori Art Museum, Finland 2011---Future Compass, Ikeda Water by Hiroko Shimizu P.70~P.95 ISBN: 978-952-5648-27-0 (N+E)
- **POINT** Asian Contemporary Art Magazine Vol.3, published by the Center of Visual Art BODA, Korea 2011 May --- Asian Beauty in Contemporary Art: Ichi Ikeda P.38~P.47 ISBN: 978-89-965259-7-0 (K+E)
- **e-CO HABITAT** Kai Tak River Green Corridor Community Education Project, published by School of Architecture, The Chinese University of Hong Kong 2013---Artist's Report on the Kai Tak River P.120~P.127 ISBN: 978-962-8272-23-5 (J+E+C)
- **NATURAL ARCHITECTURE NOW**, authored by Francesca Tatarella, 22 Publishing, Milan, Italy 2014--- Ichi Ikeda P.204~P.209 ISBN: 978-1-56898-862-7 (IT) (E)
- 日本語版「ナチュラル・アーキテクチャーの現在」、BNN 発行 2014 ISBN: 978-4-86100-931-0
- **Nature-Mirror**, authored by John K. Grande, MUVESZETI KAR-Faculty of Music and Visual Arts, Hungary 2015--- Ichi Ikeda P.42~P.49 ISBN: 978-0-9938036-6-6 (H)

CATALOGS 主な展覧会カタログ
- 神奈川「芸術ー平和への対話」展＠大倉山記念館 1986 P.103, P.204 (J+E)
- '88 環境アートプロジェクト 岩国・錦川・錦帯橋、発行：実行委員会 (J+E)
- *21ª BIENAL INTERNACIONAL DE SAO PAULO* 21 回サンパウロ・ビエンナーレ 1991--- P.54, P.223~P.224 ISBN: 8585118-10-5 (E+P)
- **IWAKI ART CELEBRATION** 1991、いわき市立美術館、主催：INPA-SCORPIO
- **River: New Asian Art- A Dialogue in Taipei** 河流 -- 新亞洲藝術・台北對話，published by County Cultural Center, Taiwan 1997-- Ichi Ikeda P.121~P.133 ISBN:957-02 -1361-2(平装) (E+C)
- **CYCLE ART GALLERY KASEDA** '97, '98, '99 発行：サイクルシティかせだ推進協議会
- **1999 Manosegawa River Art Project** 水駅伝--- 発行：1999 万之瀬川アートプロジェクト実行委員会
- **The 2nd Bangkok Experimental Film Festival 1999**, organized by Project 304 etc. ---Ichi Ikeda- WATER MAN P.120 (E+T)
- **Kaohsiung International Container Arts Festival 2001** 高雄國際貨櫃藝術節 published by Kaohsiung Museum of Fine Arts---Water Happiness Movement P.84~P.85 ISBN: 957-01-0465-1(平装) (E+C)
- **2002 Taipei Public Art Festival** 台北公共藝術節、主催：台北市政府 --- 池田一：水之家 P.78~P.83 ISBN: 957-01-4157-3 (E+C)
- **Kaohsiung International Container Arts Festival 2003** 高雄國際貨櫃藝術節 published by Kaohsiung Museum of Fine Arts---Future Compass P.114~P.115 ISBN: 978-986-01-5109-1(平装) (E+C)
- **Public Art in Japan** 空間に生きるー日本のパブリックアート、主催：札幌芸術の森美術館、世田谷美術館他 2006 --- 芝川再生 水箱アートミュージアム構想 P.64~P.65
- **Kaohsiung International Container Arts Festival 2007** 高雄國際貨櫃藝術節 published by Kaohsiung Museum of Fine Arts--- Earth Taps container P.106~P.110 ISBN: 978-986-01-5109-1(平装) (E+C)

CATALOGS--2

- ***THE MISSING PEACE: Artists & the Dalai Lama 2006***---Ichi Ikeda/ 80 Liter Water Box P.92~P.93（E）
- ***Show Me Thai*** タイ王国・現代美術展 @ 東京都現代美術館 2007--- Ichi Ikeda / Water Channel between Bangkok ang Tokyo (J+E)
- にいがた水と土の芸術祭 2009--WATERPOLIS 水見台団地水抜き通り P.49
- ***Geumgang Nature Art Biennale 2010***, published by the Organizational Committee of Geumgang Nature Art Biennale 2010, Korea --Ichi Ikeda / Green Vessel P.60~P.61 ISBN: 978-89-93531-12-93600（K+E）
- ***GENESIS*** 起源展 2011~2015@ 阿蘇フォークスクール
- ***KIAF 2012, 2nd Kathmandu International Art Festival: Earth/Body/Mind*** -- Ichi Ikeda / Future Compass Under Your Feet P.98~P.99（E+ ネパール語）

MAGAZINES 記事掲載雑誌

- performing arts journal ***JAM*** 1984.7.20、発行：SCORPIO---P.3 ヴォイス・パフォーマンス「青」by 星野共
- 美術手帖 1985.10 特集・パフォーマンス、発行：美術出版社 -- 水ピアノ P.60
- ***HOLIC*** May 1985, 発行：少年社 --- 檜枝岐パフォーマンスフェスティバル P.56~P.58
- ***Between*** August 1985 Vol.4, 発行：福武書店 -- FESTIVAL ART P.48~P.49
- 邦楽の友 1985--- パフォーマンス「Ichi Ikeda / Waving Road 」by 長尾一雄
- performing arts journal ***JAM*** No.13, 発行：SCORPIO-- 対談：星野共 vs 池田一
- 美術手帖 1986. 5、発行：美術出版社 -- 池田一／水の人 P.126~P.129
- 草月 167 号　1986.8.10、発行：草月出版 --- 現代美術と水 by 東野芳明 P.100~P.103
- ***DREAM*** No.275 August 1987-- 今夏のアートイベント by 近藤幸夫 P.25
- 美術手帖 1987.10、発行：美術出版社 -- 大倉山アートムーヴ '87　P.179~P.181
- アサヒカメラ 1988. 6--- 池田一の『水鏡』
- ***AQUALOG*** Kurita Water News No.29 1988, 発行：栗田工業（株）弘報課 --- 水性思考からの「動」池田一　P.1~P.8
- 美術手帖 1988. 6、発行：美術出版社 -- '88 環境アートプロジェクト by 南嶌宏 P.174~P.175
- ***BREAKTHROUGH***　Winter/Summer 1990, published by Global Education Associates---Ichi Ikeda on Water by Dominique Mazeaud P.30~P.31 (E)
- ***Art World*** 美術世界 June 1990、発行：韓国：東方からの８人展・東京 by Park, Hyo Sung P.82~P.87 (K)
- ***SPACE*** 空間 1990.6 Vol.274、発行：空間美術館、韓国 -- 東方からの８人／東京展　by Lee, Kun-Yong　P.94~P.101 (K)
- 月刊アトリエ Aug. 1990 No.762、発行：アトリエ出版社 -- Eight Individual from East P.116~P.119
- ***STUDIO VOICE*** October 1991 Vol.190、発行：流行通信社 --- いわきアートセレブレーション 91 by 西堂行人 P.74
- ***VEJA*** 1991.10.2, Sao Paulo. Brazil--- Festa de penetras by Okky de Souza (P)
- 日経エンタテインメント 1991.1.16、発行：日経 BP 社 ---INTERVIEW　P.16~P.17
- 月刊アトリエ Jan. 1992、発行：アトリエ出版社 -- 21 回サンパウロ・ビエンナーレ by 酒井忠康　P.101~P.111
- ***HUMAN STUDIES*** #8 January 1992、発行：電通総研 --- DIHS ギャラリー　表 3
- ***NEW OBSERVATIONS*** #95, May/June 1993, guest editor: Martha Wilson, New York -- Ichi Ikeda: Floating Earth P.26~P.27 (E)

- ***J-WAVE 81.3fm*** Vol.76 December 1994, 発行：FM JAPAN--- 表1、P.1、表4
- ***Bangkok METRO Magazine*** November 1994, Thailand -- P.72 (E)
- ***THE SANTA FE NEW MEXICAN'S ARTS & ENTERTAINMENT MAGAZINE*** 1995.6.9---Ritual on the river by Kathleen Sandrin (E)
- ***ASIA EDGE*** Art Net News No.1、発行：Asia Edge Project 1996--- 対談：池田一＋芹沢高志　P.17~P.24
- 藝術家 1997.10、台北、台湾 --「河流」藝術展 by 石瑞仁＆簡明輝 (C)
- 典藏藝術 1997.11 Vol.62、発行：典藏雜誌社、台湾 -「河流一新亞洲藝術・台北對話」展 by 黃茜芳　P.183~P.194 (C)
- ***CANS*** 藝術新聞 1997.11、台湾 --- 河流一新亞洲藝術・台北對話 (C)
- 山：藝術雜誌 1997.10、台湾 -- 河流一新亞洲藝術・台北對話 (C)
- 季刊メセナ Winter 1997 Vol.27、発行：企業メセナ協議会 -- アーティストと企業ボランティア 日産自動車　P.12~P.13
- ***i feel*** No.3 1998 冬号、発行：紀伊國屋書店 --- 秋のおわり by 芹沢高志 P.25~P.29
- コンセンサス July/August 1998、発行：NEC--- 時代を見つめる眼～アーティスト・インタビュー P.10~P.11
- ***NEW OBSERVATION*** #120 Winter 1999, Guest Editor Alan Somdheim, New York-- Ichi Ikeda: Arcing Ark Project P.31 (E)
- ***Always*** in Season Spring 2000 No.6, published by Tea Garden & Healing Haven, New York--- Doing Art for the Earth by Dominique Mazeaud (E)
- 文化庁月報 2000.8--- これからのアートマネージメント No.17 by 熊倉純子 P.24~P.25
- ***Japan World*** No.42, Bangkok, Thailand--- Arcing Ark 2000/ Ikeda's water P.24 (T)
- ***MAEJIMA ART CENTER NEWS*** 2001.6--- アトリア訪問・池田一 by 前田紫
- ***COPTA*** NO.29 2002.2, 発行：コンクリートパネル建設技術協会 --- Seek for Next Standard 池田一 P.18~P.20
- 森づくりフォーラム NEWS Vol.84　2002.9.5---［水／アート］と行動力の喚起と２つのレンズ　P.3
- ***TEMPO*** 2002.6、インドネシア --- Proposal Seni Meruwat Air P.68 (IN)
- ***EPTA*** 第12号, 発行：肌粧品化学開発研究所 2003年7月―未来のための水／アート・プロジェクト P.31~P.34
- ***Sculpture*** September 2007 Vol.26 No.7, published by the International Sculpture Center, USA-- Water Mirror : A Conversation with Ichi Ikeda by John K. Grande P.20~P.25 (E)
- ***FRONT*** January 2007 No.220、発行：財団法人リバーフロント整備センター ---環境アーティスト・池田一 P.30~P.31
- 美術世界 2008.3 Vol.280、韓国 -- Ichi Ikeda / WATER BOX ART MUSEUM (K)
- 美術手帖 2008年7月号、発行：美術出版社 --NEW YORK国連本部で展覧会 by 清水裕子
- ***FIRST CITY*** Delhi's City Magazine Dec. 2008, India ---- 48℃ Public.Art. Ecology
- ***Time Out*** Delhi Dec.18-25 2008, India----48℃ Public.Art. Ecology
- ***PUBLIC ART magazine*** December 2009 Vol.2 発行：Art & Society Research Center、東京 --- 池田一 / WATERPOLIS 新潟　P.15
- アゴラ 第50号 2009, 発行：季刊誌「アゴラさがみはら」実行委員会 ---「水のアーティスト」池田一　P.48~P.56　ISBN: 978-4-902100-28-0
- ***LANDSCAPE DESIGN*** ランドスケープデザイン #78 2011年6月号、発行：マルモ出版 ---EARTH ART: アジア海流文化圏構想　P.56~P.65 ISSN 1341- 4747
- ***VIEW*** Spring 2011, published the San Antonio Museum of Art USA--- The Missing Peace - 80 Liter Water Box 2004 表1 (E)

- *LANDSCAPE DESIGN* ランドスケープデザイン #86 2012 年 10 月号、発行：マルモ出版 --- 池田一・不忍池環境アートプロジェクト P.18~P.23 ISSN 1341-4747
- *LANDSCAPE DESIGN* ランドスケープデザイン #89 2013 年 4 月号、発行：マルモ出版 --- 池田一『不忍・緑・五景』 P.26~P.29 ISSN 1341- 4747

NEWSPAPERS 記事掲載新聞

- 神奈川新聞、他各地方新聞文化欄 1986--- パフォーマンス考 by 粉川哲夫
- 中部読売新聞 1987.3.17--- 日韓現代美術交流展に参加して by 今井瑾郎
- 日刊スポーツ 文化欄 1989.7.22、韓国 --- 東方からの８人・東京展 (K)
- *Asahi Evening News* 1990.4.13-- Setting New Standard of Incontensisency by Drek Johns (E)
- *Sunday News-Journal* 1991.3.17, Florida, USA-- Artist takes the plunge into a watery medium by John Wirt (E)
- サンパウロ新聞 1991.9.17, Sao Paulo, Brazil-- ブラジルの土と水と色を
- *Jornal Sao Paulo-Shinbun* 1991.9.18
- *JORNAL PAULISTA* 1991.9.18, Sao Paulo, Brazil (P)
- パウリスタ新聞 1991.9.19, Sao Paulo, Brazil--- 池田一氏の＜水鏡＞
- *jornal da tarde* 1991.9.20 (P)
- *FOLHA DE S.PAULO* 1991.9.21, Sao Paulo, Brazil (P)
- *ilustrada* 1991.9.21, Sao Paulo, Brazil, by Mario Cesar Carvalho (P)
- *DIARIO NIPPAK* 1991.9.26, Sao Paulo, Brazil--- ビエナル、「水鏡」に拍手 (P)
- 読売新聞（夕刊） 1992.10.17---「漂う地球」大地に開かれた１ページ
- *Weekend Thailand*--- Japan Month for Contemporary Art Movement 1994 (T)
- *NEWS STRATS TIMES* 1994.1.25, Malaysia--- Expressing the voice of nature by Snja Mustaffa (E)
- *The Sun Magazine* 1994.12.5, Malaysia---- Art in the waters by Peter Yap (E)
- 週刊「映像新聞」 1996.1.15--- アジア人「エッジ」たちのアート展
- 神戸新聞他、各地方新聞文化欄「うえーぶ 96」--- 新しいアジアのイメージを
- 南日本新聞 1997.10.4-- 作品「記憶の船」仕上げへ
- 鹿児島新報 1997.11.14---- テーマの水で宣誓文
- 南日本新聞 1998.9.24, 10.9, 10.18, 10.20, 10.22. 11.4
- *South China Morning Post* 1999.2.28, Hong Kong-- AGENDA METRO by Charmaine Chan (E)
- 明報 1999.2.25、香港 -- 環境藝術家水的物語 (C)
- *Sing Tao Daily News* 星島日報 1999.3.10、香港 --- 魔術師解構・萬川世界 (C)
- *Sing Tao Daily News* 星島日報 1999.3.12、香港 --- 池田一的儀典化作品 (C)
- *Ta Kung Pao* 大公報 1999.2.22、香港 ---- 竹棚輿水展藝術新姿 (C)
- *MANILA BULLETIN* 1999.3.8, マニラ、フィリピン ---Japanese artist at CCP (E)
- 南日本新聞 1999.9.27, 10.11, 10.19, 10.24
- 南日本新聞 1999.10.26--- 特集・万之瀬川アートプロジェクト
- 朝日新聞（夕刊） 1999.10.30--- グラフ・ウイークリー
- 読売新聞（夕刊） 2000.3.24--- 地方に芽生えた現代美術 by 田口淳二
- *The Nation* 2000.10.9, Bangkok, Thailand---- Hands and water (E)
- *Khao Sod* 2000.10.7, Bangkok, Thailand --- Ichi IKEDA, water challenged (T)
- *BANGKOK POST* 2000.11.1, Bangkok, Thailand ----Water, water, everywhere by Pichayanund Chindabporn (E)
- 琉球新報 2000.12.2---- タイから沖縄へ「水の方舟」by 浅野春男

- 南日本新聞 2001.2.28 特集・田舎をアートする
- 沖縄タイムス 2001.3.28--- 池田一「沖縄・水／アート・塾」展 by 佐藤善五郎
- 週刊タイムス住宅新聞 2001.3.30--- 沖縄への期待 by 芹沢高志
- 沖縄タイムス 2001.6.30--- 未来へ「最初の晩餐」
- 沖縄タイムス 2001.7.6--- 美術月評 by シンザト ヨシカズ
- 民生報 2001.12.7、高雄、台湾 --2001 高雄国際貨櫃藝術節専刊 (C)
- 神奈川新聞 2002.3.8--- 水の大切さを"発信"／相模湖町
- 毎日新聞 2002.3.10--- 相模湖「水の家ー最初の晩餐」展
- 相模経済新聞 2002.3.20--- アジアで「水之方舟」計画進める池田一氏
- **The Jakarta Post** 2002.5.28、ジョグジャカルタ、インドネシア -- Water gives Ichi Ikeda inspiration (E)
- **Koran Tempo** 2002.5.12、ジャカルタ、インドネシア --- by Oleh Asikin Hasan (IN)
- 中国時報 2002.12.13、台北、台湾 --- 公共藝術節・親水宣言 (C)
- 民生報 2002.12.13、台北、台湾 --- 來玩讓人手療的公共藝術 (C)
- **Water Forum Shimbun** 2003.3.16---- NEWS: The Right War
- 毎日新聞 2003.3.23--- 世界水フォーラム 世界が連帯 英知結集
- 朝日新聞 2004.3.10--- 川口で活動の池田さん
- 読売新聞 2004.5.24--- 環境への関心高めて
- 朝日新聞 2005.5.9、5.21--- 芝川再生願い展示
- 埼玉新聞 2005.5.14--- ヘドロの芝川 アートで再生訴え
- 埼玉新聞 2005.8.10--- アートの力で芝川再生を
- 静岡新聞 2005.8.29、他各地方新聞文化欄 --- ハートにアートを No..15
- **CENTRAL COAST NEWS** 2005, Gosford, オーストラリア (E)
- **Finger Lakes Community Newspaper** 2006.2.1--- Water Symposium (E)
- 広報まくらざき 2007.8--- 環境問題を、花渡川から世界へ問いかける
- 朝日新聞 2007.9.29---「水を救え」願いつないだ
- 広報まくらざき 2007.11----『SAVE WATER』世界へ発信！
- 埼玉新聞 2008.1.22---- 環境アートで旧芝川の再生を
- マイシティじゃーなる 2008.1.24---- 池田一 水箱アートミュージアム展
- 朝日新聞 2008.1.28--- 水の環境問題 アートで提起
- 南日本新聞 2008.10.5--- 地球を救おう 水面に「五大陸」を浮かべアート
- 読売新聞 2008.10.5--- いかだに5大陸を模して水の大切さなどを訴えた
- 朝日新聞 2008.10.6--- 五大陸の未来 思いはせて
- 毎日新聞（夕刊）2008.10.28--- ミッシング・ピース展
- 相模経済新聞 2008.6.20--- 国連環境セミナーに臨む
- **THE TIMES OF INDIA, NEW DELHI** 2008.12.12--- Public Art Festival (E)
- 埼玉新聞 2009.11.2--- 表現豊かに「未来の方舟」
- 北海道新聞 2010--- 釧路の水資源 アートで PR
- 朝日新聞 2011.4.5---- アート ing「限界集落」明るく鹿児島・枕崎
- **Ming Pao Weekly** 2012.6 @ 1a space, 香港 ----Kai Tak River Green Corridor (C)

CALENDARS カレンダー

- 国連 50 周年記念アートカレンダー [**The Message: We the Peoples--**]、published by ZANDERS, German 1995 --12 月掲載
- 2017 calendar <**environmental art**>, published by Amber Lotus Publishing, USA ISBN: 978-1-63136-135-7--- 4 月掲載

水

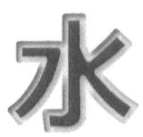

らり琉0郎

153 ART CROSSING

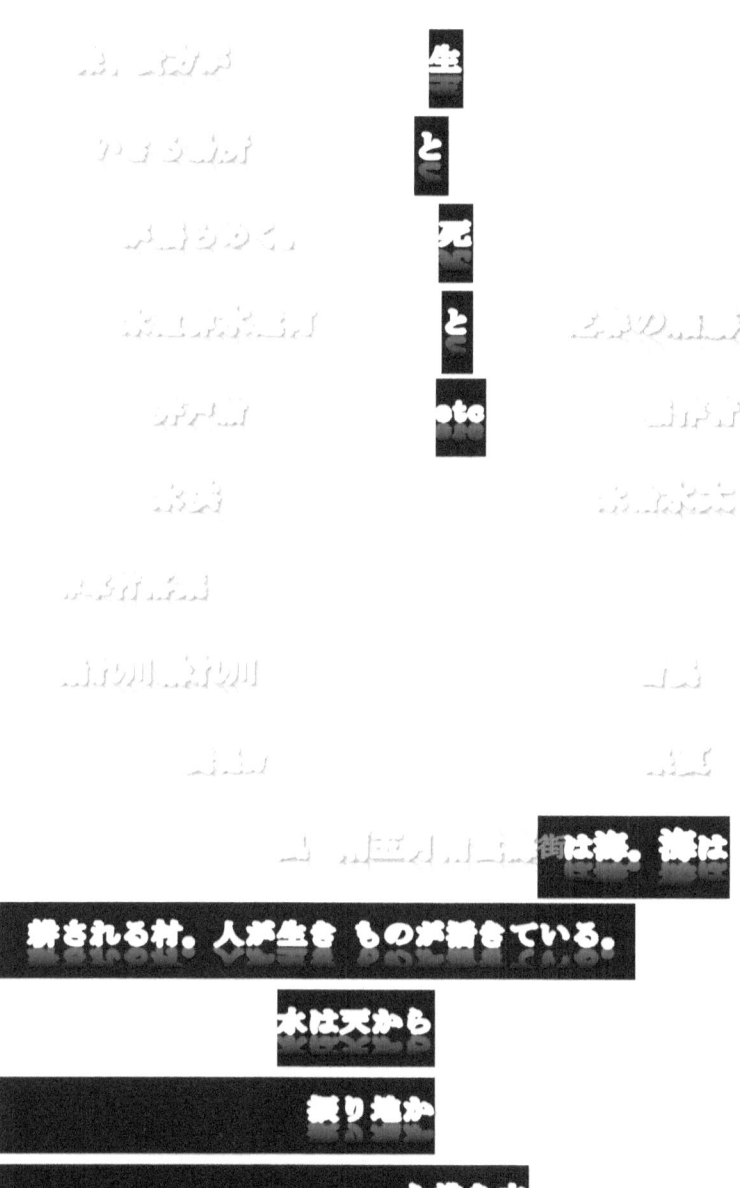

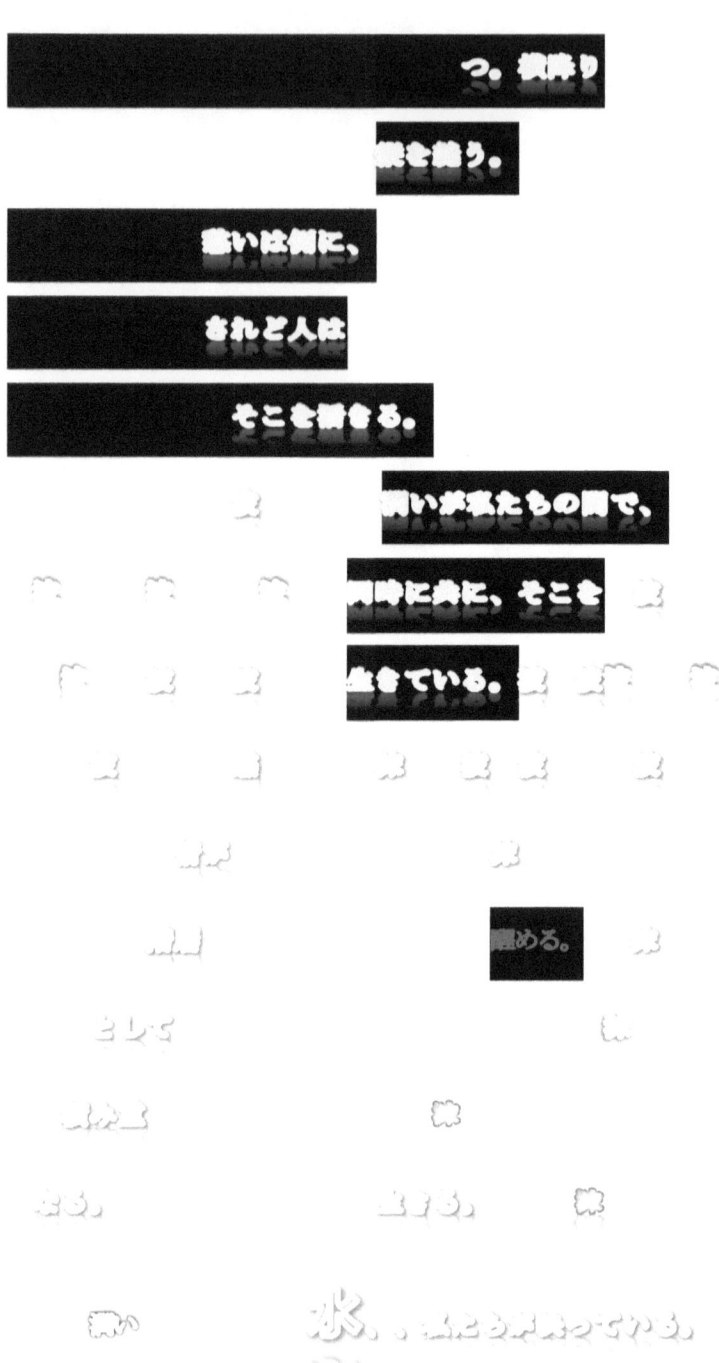

生と死とエトセトラ
生と死とエトセトラ
生と死とエトセトラ

静まり沈まぬ性

水の思想
——シモーヌ・ヴェイユと折口信夫

今村 純子

はじめに

　風土を異にする、鋭敏な感受性と批判力を併せもつ同時代人が、互いに相手の存在を知らず共通する思考形態をもつことは歴史上しばしば見られる現象である。ふたつの大戦を挟んだ不吉な時代に、洋の東西を隔ててそれぞれの思想を陶冶していったシモーヌ・ヴェイユ（一九〇九～四三）と折口信夫（一八八七～一九五三）は共に、水という物質への格別の注視をしており、水からインスピレーションを受けた豊穣なイマージュがかれらの思想の通奏低音となっている。そして一見したところ、それぞれ屹立した大樹であるように思われる両者の思想は、水を介して共振し合っている。

　ヴェイユと折口の生そのものに目を転ずれば、独身者・詩人・学者という三つの属性が重なるところに両者の共通項が見られる。独身者は、血や土を離れた「漂泊の生」を営み、断絶のうちに他者を見出し、その他者のうちに自己を見出そうとする。かれらはそこにこそ、暗い時代にあって、つねに集団に埋没し、狂信へと突き進む激流に抗する唯一の生のかたちを見出そうとしたのではなかったか。それはかぎりなく透明で、どこまでも浸透してゆき、他性によってのみ自らの形をもつ水の生を生きることでもある。独身者の生は母胎を経ない鳥や蝶や蛇といった卵の生にいっそう近く、寒さに震え、暖かさを求める生であり、さらに、変身する生は、社会が自らを見つめる眼差しが根源的に転換することでもある。そしてここにこそ、水と精神から生まれる「第二の誕生」の契機が見られる。

　他方で、詩人かつ学者、いわば「詩人学者」とでも呼ぶべきこの両者

のありようは、創作と学問との境界を消失させる。そしてかれらの創造性は、古代への回帰と伝承への着目のうちに見出される。古代人との対話のうちに、死者が憑依し〈われ〉が捨象され、その激流のうちに紛れもないかれら自身の言葉を見出してゆく。さらにヴェイユと折口は、自らのうちに懐胎した思想を、それらがわれ知らず宿った「預かり物」であるがゆえに、見知らぬ他者、極限すれば、自らの生と直接的な関係のない他者にこそ預けてゆこうとする。そしてその姿を、まさしく伝承のうちに見出してゆく。

　ところで、ヴェイユと折口の表現に特徴的なのは、「泣きわめく姿」である。それは、徹底的な未完結、未完成の姿であり、どうしようもなく他者の愛を必要とする姿である。このようないわば「奴隷の姿」は、逆説的にも、この世界を創造し、自らは退き、人間に存在を与えた創造の神が人間からの愛を必要とする姿に連なるものである。このまったき受動性のダイナミズムは、植物が葉緑素によって光を受け止めてはじめて自らの生を営むありようであり、〈愛(エロース)〉が、われ知らず、やわらかくなった心の隅々まで浸透し、そこに居を構えるありようである。

　本稿では、折口学を背景に、折口の代表作『死者の書』（一九四三）に散りばめられた様々なモチーフとイメージがヴェイユの生と思想と共振する様を捉え、そこから紡ぎ出される「水の思想」というべき全き弱さが醸し出す、現代における力への抵抗の可能性を提示してみたい。

一　下降する水

　折口信夫の代表作『死者の書』が描き出すのは、非業の死を遂げた大津皇子（六三三〜六八六）と、ふたつ下った時代を生きる藤原南家の郎女（中将姫）（七四七〜七七五）とのあいだに、すなわち死者と生者という「無限の距離」に隔てられた者同士に交わされる「エロス的交感」である。このことは、シモーヌ・ヴェイユが「美の感情」であり「純粋な歓び」と捉えた、十字架上のキリストと〈父なる神〉とのあいだに奏でられる「至高の調和(ハーモニー)」に連なるものであろう(注1)。だがヴェイユが開示するこの調和には「愛の交感」はあっても「エロスの交感」はない。こ

こにおいて折口のエロス的交感とヴェイユの思想が触れ合うのは、『死者の書』で描かれる女主人公・郎女とヴェイユその人の生が共振し合うことによってである。夭折したヴェイユが書き残した膨大なノートのなかの一冊には、次のように記された一枚の紙片が挟まれていたという。

> 時々かれは黙り込んで、戸棚からパンを取り出してきて、わたしたちはわけ合って食べた。そのパンはまさしくパンの味がした。その味にはもう二度とふたたび出会うことがなかった。かれはわたしに葡萄酒をついでくれ、また自分にもついだ。太陽の匂い、その街が建っている大地の匂いがする葡萄酒だった。わたしたちは時々、その屋根裏部屋の床の上に横になった。甘い眠りがわたしの上に降りてくるのであった。そうして目覚めると、わたしは太陽の光を吸い込んだ。[…]かれがわたしを愛していないことはわかっている。どうしてかれがわたしを愛してくれるはずがあろうか。それにもかかわらず、かれはわたしを愛してくれているに違いないと、わたしの心のなかの奥底の一点が、恐ろしさに震えながら、そう考えずにはいられないのだ。(注2)

おそらくヴェイユ自身と神との交感を描いたこの神秘体験の記述における葡萄酒という象徴が、通常思いなされている「血とのつながり」ではなく、「大地とのつながり」において描かれている。すなわち、水は、太陽の光と大地の恵みによって葡萄酒となる。さらにここで描かれるエロス的交感は、現実とイメージの交差とその逆転、すなわち現象を越えたイメージの力動性を映し出しているであろう。このことは『死者の書』の構成そのものにわたしたちを立ち返らせる。本来、決して交差することのない死者・大津皇子と生者・郎女との章ごとの分断と連続を通して浮き彫りにされるエロス的交感の高まり、さらには、読者の〈いま、ここ〉を定位させる、第三者の歌人・大伴家持(おおとものやかもち)と郎女の叔父・恵美押勝(えみのおしかつ)(藤原仲麻呂)が互いに郎女をイメージしつつ対話する交感のありようが、歌人・折口信夫(釈超空(しじま))ならではの絶妙のリズムと無言によって織りなされてゆく。

かの人の眠りは、徐かに覚めて行った。まっ黒い夜の中に、更に冷え圧するものの澱んでいるなかに、目のあいて来るのを、覚えたのである。した した した。耳に伝うように来るのは、水の垂れる音か。ただ凍りつくような暗闇の中で、おのずと睫と睫とが離れて来る。（一、一三七）

　『死者の書』冒頭における死者・大津皇子が目覚める場面である。ここでは、水が重力に従って下降する表象と大津皇子が目覚める描写、すなわち、「現象の下降」と「魂の上昇」が重なり合っている。
　この水の表象の錯綜が、大津皇子と郎女のエロス的交感の導きの糸となっている。郎女は、「世間のことは、何一つ聞き知りも、見知りもせぬように、おおしたてられて来た」（七、一八九）、高貴な女性である。さらに、中将姫伝説を念頭に置くならば、物質的には恵まれていても、郎女の心は決して満たされていないことが暗示されている。その渇望ゆえにこそ郎女は、春秋の彼岸中日、二上山のふたつの峰のあいだに「かの人の俤」を見る。ここに、医師という特権階級の家庭に生まれ育つものの、兄アンドレの天才を目の前にして自殺を考えるほど思い詰めたシモーヌ・ヴェイユの姿を重ねることができよう。郎女とヴェイユが選択する自らの生の伴走者は、身を焼き尽くすほどまでの教養の深さである。それをヴェイユは「注意の努力」(注3)と名指している。そして終生続けられた注意の努力は、遺作『根をもつこと』を執筆中、充分な睡眠や栄養をとらず還らぬ人となるまでの自己無化を要求する。同様に、称讃浄土仏摂受経の千部写経の発願を立てた郎女は、「五百部を越えた頃から、姫の身は、目立ってやつれて来た。ほんのわずかの眠りをとる間も、ものに驚いて覚めるようになった」（六、一八三）と、心身が阿弥陀経そのものとなるほどに対象に没入してゆく。だが着目すべきは、郎女の渾身の阿弥陀経への没入は、むしろ「かの人の俤」を見ることを遠ざけてしまうということである。かわって目の前にあらわれるのは、ひたすら重力に従って下降する雨である。

　日一日、のどかな温い春であった。経巻の最後の行、最後の字を書きあげて、ほっと息をついた。あたりはにわかに、薄暗くなってい

る。目をあげて見る蔀窓(しとみど)の外には、しとしと——音がしたたっているではないか。姫は立って、手ずから簾をあげて見た。雨。(六、一八六)

　ここにおいて、郎女の身心に浸透した教養が進むべき道をはっきりと照らし出す。郎女は暴風雨のなかを一晩中、二上山を目指して歩き、辿りついた当麻寺(たぎまでら)の境内に女人結界を犯して入り、朝日に照らされた二上山を拝む。さらに、「姫の咎は、姫が贖う」(十二、二三四)と周囲を驚かせるほどはっきりと自らの意志を示し、長期の物忌みに同意する。そしてこの物忌みのあいだに郎女は次第に「かの人の俤」を見ることではなく、むしろ目を瞑り「かの人の俤」を心中に思い描くことで満たされてゆく。このとき郎女の心のうちに、「おいとおしい。お寒かろうに」(十五、二六二)と、「かの人」への憐憫の情が沸き起こる。さらに、「この身も、その田居(たい)とやらにおり立ちたい——」(十六、二六七)と、郎女は「労働」への衝動に突き動かされ、自ら蓮糸(はすいと)で生地を織る。それは、まさしくヴェイユが『グリム童話』における六羽の白鳥の物語」で妹の美徳を、アネモネで兄たちの衣服を縫うことの困難さのうちに見出すことに連なるものであろう(注4)。こうして郎女と大津皇子とのエロス的交感は、織りあげた壁代(かべしろ)のような布地に、郎女の内側から紡ぎ出された「かの人の俤」の結晶ともいえる曼荼羅を一夜で描き上げた後、郎女の流す「一筋の涙」によって果たされる。

　　郎女が、筆をおいて、にこやかな笑(えま)いを、円(まろ)く跪坐(ついい)るこの人々の背におとしながら、のどかにしかし、音もなく、山田の廬堂を立ち去った刹那、心づく者は一人もなかったのである。まして、戸口に消える際に、ふりかえった姫の輝くような頬のうえに、細く伝うもののあったのを知る者の、ある訣(わけ)はなかった。(二十、二八〇)

　この郎女の流した「一筋の涙」が、「耳面刀自。おれが見たのは、ただ一度だ。だが、おまえのことを聞きわたった年月は、久しかった。おれによって来い。耳面刀自」(一、一三〇)という、大津皇子の最期の瞬間、耳面刀自とのあいだに交わされた「一瞥」に照応する。同様にヴェイユ

は、ソポクレス『エレクトラ』において、眼の前の奴隷の姿をした女性が流す「一筋の涙」によって、この女性が姉であると弟オレステスが悟るありようを描き出している(注5)。奴隷の姿をした人をオレステスは自分とは無関係な人だと思い込む。つまり、オレステスには姉の姿が見えない。だがエレクトラの涙がオレステスに見えない目をもたらす。ヴェイユは、社会から放擲され、物質同然の「ほとんど無」の状態に置かれた人を、不在の神にもっとも近しい人として描き出す。それは折口が描く死者でもある。この一点こそが、ヴェイユと折口が水を媒介にして描き出そうとしたものである。両者は、物質に貶められた人の状態が、無色透明でなおかつ、流動性と浸透性を有する水へと移行する可能性を見出す。そのとき、「その飛鳥の宮の日のみ子さまに仕えた、と言うお方は、昔の罪びとらしいのに、それがまた何とした訣で、姫の前に立ち現われては、神々しく見えるであろうぞ」(四、一六五)という郎女の台詞に象徴されるように、わたしたちは通常見えないものを見る心の目をもつ。そしてこのときわたしたちは、刹那であるにせよ、「水と精神から生まれる」「第二の誕生」に与っている。

> 必然性それ自体は、本質的に条件的なものであり、支柱がなければ抽象的なものにすぎない。[…] 水はその至高のイメージとなる。なぜなら、水は目に見え、触れられるが、色も形もないからである。この観点からすると、物質 (matière)、母 (mère)、海 (mer)、マリア (Marie) という言葉が酷似していて、ほぼ同一でさえあることに着目せずにはいられなくなってくる。水のこのような特質は、洗礼において、水の洗う能力以上に、その象徴的な使用法を説明している。(注6)

二 「泣きわめく姿」と執心

大津皇子と郎女の祖父の叔母にあたる耳面刀自(みみものとじ)が出会ったのはただ一度、しかも大津皇子が無実の罪で処刑される直前、両者の一瞥の交差だけである。その一瞥が、「それでもおれの心は、澄みきっていた。まるで、

池の水だった」（一、一四〇）大津皇子の霊がこの世に残る執心を目覚めさせる。着目すべきは、「ああ、その時きり、おれ自身、このおれを忘れてしまったのだ」（一、一四〇）と、自分のことをすっかり忘れてしまっているのに、時代をふたつ下っても、一瞥を交わした女性のことを憶えているということである。

　ヴェイユは神と人間との遭遇について、「神と人間は、待ち合わせ場所を間違えた恋人同士の男女のようである。両者とも時間より前にその場所に着いているのであるが、違った場所に居るのである」（注7）、と述べている。同様に、耳面刀自、大津皇子、郎女、それぞれの抱える運命の「不幸」によって穿たれた魂が、時空を超えて、互いに互いを呼び寄せている。ここで注意すべきは、折口が大津皇子を、子ども（餓鬼）のように、運命に抗い、運命を呪い、泣きわめく姿として描き出していることである。同様にヴェイユも、十字架上のキリスト、『ヨブ記』のヨブ、アイスキュロス『縛られたプロメテウス』、ソポクレス『アンチゴネー』、『エレクトラ』の主人公が、自尊心をかなぐり捨て、泣き叫ぶ姿を描き出している。ここにおいて、折口の死者とヴェイユの神とが共鳴し合う。そこには一様に、「なぜなのか？」と問う先には答えのないぞっとするような無言（しじま）が拡がっている。ヴェイユはこの「なぜなのか？」と問う心の一点こそがわたしたちのうちなるもっとも「聖なるもの」であることを看破する。「人間のうちなる人格とは、苦しみに悶え、寒さに震え、避難する場所と暖かさを求めて駆け回っているものである。このことは、人格が、待機しているとはいえ、社会的配慮に暖かく包まれている人々にはわからない」（注8）。

　　おお寒い。おれを、どうしろとおっしゃるのだ。尊いおっかさま。
　　おれが悪かったと言うのなら、あやまります。着物を下さい。着物
　　を――。おれのからだは地べたにはりついてしまいます。（一、一四
　　四）

　大津皇子の一人称は「おれ」である。大伴家持も、恵美押勝も同様である。興味深いのは、郎女に思慕を寄せつつ、行為にも言葉にもあらわさない家持に、「おれはどうもあきらめが、よ過ぎる。［…］あきらめと

言う事を、知らなかった人ばかりではないか。……昔物語りに語られる神でも、人でも、傑(すぐ)れた、と伝えられる限りの方々は——」（八、二〇五—二〇六）と述懐させていることである。さらに、「大師藤原恵美押勝朝臣(ふじわらえみのおしかつ)の声は、若々しい、純な欲望の外、何の響きもまじえていなかった」（十五、二五五—二五六）と、通常そう思いなされている押勝の強欲ではなく、自然にも女性にも、自らの欲望に忠実に生きる姿を言祝(ことほ)いでいる。

　ところで、「この身が、だんだんなり上ると、うま人までがおのずとやっこ心になりおって、いや嫉むの、そねむの」（十四、二四五）という押勝の台詞のごとくに、妬み、嫉みも赤裸々に、大津皇子は泣き叫ぶ。だがここにこそ、折口とヴェイユは古代の神々に連なる一点を見出す。それゆえ、それはそのまま両者に奴隷の姿へと回帰する眼差しを促す。それはとりわけ両者の「伝承」への眼差しに見ることができよう。労働ではなく芸能のうちに奴隷の姿を映し出す折口は、「当麻(たぎま)の語部の嫗」のうちに奴隷の姿を描き出す。語部の生とは、自らの生命の保証もないまま、貴人の一生を語ることだけに費やされる生である。社会から放擲された身であるからこそなおいっそう、高貴な女性(にょしょう)である郎女を聞き手として得た当麻の語部の嫗は、「［…］自身の家の中でも、また廬堂に近い木立ちの陰でも、あるいはそこを見おろす山の上からでも、郎女に向かってする、ひとり語りは続けられていた」（二十、二八六）と、異常な執心を示す。そして逆説的にも、ここにこそ、神へと連なる原点がある。

三　水の女

　折口は、必然性に翻弄されつつも、海の深さに想いを馳せる海洋民族としての日本人の姿を描き出している。他方でヴェイユの水への洞察が極まるのは、両親とともにニューヨークへ亡命するためにマルセイユに滞在中である。そもそも「漂泊の民」であるユダヤ民族であることに加えて、教職を剥奪され、さらにはユダヤ民族というだけで生命すら危ないこの時代にあって、自らが物質(もの)同然に扱われる経験が深まれば深まるほど、ヴェイユの水への注視はきわまってゆく。ところで、當麻寺で物

忌みをする郎女は、「かの人の俤」を見ることに代わって、「つた　つたつた」（一三、二三九）という音と共にかの人の「けはい」を全身で感受することで満たされてゆく。そして郎女の心に抱かれる「かの人の俤」は寒さに震えている。その姿への憐憫の情が郎女を突き動かす。

　郎女が「かの人の俤」を見るのは、彼女が高貴な女性であるがゆえの「心の純粋さ」あってのことである。だが他者を渇望し、他者と共に生きるために、郎女は自らの属性をひとつひとつ脱ぎ捨ててゆく。この転換は、「プラトン的な愛」から「エロス的な愛」への転回と表裏一体である。ここでは、魂のみならず身体が不可欠となってくる。「忘れたい歌の文句が、はっきりと意味を持って、姫の唱えぬ口の詞から、胸にとおって響く。乳房から迸り出ようとするときめき」（一三、二四〇）。ここで折口が描き出すのは、海の底へと重力に従って郎女の身体が下降する様である。それは同時に、ヴェイユが洞察した、「水と精神から生まれること」の象徴としての原初の洗礼のありようでもある。

　　浪に漂う身……衣もなく、裳もない。抱き持った等身の白玉と一つに、水の上に照り輝く現し身。
　　ずんずんと、さがって行く。水底に水漬く白玉なる郎女の身は、やがてまた、一幹の白い珊瑚の樹である。脚を根、手を枝として水底の木。頭に生い靡くのは、玉藻であった。玉藻が、深海のうねりのままに、揺れている。やがて、水底にさし入る月の光り──。ほっと息をついた。（十三、二四二─二四三）

　夢か現かわからぬまま郎女は浜辺を歩いている。ひとつひとつ属性を脱ぎ捨てた郎女は海の底に横たわり、水を透過する月の光に照らされている。太陽ではなく月への格別の注視はヴェイユと折口に共通するものである(注9)。そしてこの「珊瑚の樹」となった郎女こそが、「かの人は、立っていた。一本の木だった。［…］ただ、岩屋の中に聳立した、立ち枯れの木に過ぎなかった」（一、一六八）という大津皇子に照応する。水平方向において両者は決して出会うことなく、それぞれが垂直方向へ向かう眼差しのうちに無限の交響がある。それはヴェイユが十字架の形象

のうちに見たものでもある。神に倣うとは「水上歩行すること」ではない。そうではなく、重力に従い下降し、海底に沈むことに内側から同意するならば、水を透過した月の光に照らし出される。ここにこそ、モノから水へ、奴隷から神への転回がある。

　ところで、郎女の教養は、彼女の身体表現において証される。「かの人のけはい」を感受した郎女は、「なも　阿弥陀ほとけ。あなとうと。阿弥陀ほとけ」（十三、二四〇）と応答し、自らの口をついて出たその言葉に郎女自身驚かされる。同様に、「［…］あちらの物は、読んでいて、知らぬ事ばかり教えられるようで、時々ふっと思い返すと、こんな思わざった考えを、いつの間にか、持っている——そんな空恐ろしい気さえすることが、ありますて」（十四、二四七）と家持の台詞にあるように、押勝が推し進めた唐化文化の真の意義とは、自己とは他なるものに触発され、知られざる自己を見出すことである。ここにこそ、生の創造、そして文化の創造がある。

　　わたしたちが投げ込まれている薄暗がりにおいて、すべてはわたしたちにとって関係である。それはあたかも、実在の光のなかで、すべてがそれ自体神の媒介であるようなものである。［…］このことを理解するならば、わたしたちは、海のなかの魚のようにではなく、海のなかの一滴の水のように、神の媒介のうちに生きていることを知る。わたしたちのうちにも、わたしたちを超えたところにも、この世にも、神の国にも、あるのは関係だけである。そして媒介とは、〈愛（エロース）〉にほかならない。（注10）

結びに代えて

　『死者の書』が書かれた背景には、戦死した養子・春洋とどう生きるのかという折口自身の切実な問題があったであろう。「した　した　した」、「つた　つた　つた」、あるいは「ゆら　ゆら　ちょう　ちょう」といった音だけで、わたしたちの身体と世界との関係を映し出す折口の筆には、まぎれもなく、他者に憑依し憑依される詩人（歌人）の魂が息づ

いている。ここにおいて独創性とは、自己拡大においてではなく、他者、とりわけ「不在の他者」とどう感じ合い、どう生きるのかの応答のうちに見出される。そしてそれゆえにこそヴェイユは「神は至高の詩人である」(注11)と述べたのであった。

　ヴェイユと折口の「下降する水」への眼差しは、「歴史の古層」を訪ねる眼差しと表裏一体である。「書かれた歴史」ではなく「書かれなかった歴史」を紡ぎ出すかれらの「歴史的想像力」は、わたしたちに歴史的・社会的自己であることを促す。ここにおいてこそヴェイユと折口の批判精神が開花する。批判とは、「他なるもの」を懐疑することではなく、他なるものを自己のようにイメージし、それに応答する寛容さにほかならない。ヴェイユと折口は、この寛容の精神が胚胎する「やわらかい心」こそが、狂信と蒙昧に突き進む暗い時代の直中にあって唯一、自らの生の創造、そして文化の創造の担い手になると考えたのである。

注

◆『死者の書』から引用は、折口信夫『死者の書』（ちくま日本文学、二〇〇八年）にならい、章と頁数を記した。例：一章、一三七頁→（一、一三七）

1)「不幸とこの上もない［美の感情による］純粋な歓び——ただふたつの道であり、等価な道である。だが、不幸がキリストの道となる。キリストの叫びと〈父〉の沈黙とが交響し、至高の調和を奏でる。あらゆる音楽はその模倣にほかならない」Simone Weil, « Intuitions pré-chrétiennes », Œuvres complètes de Simone Weil IV, Écrits de Marseille, Paris, Gallimard, 2009, p. 291. シモーヌ・ヴェイユ、今村純子訳『前キリスト教的直観』法政大学出版局、二〇一一年、一九四——一九五頁。

2) Simone Weil, Œuvres complètes de Simone Weil, Cahiers 3 (février 1942-juin 1942), Paris, Gallimard, 2002, pp. 445-446. シモーヌ・ヴェイユ、田辺保訳『超自然的認識』勁草書房、一九七六年、四—五頁。

3)「［…］のちになってしばしば頭痛が起こり、わたしが有しているわずかの能力が、すぐさまそして決定的な身動きのとれない無力感を抱いたときも、この同じ確信が、十年間、結果に対するほぼいかなる希望も支えることができないような注意深い努力をわたしに続けさせたの

です」Simone Weil, 《 Autobiographie sprituelle 》, *Attente de Dieu*, Paris, Fayard, 1966, p. 39. 田辺保・杉山毅訳「精神的自叙伝」『神を待ちのぞむ』勁草書房、一九六七年、三五頁。

4) Simone Weil, 《 Le Conte des six cygnes dans *Grimm* 》, *Œuvres complètes de Simone Weil I, Premiers écrits philosophiques*, Paris, Gallimard, 1988, pp. 57-59. シモーヌ・ヴェイユ、今村純子訳「『グリム童話』における六羽の白鳥の物語」『現代詩手帖特集版 シモーヌ・ヴェイユ』思潮社、二〇一一年、一〇二―一〇四頁。

5) ibid, Simone Weil, 《 Intuitions pré-chrétiennes 》, *Œuvres complètes de Simone Weil IV, Écrits de Marseille*, p. 157. 前掲、シモーヌ・ヴェイユ『前キリスト教的直観』、一五頁。

6) op. cit, pp. 273-274. 前掲、一六九―一七〇頁。

7) ibid. Simone Weil, *Œuvres complètes de Simone Weil VI, Cahiers 4 (février 1942-juin 1942)*, p. 185. 前掲、シモーヌ・ヴェイユ『超自然的認識』、一一七頁。

8) Simone Weil, 《 La Personne et le sacré 》, *Écrits de Londres et Dernières Letteres*, Paris, Gallimard, 1957, p. 21. シモーヌ・ヴェイユ、田辺保・杉山毅訳「人格と聖なるもの」『ロンドン論集とさいごの手紙』勁草書房、一九六九年、一六頁。

9)「洞窟の比喩では、太陽の直前に月をじっと見つめる。月は太陽の映しでありイメージである。太陽は善なので月が美だと想定するのが自然である。美に到達した人はほぼ完全なものに到達したと述べることでプラトンは、至高の美は神の子であることを示唆している」ibid, Simone Weil, 《 Intuitions pré-chrétiennes 》, *Œuvres complètes de Simone Weil IV, Écrits de Marseille*, p. 225. 前掲、シモーヌ・ヴェイユ「『縛られたプロメテウス』註解」『前キリスト教的直観』、一〇二頁。

10) op. cit, p. 291. 前掲、一九二頁。

11) ibid. Simone Weil, *Œuvres complètes de Simone Weil VI, Cahiers 4 (février 1942-juin 1942)*, p. 101. 前掲、シモーヌ・ヴェイユ『超自然的認識』、一六九頁。

雨を題材にした音楽　—こどものうたを中心に—

斎藤　恵

1）はじめに

　とにかくこの島国は雨が多い。今年も夏の初めに「水不足のため節水するように」という呼びかけがあったので、不安な気持ちになっていたら、まもなく台風が次々に到来し、各地に洪水警報が出される事態となった。雨は降らなくては困るが、降り過ぎても困る（注1）。本稿の筆者は約二年前の六月に実施した大学のオープンキャンパスにおける体験授業『季節の童謡』を契機として、「雨の童謡・唱歌」を研究対象の一部に組み込んだ。筆者はその後、『CROSS TALK』第4巻第1号において論考「季節の童謡・唱歌　～雨を題材にした音楽～」を発表したが（注2）、そこでは一般的によく知られている日本の童謡と唱歌の中から、〈雨〉（1918）（作詞：北原白秋、作曲：弘田龍太郎）、〈雨降りお月さん〉（1925）（作詞：野口雨情・作曲：中山晋平）、〈アメフリ〉（1925）（作詞：北原白秋、作曲：中山晋平）、〈あめふりくまのこ〉（1962）（作詞：鶴見正夫、作曲：湯山昭）、〈城ケ島の雨〉（1913）（作詞：北原白秋、作曲：梁田貞）の五曲を中心に採り上げて考察した。この五曲の内、四曲は大正期（1912～26）に発表されたものであった。

　本稿はこの論考の続編として、大正期生まれの五人の作曲家の作品を中心に採り上げる。大正から昭和に入り、第二次世界大戦（1939～45）終了後、10年を経て『ろばの会』（1955）が結成された。そこで磯部俶（1917～98）、宇賀神光利（1923～1967）、大中恩（1924～）、中田一次（1921～2001）、中田喜直（1923～2000）等は一流の詩人たち、たとえばサトウハチロー（1903～73）や、まどみちお（1909～2014）等と組んで、子どものための歌を作曲した（注3）。『ろばの会』のメンバーは第二次世界大戦以前の童謡を批判して、民主主義時代にふさわしい新しい子どものための歌
を作ることを意図し、童謡の名称は用いずに《こどものうた》と称して、優れた作品を次々と世に送り出した（注4）。彼らが創作した《こどものうた》は現在出版されている童謡集にも多数掲載されており、知名度も高く、歌われる機会も多い。『ろばの会』のメンバー中、大中恩は＜椰子の実＞（作詞：島崎藤村）を作曲した大中寅二の息子、中田一次と中田喜直は＜早春賦＞（作詞：吉丸一昌）を作曲した中田章の息子たちであり（注5）、ともに東京音楽学校（現、東京藝術大学音楽学部）を卒業している。

　今回はこの五名の作曲家がそれぞれ「雨」を題材にして作曲した五曲の《こどものうた》：＜あめあがり＞＜あめあめふるひ＞＜あめがやんだ＞

＜あめふり＞＜雨ふりの日のうた＞にまず焦点を当ててみる。彼らと組んで作詞に当たった佐藤義美（1905～68）は北原白秋が執筆を担当していた童話雑誌『赤い鳥』（1918～29、1931～36）に寄稿しており（注6）、まどみちお（1909～2014）は白秋にその才能を見出され、柴野民三（1909～92）は白秋の弟子であった。これらの作詞家たちはいずれも白秋と繋がりがあり、何らかの影響を受けていたものと思われる（注7）。

２）「雨」を題材にした《こどものうた》

◎＜あめあがり＞（作詞：まどみちお、作曲：中田喜直）
　４分の２拍子、ヘ長調、全15小節（前奏２小節、後奏３小節を含む）（注8）。
「特徴」付点８分＋16分音符の使用（前奏１回、歌詞部分１回、後奏１回）、スタッカート（10小節：前奏、歌詞部分、後奏）、レガート指示（８小節：前奏、後奏、歌詞部分）。スタッカート（擬声語、但し「ぴかぴか」は除く）。
「歌詞」（1）おひさま、雨、池、庭（2）蜜蜂、滴、花、葉、舟。
「擬声語」（1）きらきら、らんらん、ろんろん（2）ぴかぴか、ぶんぶん（注9）。

◎＜あめあめふるひ＞（作詞：まどみちお、作曲：中田一次）
　４分の４拍子、ニ長調、全10小節（前奏２小節、後奏２小節を含む）。
「特徴」付点８分＋16分音符の使用（歌詞部分１箇所）、スタッカート（前奏、擬声語の一部の伴奏、後奏）、レガート指示（伴奏、後奏）、前打音（前奏、伴奏）。
「歌詞」（1）ゴム長靴、象、雨（2）蝙蝠傘、おうち、雨（3）ゴム長靴、蝙蝠傘、雨。
「擬声語」（1）ぶっくぶっく（2）のっそのっそ（3）ぶっくぶっく、のっそのっそ。

◎＜あめがやんだ＞（作詞：まどみちお、作曲：磯部俶）
　４分の２拍子、ヘ長調、全８小節（前奏２小節、後奏２小節を含む）。
「特徴」付点８分＋16分音符の使用（歌詞部分２箇所）、スタッカート（前奏、後奏）、レガート指示（前奏、歌詞部分、伴奏、後奏）、前打音（前奏、後奏）。
「歌詞」（1）長い雨、景色（2）虹のリボン、景色。

◎＜あめふり＞（作詞：柴野民三、作曲：宇賀神光利）
　４分の２拍子、ヘ長調、全16小節（前奏４小節を含む）。
「特徴」レガート指示（全体的）。
「歌詞」（1）雨、蛙、空（2）でんでん虫、角、散歩（3）燕、虫取り。

「擬声語」（1）けろころろ（2）のーろりこ（3）つんつん、ぴいつんつん。

◎＜雨ふりの日のうた＞（作詞：佐藤義美、作曲：大中恩、編曲：早川史郎）
4分の2拍子、ニ長調、全28小節（前奏4小節、後奏4小節を含む）。
「特徴」付点8分＋16分音符の使用（歌詞部分3箇所）、レガート
指示（前奏、伴奏、後奏）、前打音（伴奏）、和音連打（前奏、歌詞部分、後奏）、アルペジオ（伴奏、後奏）。
「歌詞」（1）雨、蛙、畦道（2）雨、てるてる坊主、山道。
「擬声語」（1）ケロケロ。

　上記五曲は全曲長調（ヘ長調三曲、ニ長調二曲）、4分の2拍子が四曲で、4分の4拍子が一曲、音楽的な特徴については、前回の論考で採り上げた＜アメフリ＞と＜あめふりくまのこ＞で連続して用いられた「付点8分＋16分音符」の単独使用が四曲（注10）、スタッカートの使用は三曲であった。歌詞については、「雨」はもちろんのこと、「池・滴・舟」等の「水」に関係するもの、「蛙・傘・てるてる坊主・でんでん虫・長靴・虹」等、「雨」に直接関連する生物や事物、自然現象等の題材が各曲に登場した。
　次に本稿の筆者が日常的に、大学と大学院の授業において用いている童謡や子どもの歌に関する曲集の中で目に留まった「雨」をタイトルに持つ曲を拾い上げると38曲となった（注11）。この中には前回採り上げた四曲の童謡と今回採り上げた《こどものうた》五曲も含まれている（注12）。尚、今回採り上げた五曲の歌詞に見られた「かえる（蛙）」「かさ（傘）」「ながぐつ（長靴）」「にじ（虹）」をタイトルに持ち、その曲の歌詞に「雨」を含むもの（12曲）もこの「曲目一覧」の最後に
組み入れたが、合計すると50曲となった（注13）。

3）「曲目一覧」（50曲）。

＜雨だれ＞（作詞：小林純一、作曲：中田喜直）
＜あまだれさん＞（作詞：関根栄一、作曲：湯山昭、編曲：早川史郎）（注14）。
＜あまだれさんおなまえは＞（作詞：関根栄一、作曲：湯山昭）
＜雨だれぼっちゃん＞（作詞：ちゃきしげる、作曲：古森昭宏）
＜あまだれボッチャン＞（作詞：佐藤義美、作曲：山崎はちろ、編曲：早川史郎）
＜あまだれぽったん＞（作詞・作曲：一宮道子）
＜あまやどり＞（作詞：与田準一、作曲：萩原英彦、編曲：早川史郎）
＜雨＞（作詞：北原白秋、作曲：弘田龍太郎）
＜あめ（雨）＞（作詞：杉山米子、作曲：小松耕輔）（注15）。
＜あめあがり＞（作詞：まどみちお、作曲：中田喜直）

＜あめあめふるひ＞（作詞：まどみちお、作曲：中田一次）
＜雨があかるいみどりになった＞（作詞：若谷和子、作曲：宇賀神光利）
＜雨がふってもいいけどな＞（作詞：吉永淳一、作曲：越部信義、編曲：早川史郎）
＜あめがやんだ＞（作詞：まどみちお、作曲：磯部俶）
＜雨さんこんにちは＞（作詞：吉岡治、作曲：八城一夫、編曲：早川史郎）
＜あめすききらい＞（作詞：こわせたまみ、作曲：早川史郎）
＜あめのこ＞（作詞：まどみちお、作曲：飯沼信義）
＜雨の公園＞（作詞：花岡恵、作曲：不明、編曲：岡部栄彦）（注16）。
＜雨のシロフォン（雨つぶワルツ）＞（作詞：新沢としひこ、作曲：中川ひろたか）（注17）。
＜雨のてん・てん＞（作詞：福田三月子、作曲：中村勝彦）
＜あめのなかのポスト＞（作詞：東龍男、作曲：若松正司、編曲：早川史郎）
＜雨のはらっぱ＞（作詞：悠木一政、作曲：早川史郎）
＜あめのひのあおいかさ＞（作詞：若谷和子、作曲：湯山昭、編曲：早川史郎）
＜雨のフクロウ＞（作詞：新沢としひこ、作曲：中川ひろたか）
＜雨の遊園地＞（作詞：谷内六郎、作曲：中村八大、編曲：早川史郎）
＜雨は天使のパラシュート＞（作詞：高田ひろお、作曲：木田高介、編曲：早川史郎）
＜あめふり＞（作詞：柴野民三、作曲：宇賀神光利）
＜アメフリ＞（作詞：北原白秋、作曲：中山晋平）（注18）。
＜雨降りお月さん＞（作詞：野口雨情、作曲：中山晋平）（注19）。
＜あめふりくまのこ＞（作詞：鶴見正夫、作曲：湯山昭）
＜あめふりシンフォニー＞（作詞：新沢としひこ、作曲：中川ひろたか）
＜雨ふり水族館＞（作詞：新沢としひこ、作曲：中川ひろたか）
＜あめふりの日のうた＞（作詞：佐藤義美、作曲：大中恩、編曲：早川史郎）
＜あめふりりんちゃん＞（作詞：おーなり由子、作曲：栗原正巳、編曲：花ケ崎有子）
＜かえるのあまがさ＞（作詞：与田凖一、作曲：磯部俶）
＜だから雨ふり＞（作詞：新沢としひこ、作曲：中川ひろたか）

＜なんなんなが雨＞（作詞：サトウハチロー、作曲：宇賀神光利）
＜もしもあめのかわりに＞（作詞：村山寿子、作曲：湯山昭、編曲：早川史郎）
＜カエルのギター＞（作詞：新沢としひこ、作曲：中川ひろたか）
＜ぼくたちかえる＞（作詞：こわせたまみ、作曲：大中恩）
＜あかいかさ＞（作詞：鶴見正夫、作曲：中田喜直）
＜かさ＞（作詞：新沢としひこ、作曲：中川ひろたか）
＜かさのうた＞（作詞：おうちやすゆき、作曲：宇野誠一郎）

＜ながぐつ＞（作詞：神沢利子、作曲：富田勲、編曲：早川史郎）（注20）。
＜ながぐつだーい＞（作詞：こわせたまみ、作曲：服部公一、編曲：早川史郎）
＜ながぐっちゃん!!＞（作詞：もりちよこ、作曲：柴草玲）
＜にじ＞（作詞：新沢としひこ、作曲：中川ひろたか）
＜にじ＞（作詞：まどみちお、作曲：くらかけ昭二）（注21）。
＜にじがでた＞（作詞：サトウハチロー、作曲：中田喜直）
＜にじのリボン＞（作詞：まどみちお、作曲：大中恩、編曲：早川史郎）

4）考察

(1) 調性について

　今回、焦点を当てた《こどものうた》五曲はすべて長調であった。するとこの「曲目一覧」（50曲）の中に果たして短調の曲はあるのだろうか。そこで実際に楽譜を見てみると、この中では＜雨＞（作詞：北原白秋、作曲：弘田龍太郎）、＜雨の公園＞（作詞：花岡恵、作曲：不明、編曲：岡部栄彦）、＜雨のフクロウ＞（作詞：新沢としひこ、作曲：中川ひろたか）がイ短調、＜なんなんなが雨＞（作詞：サトウハチロー、作曲：宇賀神光利）は前奏も歌詞部分もイ短調で始まるがト長調で終わり（注22）、＜あめのなかのポスト＞（作詞：東龍男、作曲：若松正司、編曲：早川史郎）はハ短調の前奏で始まるが、後奏はイ短調で終わっていた（歌詞部分はハ長調）。ということは一般的にはあまり好まれない「雨」（雨の日）やそれに関連するものを題材にしていても、この「曲目一覧」（50曲）においては、ほとんどの曲が長調であるということが分かった（注23）。

(2) 拍子について

　今回、焦点を当てた《こどものうた》五曲の内、4分の4拍子は一曲、それ以外の四曲は4分の2拍子であった。「曲目一覧」（50曲）の中では、4分の4拍子のものが27曲、4分の2拍子のものが18曲で、4分の3拍子の曲は五曲のみであった。その五曲は＜雨があかるいみどりになった＞（作詞：若谷和子、作曲：宇賀神光利）、＜雨のシロフォン（雨つぶワルツ）＞（作詞：新沢としひこ、作曲：中川ひろたか）、＜雨降りお月さん＞（作詞：野口雨情、作曲：中山晋平）、＜だから雨ふり＞（作詞：新沢としひこ、作曲：中川ひろたか）、＜かさのうた＞（作詞：おうちやすゆき、作曲：宇野誠一郎）であった。「曲目一覧」（50曲）の内、4分の3拍子の曲は五曲だけであるから、全体の十分の一ということになる。また全体的に見て、4分の2、3、4拍子以外の拍子の曲は見当たらなかった（注24）。

(3) リズムについて

　前回の論考で採り上げた五曲の中では、とくに＜アメフリ＞（作詞：北原白秋、作曲：中山晋平）における「付点8分音符＋16分音符」の連続使用（いわゆるスキップのリズム）が特徴的であり、これは＜あめふりくまのこ＞（作詞：鶴見正夫、作曲：湯山昭）でも用いられた。しかし今回採り上げた《こどものうた》五曲についてみると、このリズムの単独使用が四曲で、譜面上、連続使用は認められなかった。そこでこのリズムについて「曲目一覧」（50曲）からみると以下のようになる。

連続使用：
＜あまだれボッチャン＞＜あまやどり＞＜雨がふってもいいけどな＞＜雨さんこんにちは＞＜あめすききらい＞＜雨のシロフォン＞（注25）。＜雨のフクロウ＞＜雨の遊園地＞＜あめのひのあおいかさ＞＜雨は天使のパラシュート＞＜アメフリ＞＜あめふりくまのこ＞＜あめふりりんちゃん＞＜なんなんなが雨＞＜もしもあめのかわりに＞＜ぼくたちかえる＞＜かさ＞＜かさのうた＞＜ながぐつ＞＜ながぐつだーい＞＜にじ＞（注26）。

単独使用：
＜雨だれ＞（注27）。＜あめあがり＞＜あめあめふるひ＞＜あめのこ＞＜雨ふりの日のうた＞＜かえるのあまがさ＞＜かさ＞＜ながぐっちゃん!!＞＜にじがでた＞＜にじのリボン＞

(4) スタッカートについて

　今回採り上げた五曲の内、スタッカートが使用されたものは三曲であり、全体的にレガート指示が見られたものは一曲、レガート指示が部分的に見られたものは三曲（但しスタッカート使用との重複あり）であった。ここではスタッカートを使用した曲（歌詞と伴奏パート、伴奏パート）と、レガート指示が全体的に見られた曲とレガート指示が部分的に見られた曲について「曲目一覧」（50曲）から採り上げる。

「スタッカート」
歌詞と伴奏（前奏・後奏を含む）：（注28）。

＜雨だれ＞（注29）。＜あまだれさん＞＜あまだれさんおなまえは＞＜あまだれボッチャン＞＜あめ（雨）＞＜あめあがり＞＜あめすききらい＞＜雨のはらっぱ＞＜あめのてん・てん＞（注30）。＜もしもあめのかわりに＞＜ぼくたちかえる＞＜あかいかさ＞＜ながぐっちゃん!!＞＜にじのリボン＞伴奏（前奏・後奏を含む）：＜雨だれぼっちゃん＞＜あまだれぽったん＞＜あまやどり＞＜あめあめふるひ＞＜あめがやんだ＞＜雨さんこんに

ちは＞＜雨は天使のパラシュート＞＜だから雨ふり＞＜なんなんなが雨＞
＜かえるのあまがさ＞＜ながぐつ＞＜にじがでた＞

「レガート」
全体的：（注31）。
＜あまだれさんおなまえは＞＜あめ（雨）＞＜あめふり＞＜なんなんなが雨＞＜あかいかさ＞＜にじ＞（注32）。

部分的：
＜雨だれ＞＜あまだれさん＞＜あまだれぼっちゃん＞＜あまだれボッチャン＞＜あまやどり＞＜あめあがり＞＜あめあめふるひ＞＜あめがあかるいみどりになった＞＜あめがふってもいいけどな＞＜あめがやんだ＞＜雨さんこんにちは＞＜あめすききらい＞＜あめのこ＞＜あめのなかのポスト＞＜雨のはらっぱ＞＜あめのひのあおいかさ＞＜雨の遊園地＞＜雨は天使のパラシュート＞＜あめふりくまのこ＞＜雨ふりの日のうた＞＜かえるのあまがさ＞＜もしもあめのかわりに＞＜ぼくたちかえる＞＜かさのうた＞＜ながぐつだーい＞＜にじがでた＞＜にじのリボン＞

5）まとめ

　現在、童謡や子どものための歌は圧倒的に長調（その中でも比較的調号が少ないもの）が多いが、「雨」を題材にした曲においても、長調の曲がその大半を占めているということが分かった（注33）。また拍子では4分の4拍子が多く、次に4分の2拍子、その次に4分の3拍子という順で、4分の3拍子の曲はかなり少ないということも分かった。前回の論考で採り上げた＜アメフリ＞（作詞：北原白秋、作曲：中山晋平）と＜あめふりくまのこ＞（作詞：鶴見正夫、作曲：湯山昭）では「付点8分＋16分音符」のリズムが連続して用いられることにより、＜アメフリ＞の軽快で「楽しげな」様子、＜あめふりくまのこ＞ののどかで「楽しげな」様子がさらに助長されているように思われた（注34）。やはり前回採り上げた＜雨＞（作詞：北原白秋、作曲：弘田龍太郎）（イ短調）のような「悲しげな」雨の曲は今回殆どなく、むしろ「楽しげな」雨の曲が多かった。短調の＜雨の公園＞と＜雨のフクロウ＞（両者ともイ短調）の楽譜を見ても割に軽快であって、とくに「悲しげな」曲とは言えないだろう。つまり童謡や《こどものうた》では、「雨」あるいは「雨の日」を悲観的に捉えるのではなく、楽観的に捉えた表現が主流であるということが判明した。今回、「付点8分＋16分音符」が用いられている曲（単独・連続）はかなり認められたが、＜アメフリ＞に見られたように、調性（長調）に加えて「付点8分＋16分音符」がとくに連続して用いられる場合は「楽しさ」を倍増させているように思われる。本稿では「付点8分＋16分音符」の使用に加えて、「スタッカート」と「レガート」の用いられ方にも注目した。

ここで「雨」を「点」として捉えているか、それとも「線」として捉えているかという問題が浮上して来る。以下に「スタッカート」と「レガート」を巧妙に用いた曲例として、「曲目一覧」（50曲）から＜あめ（雨）＞＜雨のてん・てん＞＜雨だれ＞＜あまだれボッチャン＞＜ぼくたちかえる＞の五曲をあげることにする（注35）。

○＜あめ（雨）＞（作詞：杉山米子、作曲：小松耕輔）
　4分の2拍子、ハ長調。全24小節。「むじゃきに」という表示あり。
「特徴」スタッカート（擬声語、伴奏）、レガート指示（全体的）。
「歌詞」（1）雨、音、池、金魚（2）雨、音、やつで、葉。
「擬声語」（1）ぴちぴち（スタッカート）、ぱしゃぱしゃ（2）ぽつぽつ（スタッカート）。
○＜雨のてん・てん＞（作詞：福田三月子、作曲：中村勝彦）
　4分の4拍子、ヘ長調。全20小節。「Moderato（やさしく　しっとりと）」という表示あり（注36）。
「特徴」同音連打（擬声語の部分はスタッカート）。
「歌詞」（1）白い紫陽花、雨、玩具のピアノ、花びら、滴（2）青い紫陽花、雨、苺水、花びら、滴（3）赤い紫陽花、雨、窓ガラス、お日様、滴。
「擬声語」（1・2・3）てんてんてんてん（スタッカート）。
○＜雨だれ＞（作詞：小林純一、作曲：中田喜直）（注37）。
　4分の2拍子（前奏2小節のみ4分の4拍子）、ト長調。全21小節。
「特徴」スタッカート（同音連打、擬声語の合間）、レガート指示（部分的）。
「歌詞」（1）雨だれ、綺麗な玉（2）雨だれ、ピアノの音。
「擬声語」（1・2）ぽったん（p）、ぽったん（pp）（注38）。
○　＜あまだれボッチャン＞（作詞：佐藤義美、作曲：山崎はちろ、
　　編曲：早川史郎）
　4分の2拍子、ヘ長調。全28小節。
「特徴」付点8分＋16分音符の連続使用、前打音（前奏）、スタッカート（前奏、擬声語）、レガート指示（中間部）。前奏では「付点8分＋16分音符」にスタッカートが付けられ、中間部では「付点8分＋16分音符」にレガート指示が見られる。
「歌詞」（1）雨だれ、屋根、ブランコ、おうち（2）雨だれ、学校ごっこ、友達。
「擬声語」（1・2）ボッチャン（スタッカート）。

○＜ぼくたちかえる＞（作詞：こわせたまみ、作曲：大中恩）
　4分の2拍子、ニ長調。全15小節。
「特徴」前奏と歌詞部分に「付点8分＋16分音符」の連続使用、前打音（最終小節）、スタッカート（前奏、擬声語）、レガート指示（前奏、三連符、最終小節）。

「歌詞」（1）雨、蛙、水たまり（2）蛙、雨の粒（3）雨、蛙。
「擬声語」（1）ちゃぷちゃぷ、ぴょんぴょん（2）ぴんぴん、ぴったんたん（3）けろけろ、ころころころ（1～3番：擬声語の前半は三連符、後半はスタッカート）。

　上記五曲の共通点はスタッカートが擬声語とともに用いられているところである。五曲の内、＜雨のてん・てん＞以外の四曲ではレガート指示の合間にスタッカート部分が挟まれている。これらは「雨」はレガート（線）で表わされつつも、具体的な雨粒や滴はスタッカート（点）で示されている好例と言えるだろう。
　今回、スタッカートとレガートの効果的な用い方と、擬声語がスタッカートとともにリズミカルに用いられているところが「雨」の童謡（こどものうた）の一つの音楽的な特徴になっているということを理解することができた。またとくに『ろばの会』のメンバーが作曲した曲において、前奏は単なる導入、後奏は締め括りという役を果たすだけでなく、前奏や後奏にも音楽的な意匠が施されていることに気付かされた。

6）おわりに

　本稿では「雨」の文字をタイトルにもつ曲だけでなく、「雨」とじかに関連するタイトルをもつ曲（蛙、傘、長靴、虹）の中で、歌詞に「雨」があるものも対象にした。
　一方、今回は「曲目一覧」（50曲）に入れていないが、タイトルに「雨」の文字はなくても、そのタイトルと関連して、歌詞に「雨」が出て来るものに以下の曲がある。

＜あじさいてまり＞（作詞：小林純一、作曲：中田喜直、編曲：早川史郎）
＜おてんきじどうはんばいき＞（作詞：桑原永江、作曲：福田和禾子）
＜てろうかふろうかかくもろうか＞（作詞：宮田滋子、作曲：渡辺岳夫）
＜ニャニュニョのてんきよほう＞（作詞：小里恵子、作曲：宇野誠一郎、編曲：早川史郎）
＜はやくてんきになあれ＞（作詞：井出隆夫、作曲：福田和禾子）
＜ぱらぱらおちる＞（作詞：中田羽後、作曲：不詳）（注39）。
＜ふしぎな花＞（作詞：中山千夏、作曲：宇野誠一郎、編曲：早川史郎）（注40）。
＜南の島のハメハメハ大王＞（作詞：伊藤アキラ、作曲：森田公一）

　さらに「雨」の文字はタイトルにも歌詞にも見られないが、明らかに雨のことを指す「レイン」と「夕立」をもつものに次の曲がある。

＜レインマン＞（作詞：井出隆夫、作曲：福田和禾子、編曲：早川史郎）。＜ゆうだちせんたくや＞（作詞：まどみちお、作曲：服部公一、編曲：早川史郎）（注41）。

　本稿では手元にある童謡や子どもの歌の曲集から、「雨」をタイトルにした曲と「雨」とじかに関連する題材をもつ曲（その中でもとくに「雨」の文字を歌詞にもつもの）を拾い上げたが、かなりの数に上った。この中には一般的にあまり知られてないものも含まれていたが、「雨」とそれに関連する題材を扱った童謡やこどものうたは当然、これ以外にもあると思われる。「雨」の文字はタイトルにないが、明らかに「雨」と関連するもの、たとえば今回採り上げなかった「嵐」、「おたまじゃくし」、「かたつむり（でんでんむし）」、「雷」、「雲」、「水たまり」、「てるてる坊主」等を題材にした夏の季節の童謡やこどものうたは少なくない（注42）。本稿の筆者は今後、このような題材の曲も視野に入れて、この研究を続けるつもりである（注43）。

　また今回、年代的な比較が殆ど出来なかったので、今後の課題としては、戦前と戦後、または大正期と昭和期における童謡と《こどものうた》の比較や、さらに今回採り上げた「雨」と雨に関連する生物や事物、自然現象等を題材にした子ども向けの歌から、年少者のみならず、青少年や成人にも人気のあるフォークソングや歌謡曲等へと視点を広げてゆきたい。また何よりも、今回の研究を大学や大学院の担当授業において生かしてゆく予定である（注44）。

注

1）本稿の締切日は当初6月27日、次に7月25日、その次に9月30日となり、さらに延長された。本稿を書き始めた後に各地で台風による水害があった。亡くなられた方々のご冥福を祈ると共に被災された方々には心より声援をお送りする（2016年9月末日）。

2）拙稿「季節の童謡・唱歌～雨を題材にした音楽～」『CROSS TALK』第4巻第1号、44～54頁（芸術メディア研究会）2014年（刊行2015年）。

3）たとえば中田喜直が作曲した＜小さい秋みつけた＞（作詞：サトウハチロー）や＜めだかの学校＞（作詞：茶木滋）、大中恩（おおなかめぐみ）が作曲した＜サッちゃん＞（作詞：阪田寛夫）、＜ドロップスのうた＞（作詞：まどみちお）等である。尚、芥川也寸志（1925～89）や団伊久磨（1924～2001）等も同様の趣旨で《こどものうた》を作曲している。現在でもよく歌われ、親しまれている《こどものうた》は1960年代に作られたものが多い。

4）上笙一郎：編『日本童謡事典』東京堂出版、2005年、429～430頁、参照。

5）大中寅二（1896～1982）は同志社大学卒業後、作曲家の山田耕作に師事した。中田章（1886～1931）は東京音楽学校の教員であった（上笙一郎：編『日本童謡事典』東京堂出版、2005年、63～64、284～286頁、参照）。

6）佐藤義美（さとうよしみ）は＜いぬのおまわりさん＞（作曲：服部公一）と＜アイスクリームのうた＞（作曲：大中恩）の作詞家としても知られている。

7）「雨」を題材にしたこどものうた＜雨だれ＞を中田喜直と組んで歌詞を書いた小林純一（1911～82）も北原白秋の弟子の一人である。

8）繰り返しは小節数に含まない。

9）「特徴」は音楽的特徴を示す。「歌詞」（1）「擬声語」（1）はその曲の第1番、（2）はその曲の第2番を示す。「歌詞」では主に単語をあげている。「擬声語」（擬音語、擬態語、オノマトペ）とは、自然現象の音にまねて作った語のことである。

10）「単独使用」とは「付点8分音符＋16分音符」が連続して用いられていないということである。

11）本稿の「参考資料（楽譜）」参照。今回は歌にある時点で雨が上がっていても、タイトルや歌詞に「雨」の文字があるものは対象にしている。そこには＜かえるのあまがさ＞のような曲も含まれる。

12）＜城ケ島の雨＞（作詞：北原白秋、作曲：梁田貞）は前回の論考で採り上げた五曲の内の一曲であるが、童謡というよりは日本の愛唱歌といえるので、今回はこの「曲目一覧」（50曲）に入れていない。

13）「曲目一覧」（50曲）は基本的に曲のタイトル「雨だれ」「雨」「それ以外の雨」、「かえる」「かさ」「ながぐつ」「にじ」等、項目別の五十音順に並べてある。

14）たとえば「編曲：早川史郎」とあるものは、早川史郎氏の編曲譜を参考にしている。尚、編曲者や編集者（出版社）等によって、伴奏形態、調性、スタッカート、レガート等の表記が異なる場合も多少みられる。またコードネーム付きスコアでは、当然、演奏者によって伴奏形態が異なることになる。

15）＜雨＞（作詞：北原白秋、作曲：弘田龍太郎）と＜あめ（雨）＞（作詞：杉山米子、作曲：小松耕輔）（出版社によってタイトルが平仮名で書かれているものと漢字のものがある）は異なる曲である。尚、＜雨＞（作詞：北原白秋）は弘田龍太郎の他に成田為三が作曲したものもあるが、一般的には弘田龍太郎の曲の方が知られている。

16）＜雨の公園＞（作詞：花岡恵、作曲：不詳、編曲：岡部栄彦）は小学校音楽教科書『小学生の音楽4』（教育芸術社、2012）の「リコーダーをふこう」（13ページ）に掲載された曲（歌詞付き）である。これ以外に教育芸術社の音楽教科書では＜雨あがり＞（作曲：佐井孝彰）（歌詞なし）『小学生の音楽3』（20ページ、2012）と＜雨のうた＞（作曲：鹿谷美緒子）（歌詞なし）『小学生の音楽6』（24ページ、2015）が掲載されている。また教育出版社の小学校音楽教科書『音楽のおくりもの3』（2015）では「世界の歌めぐり」（45ページ）に＜マンガニ、雨とおどろう＞（作詞・編曲：坪能由紀子、曲：アフリカ南部地方）（歌詞付き）が掲載されている。

17）作詞家：新沢としひこ（1963～）および作曲家：中川ひろたか（1954～）ペアの曲に関しては、簡易伴奏譜と本格伴奏譜が掲載されている楽譜（クレヨンハウス）もあるが、本稿では簡易伴奏譜を参照している。

18）＜あめふり＞（作詞：柴野民三、作曲：宇賀神光利）と＜アメフリ＞（作詞：北原白秋、作曲：中山晋平）は異なる曲である。尚、＜アメフリ＞（作詞：北原白秋、作曲：中山晋平）の本来のタイトルは片仮名であるが、出版社によっては＜あめふり＞と平仮名で書かれている楽譜もある。

19）＜雨降りお月さん＞（作詞：野口雨情、作曲：中山晋平）のタイトルも出版社によっては＜雨降りお月＞になっている楽譜もある。発表当時は＜雨降りお月さん＞であったが、その後、

レコードのタイトルや楽譜は＜雨降りお月＞になったという（上笙一郎：編『日本童謡事典』東京堂出版、2005年、28～29頁、参照）。
20）「ながぐつ」のタイトルをもつ曲は他にもあるが（作詞：筒井敬介、作曲：宇野誠一郎、編曲：早川史郎）、こちらの曲は歌詞に「雨」の文字が出てこないため、今回、この「曲目一覧」（50曲）には載せていない。
21）二曲の＜にじ＞の他に＜虹＞（文部省唱歌）もあるが、歌詞に「雨」の文字が出てこないため、今回、「曲目一覧」（50曲）には載せていない。
22）＜なんなんなが雨＞（作詞：サトウハチロー、作曲：宇賀神光利）（4分の2拍子、イ短調）はイ短調の和音で始まるが、終止音はト長調の和音である。但し、歌のメロディーラインではドレミファソラシドの音階中、ファとシが用いられておらず、「ヨ・ナ抜き音階（四度と七度抜き）」とも言える。さらに歌詞の特徴として、「な」で始まる言葉が次々に並べられている。尚、日本のわらべ唄や民謡は多く「ヨ・ナ抜き音階（五音音階）」で作られており、明治・大正期には、この音階を用いた唱歌や童謡も作られていたという（上笙一郎：編『日本童謡事典』東京堂出版、2005年、420～421頁、参照）。
23）＜あかいかさ＞（作詞：鶴見正夫、作曲：中田喜直）（4分の4拍子、ハ長調）も伴奏を含めるとハ長調の音階で出来ているが、歌のメロディーにはファとシが含まれず、「ヨ・ナ抜き音階（五音音階）」で作られていると言えよう。尚、＜あかいかさ＞も＜なんなんなが雨＞と同じくト長調の和音で終わっており、また＜あかいかさ＞の歌詞部分の一小節（第10小節）のみ4分の2拍子で書かれている。
24）近年の傾向として、ポピュラー音楽には4分の4拍子が用いられることが多い。
25）＜雨のシロフォン（雨つぶワルツ）＞（作詞：新沢としひこ、作曲：中川ひろたか）では「付点8分音符＋16分音符」の連続使用は歌詞部分に1箇所のみで、次の小節に続いて1つずつ配置されている（第5～6小節）。
26）＜にじ＞（作詞：新沢としひこ、作曲：中川ひろたか）を指す。
27）＜雨だれ＞（作詞：小林純一、作曲：中田喜直）では、前奏の冒頭のメロディーにのみ「付点8分＋16分音符」が認められるが、これはショパンの＜雨だれ＞のメロディーの借用であり、この2小節のみ4分の4拍子で書かれている（注37参照）。
28）ここで「歌詞」とは歌詞部分のメロディー（右手パート）を示す。「伴奏」は歌詞部分の左手パートと前奏および後奏の両手パートを示す。
29）＜雨だれ＞（作詞：小林純一、作曲：中田喜直）では歌詞部分の歌詞のない右手パートにスタッカートが記されている。
30）＜雨のてん・てん＞（作詞：福田三月子、作曲：中村勝彦）は歌詞付きメロディー譜（コードネーム付き）を参考にしている。
31）＜雨ふり水族館＞（作詞：新沢としひこ、作曲：中川ひろたか）のように全体的にレガート風の曲でも、楽譜にレガートの指示がないものはここには含まれていない。
32）＜にじ＞（作詞：まどみちお、作曲：くらかけ昭二）を指す。尚、この曲は歌詞付きメロディー譜（コードネーム付き）を参考にしている。
33）＜だんご3兄弟＞（作詞：佐藤雅彦・内野真澄、作曲：内野真澄・堀江由郎、編曲：堀江由郎）のように短調（ハ短調）の歌でも、こどものみならず大人たちにも親しまれ、全国的にヒットした曲もないことはない。

34) ＜あめふりくまのこ＞（作詞：鶴見正夫、作曲：湯山昭）の楽譜には「やさしくはなしかけるように」という表示がある。
35) ここにあげた五曲の内、二曲は『ろばの会』の創設メンバー、大中恩と中田喜直がそれぞれ作曲した曲である。
36) 「Moderato」とは音楽用語で、「中ぐらいの速度」を示す。
37) この曲の前奏２小節はフレデリック・フランソワ・ショパン（1810～49）のピアノ曲＜雨だれ Raindrop＞の一部を編曲したものである。ショパンの《24 の前奏曲》（作品二八）第 15 曲＜雨だれ＞（4 分の 4 拍子、変ニ長調）は同音連打が特徴的である。《24 の前奏曲》（1836～39）の各曲が書かれた時期には諸説があるが、雨の多いスペイン領マジョルカ島に滞在した前後に書かれたと推測されている。＜雨だれ＞というタイトルは作曲者自身が付けたものではなく、一貫して繰り返されるリズムから、こう呼ばれるようになったという（石井宏：ＣＤ解説「作品の背景」『ショパン：ピアノ作品全集』54～56 頁、参照。河上徹太郎：著『ショパン』音楽之友社、1962 年、143 頁、参照。野村光一：執筆「ショパン」『名曲解説全集11』音楽之友社、1962 年、122 頁、参照）。またショパンを敬愛していた中田喜直が作曲した＜雪の降る町を＞（1951）（作詞：内村直也）の冒頭のメロディーがショパンの《幻想》（作品四八）の冒頭のメロディーに似ていることが指摘されている（長田暁二：著『日本の愛唱歌』ヤマハミュージックメディア、2006 年、279 頁、参照）。
38) p（ピアノ）は「弱く」、pp（ピアニシモ）は「さらに弱く」を意味する。
39) 作曲者：不詳、あるいは不明の場合、曲は外国曲の可能性がある。
40) ＜ふしぎな花＞（作詞：中山千夏、作曲：宇野誠一郎、編曲：早川史郎）はタイトルに「雨」の文字は含まれないが、歌詞に「雨」を含み、「傘」を想起させる歌（一種のなぞなぞ）である。
41) ＜レインマン＞（作詞：井出隆夫、作曲：福田和禾子、編曲：早川史郎）の「レイン」は明らかに「雨」を意味しているが、今回は「曲目一覧」（50 曲）に載せていない。またフランツ・リスト（1811～86）のピアノ曲に《巡礼の年報・第一年：スイス》第 5 曲＜夕立 Orage＞（＜嵐＞という和訳もある）という作品がある。
42) 現在、出版されている童謡曲集や子どものため歌の曲集では、タイトルの五十音順に掲載されているものもあるが、幼稚園の行事や四季の順に並べられているものもあり、その場合に「雨」とそれに関連する題材をもつ曲は「夏の歌」に分類されていることが多い。
43) 『尋常小学唱歌』（1911～14）には唱歌＜雨＞と＜四季の雨＞が含まれる。
44) 担当授業とは主に音楽表現・児童音楽・音楽の世界・卒業研究である。尚、本稿は大妻女子大学における研究調査の成果の一つである。

参考文献（図書）

・荒木紫乃　編著『音・音楽の表現力をさぐる。保育園・幼稚園から小学校へ』文化書房博文社、2003 年。
・石桁真礼生　他　著『新装版：楽典。理論と実習』音楽之友社、1965 年。
・井上和男　編『クラシック音楽作品名辞典。改訂版』三省堂、2001 年。
・桶谷弘美　他　著『音楽表現の理論と実際』音楽之友社、1997 年。
・長田暁二　著『日本の愛唱歌。1000 字でわかる名曲ものがたり』ヤマハミュージックメディア、2006 年。
・金澤庄三郎　編『新版：広辞林』三省堂、1958 年。

・金田一春彦　著『童謡・唱歌の世界』講談社、2015 年。
・上笙一郎　著『童謡のふるさと』理論社、1975 年。
・上笙一郎　編『日本童謡事典』東京堂出版、2005 年。
・河上徹太郎　著『ショパン（大音楽家・人と作品 7）』音楽之友社、1962 年。
・神原雅之・鈴木恵津子　監修・編著『幼児のための音楽教育（幼稚園教諭・保育士養成課程）』教育芸術社、2010 年。
・小島美子　著『日本童謡音楽史』第一書房、2004 年。
・佐野靖　著『心に響く童謡・唱歌〜世代をつなぐメッセージ〜』東洋館出版社、2000 年。
・周東美財　著『童謡の近代〜メディアの変容と子ども文化〜』岩波書店、2015 年。
・高橋道和　編『小学校学習指導要領解説：音楽編』文部科学省、2008 年。
・西尾実　他　編『岩波国語辞典：第三版』岩波書店、1963 年。
・畑中圭一　著『日本の童謡〜誕生から九〇年の歩み〜』平凡社、2007 年。
・堀内敬三　編『名曲解説全集 11：独奏曲＜中＞（野村光一　他　執筆）』音楽之友社、1962 年。
・南曜子・今村方子・今川恭子　著『心を育む子どもの歌（幼稚園／保育園／小学校／幼稚園教諭・保育士・小学校教諭養成課程）』教育芸術社、2005 年。
・南曜子・今村方子・今川恭子　著『2 訂版：心を育む子どもの歌（幼稚園／保育園／小学校／幼稚園教諭・保育士・小学校教諭養成課程）』教育芸術社、2014 年。
・本廣明美・加藤照恵　共編『幼稚園・保育園のうた。ピアノ伴奏曲集』ドレミ楽譜出版社、2010 年。
・谷田貝公昭　監修『実践保育内容シリーズ⑤音楽表現』一藝社、2014 年。
・山田忠雄　他　編『新明解国語辞典：第五版』三省堂、2000 年。
・吉野幸男　著（代表）『あたらしい音楽表現〜幼児音楽教育の基礎〜』音楽之友社、1966 年。
・文部科学省　告示『保育所保育指針＜平成 20 年告示＞』フレーベル館、2008 年。
・文部科学省　告示『幼稚園教育要領＜平成 20 年告示＞』フレーベル館、2008 年。

参考資料（楽譜）

・伊東結実子　編『たのしいこどものうた 600 選（メロディ譜とコードネーム付き）』自由現代社、2013 年。
・伊藤嘉子・早川史郎　他　編『保育の四季・歌のカレンダー』エー・ティー・エヌ、1998 年。
・岩間建亜　編『NEW 絵本ソングブック：ＳＯＮＧ』クレヨンハウス、1999 年（絵：五味太郎、詞：新沢としひこ、曲：中川ひろたか、編曲：上田浩司・増田裕子）。
・岩間建亜　編『NEW 絵本ソングブック 2：チャンス』クレヨンハウス、2000 年（絵：五味太郎、詞：新沢としひこ、曲：中川ひろたか、編曲：上田浩司・増田裕子）。
・岩間建亜　編『NEW 絵本ソングブック 3：ウォーク』クレヨンハウス、2001 年（絵：五味太郎、詞：新沢としひこ、曲：中川ひろたか、編曲：上田浩司・増田裕子）。
・岩間建亜　編『絵本ソングブック〜音楽広場〜 2：ぼくたちのうた』クレヨンハウス、1990 年（絵：五味太郎、詞：新沢としひこ、曲：中川ひろたか、編曲：クニ河内、ピアノ譜：増田裕子）。
・岩間建亜　編『絵本ソングブック〜音楽広場〜 3：パレード』クレヨンハウス、1990 年（絵：五味太郎、詞：新沢としひこ、曲：中川ひろたか、編曲：クニ河内、ピアノ譜：増田裕子）。
・岩間建亜　編『絵本ソングブック〜音楽広場〜 5：あしたがすき』クレヨンハウス、1992 年（絵：五味太郎、詞：新沢としひこ、曲：中川ひろたか、編曲：クニ河内、ピアノ譜：増田裕子）。
・岩間建亜　編『絵本ソングブック〜音楽広場〜 7：ポケットに歌をつめて』クレヨンハウス、1994 年（絵：五味太郎、詞：新沢としひこ、曲：中川ひろたか、編曲：クニ河内、ピアノ譜：増田裕子）。
・小原光一　他　監修『小学生の音楽 3・4』教育芸術社、2012 年。
・小原光一　他　監修『小学生の音楽 6』教育芸術社、2015 年。

・片岡博久　発行『こどものための新装・名歌曲200選（ピアノ伴奏付）』ケイ・エム・ピー、2015年。
・小林美実　編『保育実用書シリーズ：こどものうた200』チャイルド本社、1975年。
・清水麻美　構成『決定版：こどもの四季スペシャル』デプロ、2004年。
・鈴木恵津子・富田英也　監修『改訂：ポケットいっぱいのうた』教育芸術社、2011年。
・徳山茉希子　構成『こどものうたスペシャル』デプロ、2008年。
・新実徳英　監修『音楽のおくりもの3』教育出版社、2015年。
・野村光一　他　執筆・堀内敬三　編『名曲解説全集11』音楽之友社、1962年。
・早川史郎　編『こどもと動物＜そのⅠ＞（現代こどもの歌1000曲シリーズ1）』日音、1976年。
・早川史郎　編『こどもと動物＜そのⅡ＞（現代こどもの歌1000曲シリーズ2）』日音、1976年。
・早川史郎　編『こどもと自然＜そのⅠ＞（現代こどもの歌1000曲シリーズ3）』日音、1976年。
・早川史郎　編『こどもと自然＜そのⅡ＞（現代こどもの歌1000曲シリーズ4）』日音、1976年。
・早川史郎　編『こどもと動物（最新：現代こどもの歌1000曲シリーズ①）』エー・ティー・エヌ、1986年。
・早川史郎　編『こどもと自然（最新：現代こどもの歌1000曲シリーズ②）』エー・ティー・エヌ、1986年。
・早川史郎　編『幼児の四季：春夏の歌』エー・ティー・エヌ、1992年。
・早川史郎　編『幼児の四季：秋冬の歌』エー・ティー・エヌ、1992年。
・坂東貴余子　編『改訂版：こどもの歌ベストテン』ドレミ楽譜出版社、2001年。
・松田秀人　発行『かわいいピアノ：おかあさんとうたいた〜い！』ミュージックランド、2011年。
・F. F. Chopin, COMPLETE WORKS I, PRELUDES, ed. I. J. Paderewski, National Printing Works, 1979.
・F. F. Chopin, COMPLETE WORKS XI, FANTASIA, BERCEUSE, BARCAROLLE, ed. I. J. Paderewski, National Printing Works, 1978.

参考資料（CD）

・『うたいつがれる童謡100』COLUMBIA（COCX35864〜67）。
・『抒情歌・愛唱歌のすべて』King Record（KICX2335〜6）。
・『どうぶつのうたベスト』ビクターエンターテインメント（VICG-41291〜92）。
・『日本抒情歌集：郡愛子』ビクターエンターテインメント（VZCC-1003）。
・『ショパン：ピアノ作品全集（解説：石井宏・岡崎玲子他）』ポリドール（POCL-2736/50）

「Composition: Horizontal Half / 水平構図」

相田アキラ

制作における表現について

　「Composition: Horizontal Half / 水平構図」は、全てのプレートにおいて海と空をモチーフとしながら、常に構図を一定に保つことに主眼をおいたシリーズ作品である。全ての作品の構図は、上下を均等に分割し、水平線を中心に設定した。海と空で構成されるシチュエーションと、それらの構図が一定になっていることで、シリーズとしての関係性を保持している。

　このシリーズ作品の制作にあたっては、ドイツ人作家であるベルント・ベッヒャー（Bernd BECHER, 1931-2007）と、妻のヒラ（Hilla BECHER, 1934-2015）が、1950年代の後半から共同で制作、展開した「タイポロジー」の考え方に基づいている。

　ベッヒャー夫妻が制作した作品には、給水塔や溶鉱炉、家畜のえさを蓄えるサイロなどの産業用建造物、あるいはドイツ独自の建築等をモチーフにしている。そして、それらの建造物を、脚色無く、至ってシンプルに撮影したプリントを並べることで作品として成立させている。一枚一枚は、何の変哲も無い単なる建造物を撮影した写真であるが、用途が定まっている様々な種類の造形が並べられることで、興味深い表現となっていることで注目を集めてきた。

　この表現が人々を魅了する理由については、現在でも様々な見解が示されている。その議論について決定的な答えは示されていないが、今なお注目を集める表現であることは、間違いはない。一つの考え方として、タイポロジーの表現については、人々が類似した物を収集、あるいは展示することへのこだわりに関係しているのではないかということを示しておきたい。その具体的な例として、昆虫採集において採集した個体をグリッド上に並べる標本箱や、細かい細工をほどこした食器を並べる食器棚などが、人々を魅了することと関係していることを否定することはできない。

　写真表現において、複数枚の写真をシリーズで展開していく手法は少なくない。むしろ、写真においてはシリーズで表現することが一般的であると言える。

　さらに言い換えれば、写真表現においては、必然的にシリーズで表現す

ることで、絵画とは違う独自の表現を積み重ねて来た。そのような状況の中で、タイポロジーの表現もベッヒャー夫妻により生み出された。

　この作品においても、定められた構図や青系の色調を全てのプレートで表現することでシリーズとしての作品が展開されている。さらに、それぞれのプレートを独特の関係性でつないでいることから、タイポロジーの効果を利用していることが確認できる。

　タイポロジーの理論を積み重ねていく為には、この理論による作品を制作することが一つの方法論となるであろう。それは作品制作が、この表現を検証していくのに役立つ可能性が否定できないからだ。今後についても引き続き人々が持つ類似性への探求とタイポロジーの関係について、作品制作を通して様々な事例をもとに示しながら展開していくことを目指す。

アーティストステートメント

　日の出前、真夜中の波打ち際に三脚をセットし、カメラを据えて撮影の時を待つ。波と風の音しか聞こえない孤独な時間、特にこの時間帯が満潮時と重なると、真っ黒な海に恐怖さえ感じる程である。しかし、かすかな光を頼りに、ピントグラスをルーペでのぞきながら構図を決めていると、この恐怖心もどこかに吹き飛んでしまう。やがてかすかに東の空が明るくなるとき、撮影は始まる。

　この作品は、一瞬を捉えるのではなく、長時間の露光をすることにより夜から朝に変わる海と空の変化を一枚の写真に凝縮したいと考えた。長時間露光することで、動的な波は打ち消され、静かな水面となる。そして、空や海の織りなす微妙な青色表現と、太陽の光を受けた雲などが生み出す自然な形の美しさに注目し、こだわりを持って撮影した。

　当初より８×１０インチカメラを使用し、カラーネガーフィルムに露光、自家現像処理を行っている。このシリーズを始めた頃には、ダースト社製の１０×１０インチの大型引き伸ばし機を使用し焼き付け処理をしていた。しかし、現在では、カラーネガをスキャニング後にデータ処理し、このデータを持って、同じくダースト社のラムダやシータで焼き付けしている。さらに、技術の進歩により、保存性を憂慮した場合には、インクジェットでプリントアウトするようになった。

　デジタル時代にあって、フィルムの調達にも苦労する時代になった。

現状は、潤沢とはいえないフィルムを少しずつ放出して撮影している状況だ。
　しかし、どのような時代になっても、この作品にはネガフィルムという今となっては古い媒体が必要だと考える。なぜなら、ネガフィルムの持つラチチュードの広さは、そもそもデジタルとは比較することができないものである。そして、フィルムの持つ恐ろしい程の情報量の中には、撮影した際の風景だけではなく、空気感、あるいは大気といったアトモスフィアまで写し込まれているように感じるから。

（相田アキラ）

相田アキラ：「Horizontal Half / 水平構図」

#1

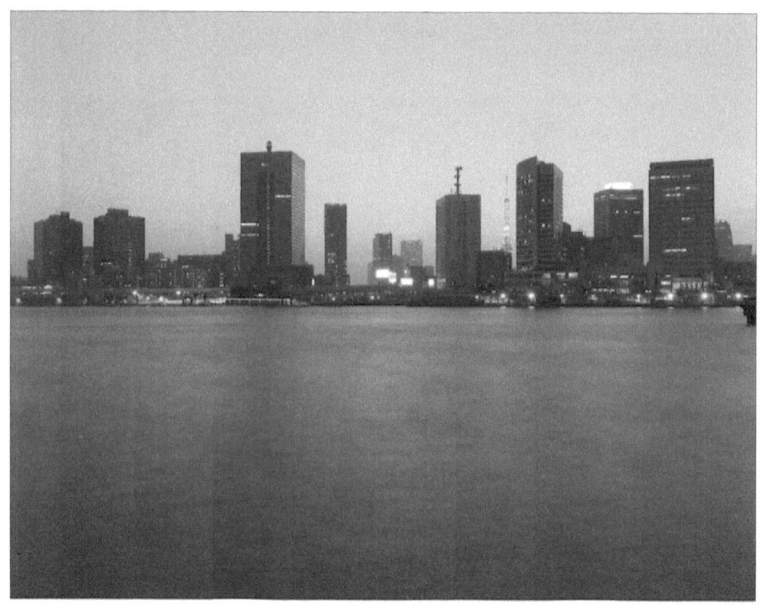

#2

#3

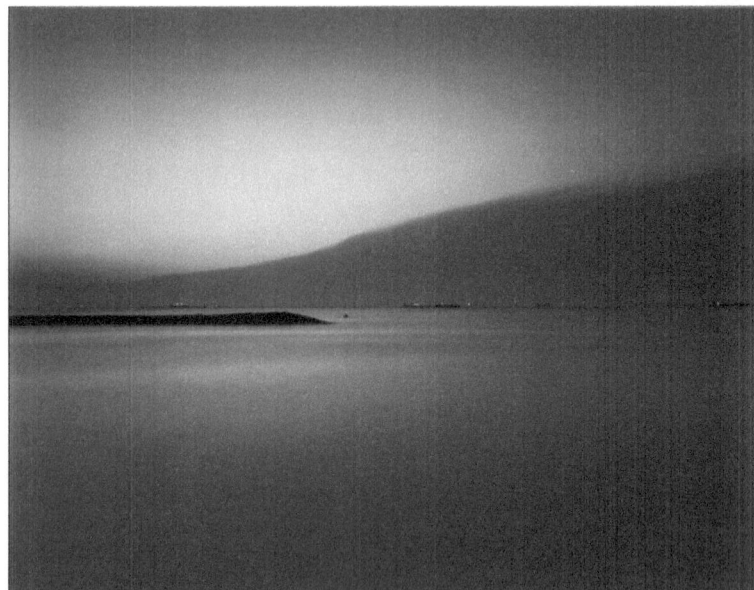

#4

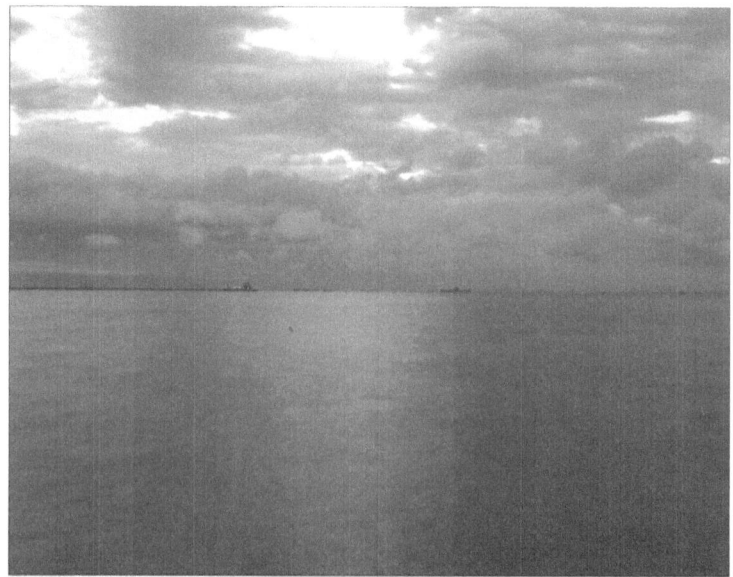

#5

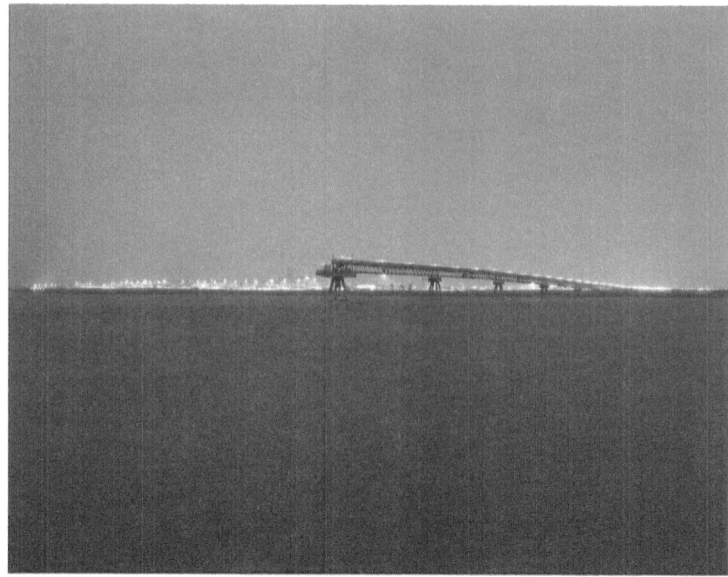

「汝の傷を見せよ―パフォーマンスアーティストと傷跡」

北山聖子

『汝の傷を見せよ』はヨーゼフ・ボイスが1976年にミュンヘン市立レーベンハウス美術館で発表したインスタレーション作品のタイトルである。命令的な口調で相手の傷を見せるように指示するそのタイトルはキリスト教の聖書の言葉が引用されているのだと分かる。有名なものでは「汝の隣人を愛せよ」や「汝の敵を愛せよ」などがあり、これはキリスト教世界における道徳の教義として理解出来る。しかし「汝の傷を見せよ」とは？何のために、なぜ、あなたにわたしの傷を見せねばならないのか。

その作品がどのようなインスタレーションかというと、黒板に書かれた「zeige deine Wunde（汝の傷を見せよ）」と病院用遺体搬送ベッド、スカーフを巻いた鋤が床の鉄板に白い円弧を描き、イタリア紙「ラ・ロッタ・コンティヌア（闘いは続く）」、長い柄のついた掘削用農具、脂肪を詰めた箱と脂肪の上には体温計と試験管、試験管の中のツグミの頭蓋骨などがツインで置かれているというものである。前田富士夫の解説によると農具は「労働」、黒板は「教育」「学習」、スカーフを巻かれた鋤が描く円弧は「世界創造」を、スカーフは「女性」「家庭」を、イタリア紙は「闘争」を、遺体搬送用ベッドは「死」や「暴力」を示し、全てのオブジェがツインであることで「連帯」と「愛」を示しているという。菅原教夫は（『ボイスからはじまる』（2004年、五柳＊ギョウ書）で、このインスタレーションは労働、家庭、闘争、愛といった生の基本的営み、それが行き着く果ての死を示すことで、ボイスの世界観が集約したインスタレーションであり、さらには「汝の傷をみせよ」という命令的な口調によって人間と世界のトラウマ的関係が示されていると述べている。ボイスはクリミア半島での墜落による瀕死の状態からの帰還や自身の不幸な幼児体験を示す「冷やす」ための氷や、その傷を「癒す」ために「温める」効果を重視するフェルトやウサギ、コヨーテを使用した彫刻やパフォーマンスを展開していることから、ボイスの作品は生涯を通じて自身の癒しがたい傷との格闘だとも言える。

さて、ここで自身の傷跡を表現している日本のアーティストのパフォーマンスに触れたい。ボイスの作品は有名だが、わたしは実際パフォーマンス作品を見たことはない。やはり実際にその場に身を置き見たものからではなくては、言葉は紡げない。まず倉田めばのパフォーマンスに触れたい。倉田めばはトランスジェンダーであり、また薬物依存回復リハビリ施設大阪ダルク、ダルクの外郭団体Freedomの代表でもある。自身も薬物依存の体験から多くの薬物依存者とその家族の支援をしている。パフォーマンスでは、「男？女？嘘でも良いよ。」というフリップを持ち、1人の観客に

問いかけるという作品を展開した。観客は「女」と答え、倉田はプラスチックカップに黒い目を描き床に置く。黒い目が観客を見つめる。また次の観客に問いかける。「What do you think of me Man or Woman？（You may be told a lie）」観客は「Woman」と答え、また黒い目を描く。「女」「Woman」「Woman」「女」「女」と答えが続き観客を見つめる黒い目は増え続ける。「今日は素直な人ばかりやね。」と倉田は呟き、次は赤い目をカップに描きはじめる。「男」「Same」という答えが出ると微笑む。一連の行為が終わると、黒い目のカップと赤い目のカップを重ね合わせて、パフォーマンスが終わる。（写真１）次に犬飼美也妃のパフォーマンスを紹介したい。犬飼もまた、障害者施設「出会いのひろば」において心身に障害を持つ人たちにＡＲＴによる支援を行っている。犬飼はパフォーマンスに自身の不妊治療の記憶を登場させる。上半身の洋服を脱ぐと、胸部とお腹には粘着テープが貼られている。自身の髪をハサミで切り、パラパラと胸とお腹に落とし、毛が張り付いてゆき胸とお腹は男性のようになる。鞄から折り畳み傘を取り出すと、両手で大きく振りかぶりゆっくりと下へ降ろし、ズボンのチャックの間から出す。ズボンを脱ぎストッキング姿になり１０個パックの卵を一ずつストッキングの中に入れる。ゴム紐のついた傘を手前の椅子に引っかけ、ゴムの力でお腹に向けて飛ばす。なかなか当たらない。当たると卵はグチャッと潰れ、足の先まで卵の黄色いが滴り落ちる。何度も何度も、傘を飛ばし卵が潰れる。一連の行為の後、潰れずに残った卵を出して並べ、5/10と自身の腹に数値を書いてパフォーマンスを終える。（写真２）次に関谷泉は、シングルマザー問題やドヤ街などの日雇い労働者問題に関わってきた人だ。関谷は自分と娘との関係を繰り返し登場させる。「朝起きるともう８時、慌ててスーツに手を通し、ハイヒールに足を入れる。巣から落下した雛がベランダで鳴いている。体から内臓ははみ出し、もう生きられるはずもないのにピーピーピーピー鳴いている。うるさい。娘が今日の学童保育の持ち物に、文句を言うと。思わず頬をひっぱたいてしまった。思い出してみると、そういえば今日は娘の誕生日だった。仕事から帰ってくるとすっかり干からびて雛が死んでいる。ちり取りで雛を広いゴミ箱の中に捨てる。見開いた目だけがランランとわたしを見ている。」カラスの被り物を被り、体中にゴミを張り付けている。細い体を曲げて腕を羽ばたかせると、「カーー！！」と何度も叫び、パフォーマンスを終える。（写真３）北山聖子は通信制の高等学校で精神障害や発達障害の高校生への支援を行っている。北山は女という性に生まれた不条理を登場させる。黒いセーターを着て、一人一人の観客にハサミでセーターを切らせる。外科医の手術のようにセーターの下部分からハサミを入れられる毎に肌が現れ、首元までセーターは切られてゆく。水を口に含み、ゆっくりと吐き出すと、赤い水が筋となって体を這い床に滴ってゆく。全てを吐き出し終えるとパフォーマンスを終える。（写真４）

　なぜ彼女らは自分の傷に自らにじり寄っていくのだろうか。それは忘れてしまいたい記憶ではないのだろう。ミッシェル・フーコーは『自己のテ

クノロジー』の「自己の公開」の中でキリスト教伝統の中での罪の消去と自己の開示についての３つのモデルを示している。１つ目は、医学モデルとして「治るためには傷を見せなければならない」。２つ目は司法審判モデルとして「罪を白状することで裁判官の気持ちを和らげる」。３つ目は拷問や殉教モデルとして「自己開示によって自己破壊あるいは自己放棄し、改悛する。」、この３つである。「治すためには傷を見せなくてはならない」。医者にかかる時にはその怪我なり症状を見せなければその怪我ないし病気は回復することはない。当たり前のことだ。しかしそこには自身の一番に痛みまた疼く箇所もしくは苦しみを治療者に開示するという自己開示の構造がある。ボイスは観客をフェルトのように自身を「温めるもの」と解釈し、自身の傷を癒し力を得るためにパフォーマンスを行った。倉田めばもまた観客との言葉の交わし合いの中で時に癒され時に傷付きその繰り返しの中で、自己の傷と向き合っていると言えるのではないだろうか。また、フーコーの自己開示モデルの３つ目「自己開示によって自己破壊あるいは自己放棄し、改悛する」にも注目したい。自己開示する前の自分（A）と自己開示した自分（B）は違う。開示する内容が重大であればあるほど、AからBにいたる過程で起こった自己破壊ないし自己放棄は大きなものだろう。それによって社会的な意味で「改悛」されるかどうかは置いておくとして、大きな体験であることは間違いない。更にはフロイトによるとトラウマは外傷の因となった場面を夢や幻覚において再現することが、不安を形成しながら傷を克服する方法であるという。すなわち不安やトラウマににじりよってゆくことがトラウマの治療に役立つのだ。犬飼美也妃氏、関谷泉氏、北山もまたトラウマににじりよることによって自身を温めているのかもしれない。

　では「傷」とは、どのように一人の人間の中に存在しているのだろうか。ここではドメスティック・バイオレンスや性犯罪に遭った女性たちへの支援をしているNPO法人「レジリエンス」の講座内容が分かりやすく思うので、例としたい。ある被害者は、普段の生活の中で女友達に「ねぇ...!」と右手をつかまれた瞬間に、手を振りほどいて泣きながら自分の部屋に駆け込みガタガタと恐怖に震え続けた。その時はどうして自分がそのような反応をしてしまうのか理解できなかったそうだが、記憶を手繰っていくと20年前に右手を掴まれた時にひどい暴力を受けていたという。また、ある被害者は首に何かを巻かれる、ある特定の温度の風を顔周辺にあたる、という状況によってトラウマが想起され震えと汗が止まらなくなるそうだ。被害者たちは被害後、些細な日常さえも過ごせなくなる。このように言葉にはならなくとも体が持つ記憶というのは大きい。またふとした時に体から記憶が想起され自分自身でも驚いてしまうこともあるだろう。前述の女性は「自分の被害を右手が覚えていてくれた」と語った。わたしたちパフォーマンスアーティストは皆、取り組んでいる過程でパフォーマンスが変化し自身の意図とは違うものや越えた表現になった経験をしてい

る。それはわたしたちが身体言語、身体の作り出す「行為」を用い身体の記憶(=傷の記憶)を呼び覚ましながらパフォーマンスを行っているからだろう。身体は書物や言葉に表現されていない、「知識」として存在している。身体言語を用いて表現に取り組むことは、言語化する中で見落されるものを拾う作業であるとも言えるのだ。しかし自己開示のみ、がパフォーマンスアーティストの仕事ではない。クロード・レヴィ=ストロースは『野生の思考』の中で、端切れや余り物を使ってその本来の用途とは関係なく、当面の必要性に役立つ道具を作るという、世界各地に見られる人間の知の在り方を「ブリコラージュ(Bricolage)」と呼んだ。この概念に出会った時、わたしはなぜ自分がパフォーマンスアートに惹かれているのか、分かったような気がした。パフォーマンスアーティストたちは、店という森の中に何に使うのかもまだ分からないマテリアルを手に入れる。それをどう使うのかは、直前になるまで決めない。決めたとしてもパフォーマンスの中でマテリアルは常にアーティストによって変化させられる。提示される意味は時間軸と共に変化する。パフォーマンスアーティストたちと演劇、ダンサーたちが大きく違うのはこの点だ。演劇、ダンスにおいて使用する小道具は、あくまで小道具であり公演の中でその意味合いが変化することはない。このブリコラージュを機能させるという点がパフォーマンスアートの独自性と言っても良いだろう。ブリコラージュをする主体をブリコルールと呼ぶ。ブリコルールは古来から発明者、教育者、共同体の守護神として社会を支える人々であった。パフォーマンスアーティストもまたブリコルールとして、現代社会における人間の知を探り人々に示す存在として現れる。パフォーマンスアーティストの多くが、人々や地域を支援する存在として活躍しているのもこのことと関係しているのではと、わたしは考えている。

　最後に、個人―「私」の傷の表現が本当に社会で意味のある表現になるのか？という意見に対し一言述べたい。ありていに言えば、そんな個人的な内容は一人家の中でやっていればいいんじゃないの？もっとアートは崇高なものだし、社会問題を訴えるならもっと大きな問題を訴えた方がいいのでは？という批判だ。しかし、「私の傷」と「社会の傷」がどれほど違うものだというのか。人は社会で生き社会によって無視され殺される。また社会も個人によって活動を増し個人によって深く傷つけられる。個人の傷と社会の傷が共鳴し何かを表現する時、それは力強く普遍性のある表現になるのではないだろうか。日本社会は資本至上主義、物質主義に傾倒する中で多くの物を見失い、多くの物を見捨ててきた。その見捨てた事による負債が大きく表面化してきているのが現在である。経済が成長し多くの人々が利益を享受していた時代においては見捨てられている人々の声は小さく届くものでは無かったが、経済が低迷し強いものの発言が強さを持たなくなった時代弱き者たちの声は聞こえるようになる。社会の中でその声はより強く響くようになる。なぜなら現在の日本人のほぼ全てが弱き者になったからである。ボイスはナチスドイツの敗北後のドイツ人アーティス

トとしてアウシュビッツの状況を作品の中で再現しながら、「現在のアウシュビッツ的状況と戦うこと」が重要だと述べた。ボイスにとって自分の家庭とナチス以降のドイツ社会が、死に至る傷を与えるものであったように、日本社会も人々に死に至る傷を与えるアウシュビッツ的状況とは言えないだろうか。そのような状況にあるからこそ、「私」の傷の表現は力を持つ。弱き者の表現が意味を持つのだ。ボイスが「汝の傷を見せよと」命令的に求めるように、このような時代だからこそ「私」の物語は語られなければならない。傷を見せねばならない。今ほどその物語が強さを持てる時代は無いのだから。自分の身体のみが持つ「傷」の物語を語れ。

写真1

倉田めば、2016　NIPAF/3331 アーツ千代田
撮影：諸見里太志

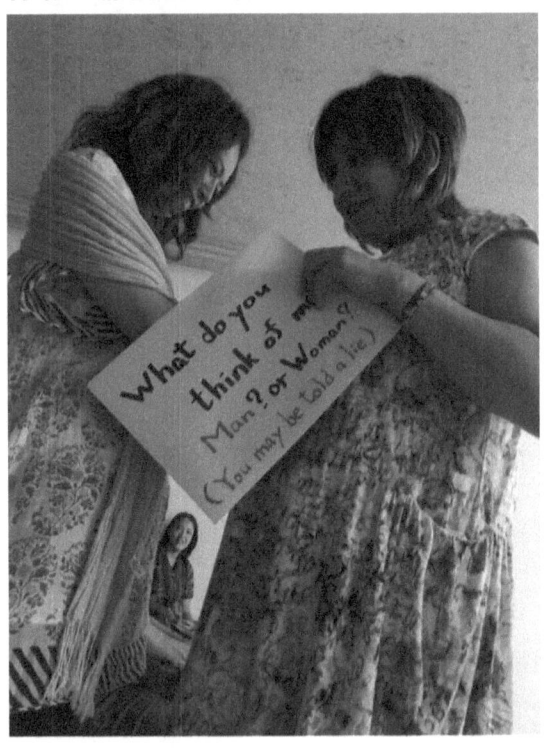

写真2

犬飼美也妃　NIPAF/長野ネオンホール　撮影：町田哲也

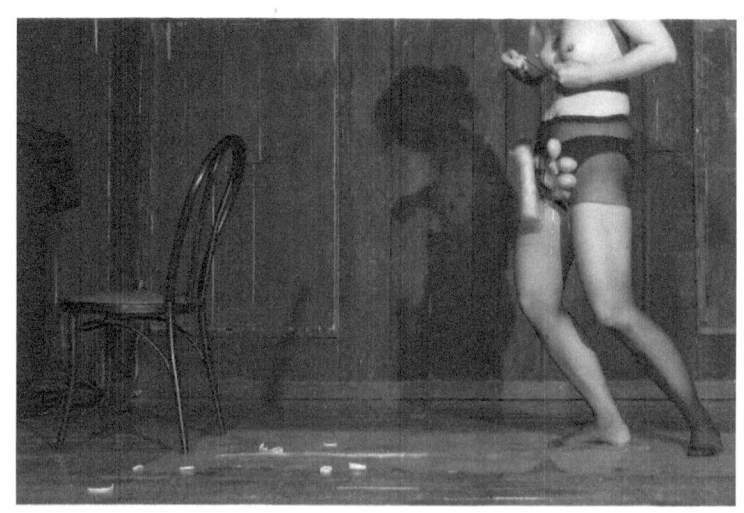

写真3

関谷泉、 2016「地震・アメリカ・貧乏神」
キッドアイラックアートホール 撮影：佐々木健

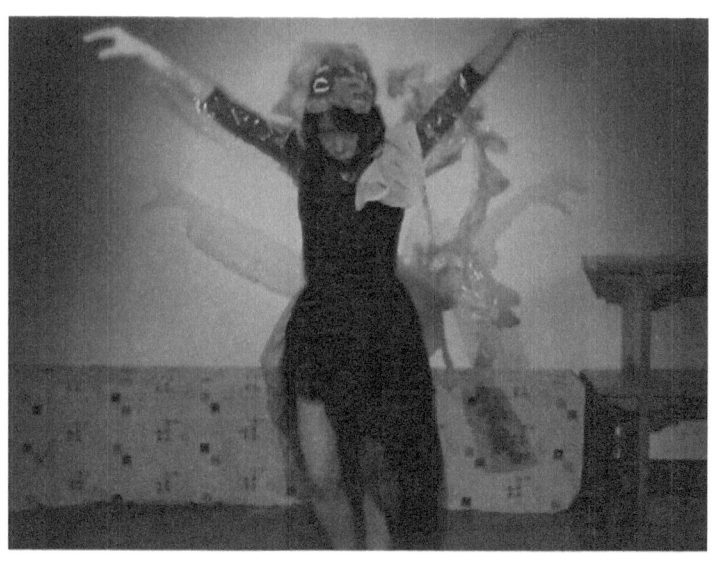

写真4

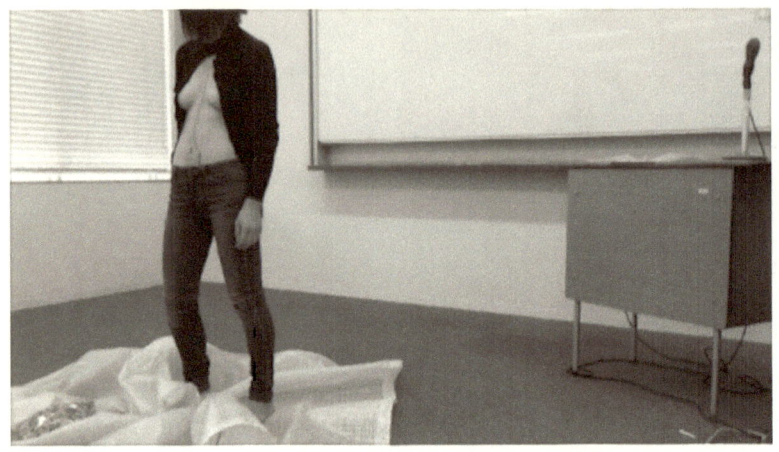

北山聖子 2015 慶応大学教室にて

「現代のダンス」という未知なる領域へ、
あるいは多木浩二へのオマージュ

小森俊明

1. はじめに

　「『ローザス・ダンス・ローザス』でポスト・ミニマル音楽を見事に踊り抜いたローザス。その後バルトーク、リゲティ、バッハ、ベートーヴェン、ウェーベルンに次々に挑戦。最新作『Amor constante Mas Alla de la muerte（死の彼方　永遠の愛）』はスペイン文学史上もっとも奇怪な人物といわれている 17 世紀の詩人フランシスコ・デ・ケベドの同名の詩に想を得て、振付家アンヌ＝テレサ・ドゥ・ケースマイケルと作曲家ティエリー・ドゥ・メイが『ローザス・ダンス・ローザス』以来 12 年振りに共同で創り上げた作品である。個性的でパワーあふれるローザスの 13 人のダンサーが踊り、今ベルギーで最も注目を浴びている先鋭的音楽アンサンブル・イクトゥスの 12 人のプレーヤーがライブで演奏する。」・・・これは、1995年 12 月 9 日に神奈川県民ホールで行われたローザスの公演「AMOR CONSTANTE MAS ALLA DE LA MUERTE（死の彼方　永遠の愛）」のフライヤーに掲げられていた文章である。この中で最も筆者の注意を引いたのは、冒頭に列挙された作曲家の名前である。これら西洋芸術音楽史における巨匠作曲家たちには、作品の構造が数学的であるという共通性がある。当時、現代のダンスを生で観たことのなかったものの、数学的な構造を持った作品に挑戦してきたダンス・カンパニーと知って、ダンスと音楽の時間軸上における密接な関係性がどのように構築されるのか、大いに興味をそそられた。しかも音楽は録音によるものではなく、ライヴ演奏である。そこで筆者は迷わずこの公演を観に行ったのだが、結果的に、現代の代表的なダンス・カンパニーが提示した、現代のダンスが持つ芸術的越境のもたらす刺激的な様相を幸運にも知ったのだった。そして、従前から関心を持っていたほかの芸術領域と同等かそれ以上に、このコンテンポラリーな舞台芸術に関心を持つようになったのである。

　音楽、とりわけ作曲を専門とする筆者は、折りに触れて音楽とは何かというラディカルな問いを発し、考えてきた。それと同じように度々、現代のダンスとは何かというラディカルな問いを発し、考えるようにもなった。それに先立って常に感じてきたのは、ダンスという芸術が音楽以上に持っている、隣接する芸術領域や思想知との深い関係性を考察することの重要性である。本稿では、現代のダンスが先鋭的な舞台芸術として拠って立っている所以の一端を、この観点から思索していきたい。それにあたってまず必要なのは、現代のダンスを定位することであり、これには第 2 章が充てられている。続く第 3 章と第 4 章で、現代のダンスを体現するアンヌ・テレサ・ドゥ・ケースマイケルとローザスによる作品、そして、同じくべ

ルギーの振付家とダンス・カンパニーであるフレデリック・フラマンとシャルルロワ・ダンスによる作品を概観する。そして、以上を踏まえたうえで、第5章で現代のダンスの制作と批評のプロセスを考察する。もとより、この探求は壮大なパースペクティヴと知見を擁するであろうものであり、本稿はその端緒を提示する、一表現者にしてダンスの門外漢による一つのささやかな試論にすぎない。

2. 現代のダンスを定位する

現代における、芸術としてのダンスを代表する潮流の一つがコンテンポラリー・ダンスであるといって良いだろう。この潮流は興味深いことに明確に定義づけられてはいないものの、現代におけるダンスの先鋭性を最も強く体現するものとして受け止められている。20世紀全体を俯瞰してみると、コンテンポラリー・ダンス以外の芸術としてのダンスのジャンル、あるいは様式としては、バレエ、モダン・ダンス、ポスト・モダンダンス等がある。これらのうちバレエに関しては、歴史的に登場した順にロマンティック・バレエ、クラシック・バレエ、モダン・バレエが挙げられ、そのいずれもが現代のバレエのレパートリーにおいて併存している。そして、これら西欧に起源を持つダンス以外で世界的に認知されたジャンル、あるいはスタイルとして、日本で誕生した舞踏がある。以上の種々のダンスのうち、コンテンポラリー・ダンスと舞踏は、今まさに新作が継続的に制作されている「現在進行形」のダンスであるといえる。一方、モダン・ダンス、ロマンティック・バレエ、クラシック・バレエは、音楽におけるクラシックと同様に歴史的に過去のスタイルであり、ポスト・モダンダンスとモダン・バレエは、一般的にコンテンポラリー・ダンスには分類されないものの、「コンテンポラリー」なダンスの一角を占めている。しかし、これら種々の現代における芸術としてのダンスには、例えばファイン・アートとしての現代美術やクラシックの歴史的延長としての現代音楽とは異なり、包括的な呼称が存在しないところに大きな特徴がある。単に現代ダンス、あるいは現代舞踊と呼称すれば事足りるように思えるが、前者の呼称はおよそ定着しているとは言えず、後者の呼称は、日本特有のダンス受容史に基くダンス界の雑種的かつ偏在的な状況を示してしまっている。しかし、歴史的にさまざまな呼称によるダンスのジャンル、あるいは様式が生まれてきているなかで、現代においてもそれらを包括する呼称が存在しないという事態は何も日本に限ったことではなく、ダンスの漸次的な発展過程がよく見て取れるのである。このことは肯定的に捉えたいと考えているが、振付家、あるいはダンサーは、与えられた呼称のもとに作品を制作するわけではないので、識者や観客にどう呼称されるかは大きな問題とはならないであろうことも、一方ではよく理解できる。

他方、現代においては、一般的に了解されているダンスの表現を大きく越境した表現も見られる。例えば、演劇とダンスの双方の要素を合わせ持

つように見えるダムタイプなどがそうであり、こうした例を見るにつけ、表現ジャンルの分類が無意味であると感じる。また、ダンスという表現形態を拠点としつつ、それと演劇的な表現と一体化させたタンツテアターを実践する、ヴッパタール舞踊団のような例も存在する。さらに、ダンスという表現形態にサーカス的なアクロバティックな身体表現を拡張的に取り込んだ、フィリップ・ドゥフクレ（＋カンパニーDCA）のような例も存在するし、逆に、大道芸やサーカスと音楽を組み合わせたヌーヴォー・シルクという比較的新しい表現形態（シルク・ドゥ・ソレイユがそのパイオニアであり、代表的存在として挙げられる）は、ダンスに近い性質を持っていると言える。

　ダンスを含む舞台芸術においては、隣接する芸術領域に属するさまざまな表現が複合的に組み合わされていることが多い。それらのうち、歌舞伎、能、狂言、文楽等の日本の伝統演劇やミュージカルやオペラ、バレエ等は総合芸術と呼ばれることがあるが、この呼称には古めかしさが感じられる。その理由は、当該の舞台芸術様式における各々の芸術表現の間に存在するヒエラルキーを隠蔽しているところに、前民主主義的な社会モデルを想起するからかもしれない。それでも、先述した舞台芸術様式のうち、ミュージカルは歌を中心とする芝居という共通了解が存在する為に、欺瞞性は少ないといえる。それに対して、例えばオペラ、なかんずくグランド・オペラでは、スター歌手が君臨するアリアや、指揮者が統括するオーケストラによる間奏が圧倒的に優位な力を持っており、美術や演劇の要素は影が薄いのが実情である。もちろん、そうした各芸術表現の偏在性やヒエラルキーと舞台芸術様式そのものの価値は否定されるべきものではなく、あくまでも総合芸術という呼称が、オペラなり歌舞伎なりの舞台芸術様式が成立する形式を、適確に言い当てていないということである。こうした観点に立つと、オペラの場合ほどではないが、バレエを総合芸術と呼称することにも疑問を感じないではない。バレエは音楽と密接な関係性を保ちながら展開する芸術ではあるが、まずは、伝統的で確かなテクニックに裏付けられたダンスそのものを表現することに力点が置かれているからである。もし総合芸術という呼称が、真に民主主義的な方法で統合された舞台芸術様式に対して用いられるならば、それに該当する様式は何であろうか。筆者はそれを寡聞にして知らない。作曲家のスティーヴ・ライヒと映像作家のベリル・コロットによって1993年に制作された『ザ・ケイヴ』は、そうした様式に近い作品として挙げることはできる。この作品は、ヴィデオ・シアターとかマルチメディア・シアターなどと呼称されたことがあったが、つまるところ呼称の仕方は大きな問題ではない。オペラにおける大オーケストラの代わりに、ステージ上に座を占めた合計17人という比較的小規模なアンサンブルが、5つのスクリーンに映し出された映像に登場する人物のスピーチのカーヴに沿ってメロディーを演奏する——つまり、スピーチ・メロディーと「ユニゾン」で演奏する——という基本的なスタイルは、ユダヤ人とパレスティナ人の共通のルーツであるイェルサレムに

関する言説がテーマであることも相俟って、言葉の本当の意味における和解と対話をめぐる総合芸術にふさわしい様相を呈していた。この作品はオペラとさえ呼称されることもあったが、1930年頃に既に死んだと見做されていたこの舞台芸術様式の呼称を用いて、総合芸術ほどではなくとも一つの優れた音楽劇として位置付けることは、あながち間違いとも言えないのかもしれない。

　翻って、「現在進行形」のダンスであるコンテンポラリー・ダンスと舞踏は、どのように呼称されるべきであろうか。これらはまだ新しいダンスの様式であるせいか、総合芸術とは呼称されていないようである。少なくとも、コンテンポラリー・ダンスと舞踏は、身体表現をそれぞれの芸術表現におけるヒエラルキーの頂点に置き、隣接する芸術領域をそれに従わせるという、非民主主義的な総合芸術ではない。これら「現在進行形」のダンスは、身体表現を拠点にしつつ、そこから問われるコンセプトや発せられる内的なエネルギーを増幅しようとした結果、隣接する芸術領域や思想知と深い関係性を持つに至っているのである。その関係性の位相には歴史的な舞台芸術形式が持つコードや制約は存在しない代わりに、振付家やダンサー、舞踏家、そして作品によって、実にさまざまな位相が存在する。コンテンポラリー・ダンスと舞踏は表現手法、美学、歴史を異にするが、主に上記の2点の重要な特性が、真にコンテンポラリーかつ先鋭的な舞台芸術である所以の一つであり、その存在理由でさえあるといえるだろう。「現在進行形」のダンスと関係性を築く芸術領域と思想知はさまざまである。その具体的な例を、今回はコンテンポラリー・ダンスに絞り、以下に順を追って見ていきたい。

3. ケースマイケルとローザス——ダンスと音楽、ファッション、フェミニズム、美術、60年代アメリカ文化 etc.

　最初の章で公演フライヤーの文章を掲げた、ローザスの『死の彼方　永遠の愛』（1994）は、この四半世紀の間にダンスの世界で最も注目を浴びてきたこのカンパニーの創立者であり、芸術監督であるアンヌ・テレサ・ドゥ・ケースマイケルの振付による作品である。ケースマイケルは当初、音楽家を志していたこともあって、ダンスと音楽とを如何に関係づけるかについて、常にラディカルに考察してきた。『死の彼方　永遠の愛』では、前章で言及したスティーヴ・ライヒの『ザ・ケイヴ』と同様に、舞台上に座を占めたアンサンブル・イクトゥスが、ダンスの言語と交錯し、立体的なポリフォニーを作り上げていた。その音響は作品そのものが持つ強度と相俟って現前性に満ちており、ダンスが喚起する詩的なイマジネーションを増幅させていた。この作品を観ていて連想したのはルチアーノ・ベリオの音楽である。ベリオは声の表現を拡張した作曲家であると同時に、パフォーマティヴで現前性に満ちた作品を書いた作曲家である。この作品で

は、公演フライヤーに掲げられていた歴史上の作曲家たちの作品に見られるような、数学的構築性をそなえた音楽作品が使用されていたわけではなかった。しかし、詩的言語と呼ぶにふさわしいダンスと音楽によるポリフォニーが醸し出す美しさには、忘れ難いものがあった。

　『死の彼方 永遠の愛』に先立つ作品であり、『Hoppla !』というタイトルのもとに映像化もされた『ミクロコスモス』（1989）は、『アクターランド』（1990）とともに、ダンスと音楽の緊密な関係性においてローザスの代表的な作品とされている。『ミクロコスモス』、あるいは『Hoppla !』では、数学的な構造を持ったベーラ・バルトークの弦楽四重奏曲が、ステージ上に座を占めた演奏家によって演奏される。そして、『アクターランド』では、同じく数学的な構造を持ったジェルジ・リゲティのピアノ曲と、極めてパフォーマティヴな音楽的身振りを持ったウジェーヌ・イザイの無伴奏ヴァイオリン曲が、やはりステージ上に座を占めた演奏家によって演奏される。そして、いずれの作品でも、ダンサーの一つ一つの動きが舞台上で演奏される音楽に綿密に呼応している。音楽のフレーズが止まればダンサーの動きも止まり、音楽のテンポが速くなれば、ダンサーの動きも速くなる。ダンスと音楽のシンクロニゼーションの象徴的なシーンは、ダンサーが舞台上のピアニストに目配せして、ダンスと音楽の動きが大きく切り替わるシーンである。ここでは、ダンサーと演奏家は同等な存在として扱われていると同時に、目配せによるコミュニケーションすらも作品の一部として組み込まれている。しかし、それら音楽とダンスのシンクロニゼーションは、それだけで自己言及的に完結するものではないのである。いずれの作品においても、ダンサーの動きは音楽が存在しなくとも生き生きとした自律性をそなえているのである。それは、市販されているこの作品のダンス映像の音量をゼロにして再生してみるとよく分かる。加えて、ダンサーの身振りや仕草、表情に女性性のありようへの言及が看て取れる。『Hoppla !』において無邪気に戯れるフレアースカートの少女たちは、『アクターランド』においてはきびきびと動くビジネススーツの若い女性たちへと変容を遂げている。一方、男性ダンサーは女性ダンサーを補完する存在にすぎない。多木浩二が「フェミニズム・ダンス」と仮に呼んだそのダンスは、社会における女性の立ち位置を暗示している。数学的で緻密な音楽とダンスのシンクロニゼーションと、それに付与されたフェミニスティックな眼差しへの誘いは、一見相容れないようにも感じられる。しかし、観客にどの表象要素に注目させるかという、言ってみればバルテュスの特異な絵画作品を想起させるような、挑発的な心理学上の試みともなっているのは間違いない。

　『ミクロコスモス』、あるいは『Hoppla !』と『アクターランド』で用いられた音楽は、いずれもアクロバティックな演奏技巧と劇的な推進力を持っている。それらとは対照的に、『ドラミング』（1998）は、スティーヴ・ライヒの同名の、ガムランのように構造変化の緩やかなミニマル・ミュージック作品に振り付けられたものである。この音楽作品は、ライヒが

キャリアの初期から追求してきたミニマル・ミュージック——作曲家自身はこの呼称を用いることはないのだが——の方法論である「漸次的位相システム」の完成形である。したがって、ケースマイケルによるダンスのアプローチには大いに期待と興味をそそられた。結論から述べると、この音楽作品が内包する「反復と差異」に対して、音楽に呼応するダンスは全体として、反復の身振りの裡にもたらされる差異の方がはるかに大きかった。それに加え、明らかにフィボナッチ数列を踏まえたと推測される、スパイラル状の軌跡を描くように駆け回るダンサーの動きが、本質的にホモフォニックなライヒのこの音楽に対して、対位法的重層構造を成していた。そのことにより、ダンスの視覚上の自律的性格が強く感じられた。この作品は音楽のほかに、衣装も大きな位置を占めている。アントワープ派の旗手、ドリス・ヴァン・ノッテンによる鮮やかなオレンジ色の衣装に包まれたダンサーの動きは、その激しさゆえ、予期せぬさまざまな視覚表象を生み出していた。出色だったのは、第3楽章で楽器編成にグロッケンシュピールが加わる際、その金属性の音響に呼応して、ダンサーが銀色の衣装に着替えて登場したことである。これは音楽の持つ音色構造の視覚化であり、音楽に常に敬意を払うケースマイケルの制作姿勢にノッテンもまた呼応していることを示している。音楽と呼応しつつも視覚的に自律的性格を保つダンスのありようについては先述したが、この性格が、作品の終わりによく表れていた。すなわち、音楽の終結の仕方とは別個に突如としてダンサーの動きが凝固する、というものである。

『ドラミング』に続く傑作である『レイン』（2001）もまた、ライヒのミニマル・ミュージック作品、『18人の音楽家のための音楽』に振り付けられたものである。この作品は、ほかのライヒの音楽に振り付けられたケースマイケルの作品と比べて、ミニマル・ミュージック作品の持つ数学的秩序に対するダンスの呼応性は緩やかである。この作品も、『ドラミング』におけるダンサーの動きと同様に、スパイラル状の動きも多用されていたものの、数学的・生物学的・宇宙論的な世界観を示唆するのではなく、あくまでもダンスのさまざまな運動の一部として取り扱われているように見えた。ケースマイケルの作品には、ダンサー同士、さらに言えばダンサーと観客とのコミュニケーションのさまざまな様態が見られるが、それはこの作品においても例外ではない。具体的には、1対1、1対複数、複数対複数のコミュニケーションの関係が、男性ダンサーと女性ダンサーによる種々の組み合わせによって構築されている。それらは極めてハイ・スピードかつシャープな動きを伴っており、ドリス・ヴァン・ノッテンによる衣装とヤン・ヴェルスウェイヴェルトによる美術・照明の洗練さと相俟って、都会的なセンスの溢れる映像的性格をもたらすことに成功している。冒頭と終わりの各シーンで、台車の付いたスポットライトに導かれるようにダンサーたちが駆け出して来る様子は、ケースマイケルが好む作曲家であるバルトークの音楽作品にしばしば見られる、「アーチ形式」を示唆している

ようである。『ドラミング』が開かれた構造を持った作品であるといえるなら、『レイン』は閉じた構造を持った作品であるといえるだろう。
『死の彼方　永遠の愛』に見て取れた詩的言語としてのダンスは、マイルス・デイヴィスの音楽に振り付けられた『ビッチェズ・ブリュー／タコマ・ナロウズ』（2003）でも展開されていた。この作品は、ケースマイケルの作品としては異例の即興部分を含んでいるのが特徴である。『レイン』と同様に、ヤン・ヴェルスウェイヴェルトが担当した美術と照明は斬新である。舞台を囲む暗いブラウン系の仕切り（スクリーンの役割も兼ねる）と、天井に設置された、蛍光灯の束——それは、ダン・フレイヴィンら、アメリカのミニマリストの美術家の作品を思わせた——、それに、舞台の片隅に置かれた DJ のターンテーブルが、クラブ空間を形作っている。ターンテーブルは実際に DJ 兼ダンサーのサルヴァ・サンチスによってオペレートされていた。それらをバックに、アントワープ派のアン・ダァイスが担当した白い衣装を身にまとったダンサーたちによる、活気に満ちたダンスが展開される。ダンサーの動きは、フィボナッチ数列という自然の秩序に基づくスパイラルを描いて、明確な全体構造を形作っていくのではなく、予測不可能な軌跡を縦横無尽に描いていた。ソロによるダンスは、ストリート・ダンスのスタイルで踊られるシーンが多い。それも、しばしばスポット・ライトを浴びながら踊ることで、ストリートの空間とクラブの空間、それにイリュージョンとしての「ダンスの閉じられた空間」の境界は曖昧にされていた。そこで生まれるリアリティのある身体の投企は、マイルス・デイヴィスの極めてパフォーマティヴな音楽を媒介にして、公民権運動やヴェトナム反戦運動といった、60年代のアメリカ文化の一端を示唆していたのではないだろうか。圧巻は作品の後半でスクリーンに投影される、橋の崩落シーンである。これは、アメリカ・ワシントン州のタコマ市にある、「タコマ・ナロウズ」と呼び慣らわされる橋の、1940 年における実際の崩落シーンを撮影した記録映像である。正弦曲線を描きながら橋が崩落する様子は、60 年代アメリカのカオス的な社会状況や、この作品におけるダンスの予測不可能性に相通じるものかもしれない。

4. フラマンとシャルルロワ・ダンス——ダンスと映像、写真、現象学、ジェンダーetc.

　ケースマイケルとローザスの例に限らず、ベルギーには、ダンスと隣接する芸術領域との間にスリリングな関係を展開する振付家、カンパニーが数多いようである。それには、フランスやドイツといったヨーロッパの主要国と国境を接する多言語国家であるがゆえの、芸術的に大きく開かれた視座が作用しているのだろう。その中でも、フレデリック・フラマンはダンスと建築や映像とのスリリングな関係が際立つ作品を制作している。その中でも、エリザベス・ディラー&リカルド・スコフィディオのセノグラフィ

ーによる『マイブリッジ――マン・ウォーキング・アット・オーディナリー・スピード』（1998）は、ダンスと映像とのスリリングな関係が際立つ作品である。制作のアイディアの発端が、写真史上画期的なトピックと目される、エドワード・マイブリッジの動体記録連続写真による、人間にとって不可視の瞬間を可視化する仕事にあることは明らかである。作品は「生身の身体による」ダンスのみならず、ステージに設置された可動ブラケット上のヴィデオ・カメラが、ビームに吊るされた可動スクリーンに、「今、踊っている」ダンサーの姿を録画した映像を投影することによっても、視覚化されていた。こうした、ステージ上の身体の映像による再視覚化そのものは現代において珍しいことではない。しかしこの作品では、映像がリアルタイムで投影されるばかりでなく、しばしば意図的にディレイがかけられて投影されるほか、ポラロイド・カメラで撮影された静止画も投影される点がユニークである。ディレイがかけられた結果、複数の異なる身体の運動／時間がステージ上に同時進行することとなり、観客は視線をそれらのうちのいずれか一つにのみ注ぐことに安住できず、移動し、浮遊し続けることになるだろう。そして静止画は、観客がつい今しがた目にしながらも、正確には記憶し得なかった生身のダンサーの運動のある一瞬間を、再開示する。しかも、静止画の材料となるポラロイド写真は撮影後すぐさまスクリーンに投影されるので、観客は、まさに今、じわじわと映像に定着し、再開示へと向かう生成の時間／現場にも立ち会うこととなる。この作品が制作された1990年代後半という時代の映像・写真の技術的制約が、文字通り生々しい生成を可能にしたことは興味深い。ともかくこうした生身のダンサーの身体とそれをもとにした映像・写真の関係のありようは、マイブリッジの動体記録連続写真の示唆する可視化のシステムを敷衍し、表象するものであるばかりでなく、「今、現に見えているもの」と「映像」の各々の存在の確かさへの懐疑を観客に抱かせもするだろう。以上に見てきた視覚のメカニズムをめぐる問題を踏まえると、この作品が潜在的に持つラディカルなプロブレマティクは、フッサールの提唱した現象学的還元のありようを視覚の水準を通して提示するところにあるように思えてならない。

　一方この作品において、ダンサーの身体は、視覚のメカニズムを分析する為の観察対象としてのみ存在するのではない。観客に対して「行為する主体」として現前する身体のうち、特にユニークだったのは、作品冒頭に登場する、鞭を打つ男性ダンサーの身体である。彼は手に持った鞭を床に挑発的に打ち続けることによって、マイブリッジが行った、馬の動体記録連続写真の撮影現場を観客に想像させるのである。実は作品冒頭は、ダンサーの運動とそれをもとにした映像の投影のシンクロニシティと、鞭を打つ男性ダンサーの姿とが一緒に表象される部分である。筆者はこの部分を、具象性の導入による抽象性の緩和と受け取ったが、その逆に受け取ることももちろん可能だろう。ここで、具象的イメージを喚起する道具に目を向けてみたい。ダンサーたちがステージ上に持ち込んだ道具は鞭ばかりでは

ない。ほかに、巨大な定規、鋸、ティーセット、発光ダイオードによる文字のディスプレイ装置等があった。ディスプレイ装置はともかくとしても、このほかはマイブリッジが行った写真の実験に関わりのありそうな道具であるといえる。ティーセットは少なくとも、マイブリッジが生きた時代と重なるヴィクトリア朝時代のイギリス文化を示唆している。

　次に、最初に概観してきたのとは異なる仕方による映像の表象の例を二つほど見てみたい。一つめは、短文を次々にスクリーンに投影するという、至って単純な仕方によるものである。"A woman should never look anyone in the eyes.—Never" とか "A man should always act first, think later—Always." といったスクリーン上の短文は従来、自明の事柄であるかのように受け取られ、繰り返し語られてきた、ジェンダーに関する卑俗な諸言説を示唆するものであるといえる（それにしても、作品のサブタイトルにある、「普通の速度で歩く男」は、こうした諸言説に従って生きているのだろうか？）。これらのアフォリズムめいた短文は文脈的に突如として投影されることもあって、ポスト・モダニズム的次元における引用を想起させるものでもあった。それから、短文の最後に付け足しのように置かれた "Never" や "Always" といった単語がしばしばクローズアップされて投影されることにより、強迫的な、あるいはコミカルな効果を招いていた。

　二つめは、作品の外部であらかじめ撮影された映像の上に、「今、踊っている」ダンサーのリアルタイムの映像を重ね合わせるという仕方によるものである。これは、一種の視覚的なまやかしが用いられているという点では、最初に見た、「今、踊っている」ダンサーとそれをもとにした映像とによる表象と共通している。しかし、あらかじめ撮影された方の映像が歴史的性格と社会的性格を伴った完全に具象的なイヴェントであるのに加え、ダンサーのリアルタイムの運動が、強い身振り性を伴った性格的なものである為に、観客の関心は、視覚のメカニズムや視覚のまやかしのアイディアそのものの面白さよりは、表象の意味するものへと向かうだろう。作品の終盤における、デモ闘争と思しきモノクロームの映像の上に重ね合わされる、男性ダンサーの時としてコミカルな、あるいは悲劇的な身振りは、匿名性のメタファーとしての群集の中で見失うまいとする主体的自己のありようが暗示されているように思えた。

　この作品は、視覚のメカニズムの考察そのものへ誘っている点が大きな特徴であり、それはフッサールの言う現象学的還元を経由するものであるように思える。そして、「今、現に見えているもの」と「映像」とが等価なものに還元される、リアリティー喪失の時代への示唆もまた見て取れる。現代において、ベンヤミンの言うアウラの喪失という事態は、複製芸術の氾濫によってより一層拡大している。加えて、ボードリヤールが考察したシミュラクルとシュミレーションにより、オリジナルとコピーとの関係も複雑化している。これらの事態をもこの作品は想起させる。それに加えて、さまざまな道具や文章による具象的かつ社会学的なイメージの喚起

や、歴史的文脈への言及も見られる。また、ダンサーの動きと音楽にはスピード感と移り変わりの目まぐるしさとが感じられる。これら、読解の多様さと変化の質には、今日の高度消費社会のイメージや文化状況が自然に重なり合う。そして、ダンスの水準においてはポスト・モダニズムのダンスのあり方の一つを示しているようにも見える。ステージ上で起こるイヴェントの一つ一つが概して短く、かつ、時系列上の目的論的な展開も見られないことも、さまざまな解釈や意味づけを可能にしている。これらのことから、この作品はエーコの言うところの「開かれた作品」であるといえるだろう。

5. 現代のダンスの創作と批評のプロセス

　全ての舞台芸術は、制作され、上演されて初めて、作品として観客あるいは聴衆の前に提示される。そして、観客あるいは聴衆はそれを鑑賞し、何らかの意味やメッセージを受け取ることとなる。舞台芸術作品が観客に対して発信する意味やメッセージは、受け手の経験、思考、趣味等を反映してさまざまに受け取られる。そして、「現在進行形」のダンスであるコンテンポラリー・ダンスと舞踏においては、その先鋭的かつ自由な表現上の流儀ゆえに、受け取られ方の幅が他の舞台芸術と比較して大きい。特に、隣接する芸術領域や思想知との関係性が深い作品であればあるほど、受け取られ方の幅は広くなるといえる。さて、今、「受け取る」、「受け取られ方」と書いてきたが、これは決して受動的な行為に留まるものではなく、作品への能動的な関与をも含む行為であり、「現在進行形」のダンスではその度合いが大きい。というのも、「現在進行形」のダンス作品は本源的に意味とメッセージにおける解釈の多義性が担保されており、受け手による解釈の構築作業への能動的な関与が求められるからである。

　そして、それが言語化され、客観的に他者に読まれ得る一定の文章として整えられた時、広義の批評が成立する。批評は鑑賞行為を包含するものであるが、広義の批評が独立した形で成立し、それが社会性を持った時、狭義の批評が成立する。このプロセスを、作品が誕生する端緒から順に追ってみると、制作と上演を経て提示された作品が、受け手による解釈の構築作業を経て、客観的に他者に読まれるべく何らかのメディアを通して批評として提示されるに至る、と表現することができる。このプロセスは全ての舞台芸術作品において適用され得るものであるが、「現在進行形」のダンス作品においては、提示された作品を批評という形で提示することの重要性が際立っているといえるだろう。その理由の一つは、先述した作品の解釈の多義性である。そのほかの主要な理由は、「現在進行形」のダンス作品は一般的に、他の舞台芸術作品と比べて上演される空間がはるかに小さいうえに、同一作品が上演される回数も圧倒的に少ない為、生で上演に接することのできる人数が極めて限られており、批評を通して作品の内容を推し量る潜在的需要が多いと考えられることである。つまり、「現在

進行形」のダンス作品は、批評を通して作品が知られ得る度合いが大きいといえる。そして、これら2つ以外に重要な理由がある。それは、「現在進行形」のダンス作品は、個々の作品が受け手に解釈の構築を促す意味やメッセージを持っていると同時に、現代のダンスとは何かというラディカルな問いをも持っていることと深く関係している。解釈が構築された時点で作品のコノテーションの第一段階が定位され、このラディカルな問いが作品の潜勢的な「意味」そのものへと転移を遂げ、顕在化された時点で、コノテーションの第二段階が定位されたといえるのではないか。「現在進行形」のダンス作品を批評する行為は、解釈の構築作業と合わせてこの問いの答えを探求し、作品の潜勢的な「意味」そのものへと転移させる行為でもあり、それ自体が一つの表現行為でもある。この、コノテーションの第二段階への定位の要請が、「現在進行形」のダンス作品における批評の重要性が際立っていることの、最も本質的な理由であると考える。ともあれ、批評者が批評を表現として行為することにより、現代のダンスとは何かというラディカルな問いと作品の潜勢的な意味は批評者当人のみならず、上演に至るまでの表現行為に参画する振付家、ダンサー、舞踏家や観客、ひいては他者としての批評者にも共有され得る。それでは、批評者というのは誰が担うのだろうか。最も狭い範囲で考えるなら、それは職業的なダンス批評家（あるいは、コンテンポラリー・ダンス批評家であり、舞踏批評家）であるといえるだろう。しかし、「現在進行形」のダンスにおいては、観客は職業的なダンス批評家でなくとも、誰でも多かれ少なかれ批評者であることを要請されるのではないか。少なくとも、当該の作品を生で観たことの有無に関わらず、他者に対して構築された解釈を何らかの方法で伝達し、コノテーションの第一段階を開示することは、批評者としての表現を行為する端緒をつかむことだと明言して良いと考える。有り体に言えば、誰でも批評者になれるのであり、積極的にその表現行為に参画することが望まれる。そして、批評という表現行為が一応の完成をみた時が、当該のダンス作品の発信と受容をめぐる創造的プロセスが一区切りついた時であると見做せるだろう。

6. おわりに

思想家、写真批評家、美術批評家として横断的な活動をした多木浩二は、1990年代以降、「他者」の領域としての現代のダンスにおいても度々批評を行ってきた。氏の批評文は、「読解されることを待機しているテクスト」としてのダンス作品のありようを強く意識させるものであった。そして、氏のダンス作品の読解は、作品が持つ諸要素を契機として、さまざまな領域の芸術諸作品や美学的イデー、思想知のありようを自由闊達に連想することによってなされていた。それは、氏の旺盛な知的好奇心と芸術的想像力と非-専門家としてのパースペクティヴによる視野の広さがあってこそであり、表現行為としてのダンス批評を見事に達成していた。

氏の批評文を読んで感じたのは、現代のダンス作品を観る行為はそのまま、まさにその作品の只中において、作品について芸術論的あるいは哲学的に思考する契機となるということであったのは当然かもしれない。そして、そのことを踏まえつつ作品の鑑賞を繰り返すうちにやがて、現代のダンスとは何かというラディカルな問いをせざるを得なくなっていった。つまり、思考の対象がダンスという領域そのものへと送り返されることとなったのである。そして付け加えるならば、筆者にとって、現代のダンス作品を観て思考する行為の繰り返しは、魅力的な作品を探し求めてさまよい歩く旅でもあったように思う。現代のダンスに対する多木浩二のまなざしを時に意識しつつ、これからもこの旅は続くであろう。作品を観るごとに、スピノザの説いた喜びの感情の能動性を思い起こして嚙みしめつつ、あくまで門外漢のアマチュアリズムに則りながら。

　本稿では、僅か2人の振付家の作品しか取り上げることができなかった。しかし、言うまでもなく、国内外の多くの振付家、ダンス・カンパニー、舞踏集団の作品には、ダンスと隣接する芸術領域や思想知と独特な深い関係性を持ったものが少なくない。日本に限ってみても例えば、大駱駝艦の作品に見る土俗的文化やハイブリッド文化、Noism や Nibroll に見る現代日本文化、珍しいキノコ舞踊団に見るポップ・カルチャー、イデビアン・クルーやコンドルズに見るユーモアや笑いといった属性を一種の思想知として捉えると、それらとダンスとの深い関係性が作品の意味生成において大きな役割を持っていることに気付く。いずれ、それらを通して「現在進行形」のダンス作品を考察したいと思っている。

Water Disk Review

末冨健夫　小森俊明　織田理史

Vladimir Tarasov : ATTO Ⅶ" Water Music" (SONORE/1992)

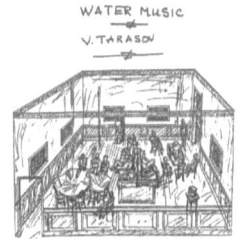

　リトアニアのドラマー、ウラジミール・タラソフを知ったのは、１９７８年東ベルリンで録音され Leo Records から出た LP「Ganelin、Tarasov,Chekasin ; Live in East Germany」を買った時だった。新宿の DiskUnion の壁に LP が飾ってあって、限定７０枚だとか書いてあった（記憶違いかもしれないが）。全然知らないミュージシャンだったが（当然だ。これが"ガネリン・トリオ"の LP の日本初入荷の時だったのだから）、何しろ当時のソ連の「フリー・ジャズ！」なんて宣伝を打ってあれば、これはもう触手が動くのも当然。「知らない、分からない」と普通、人はそんなレコードには手を出さないらしいが、私は逆なのだ。正直聴くまではたいして期待はしていなかった。だいたい社会主義リアリズムの行き届いた（と、当時は思っていた）ソ連に西側のフリー・ジャズの情報もたいして入っていなかっただろうから、そんなに驚くような演奏なんてしてはいないだろうし、そもそも出来るはずがないという思い込みも正直有った。それが聴いてビックリ！「フリー」と言いながら、「フリー」の形をした形骸化した演奏が多く見受けられる当時の「フリー」を「お前ら何しとんじゃ！」とぶん殴ったような「自由」な音楽がこのガネリン・トリオからは聴こえて来たのだった。感覚も自由なら、それを具現化出来るテクニックも備えた驚異の連中だった。しかし、彼らの音楽は所謂完全即興ではない。結構きっちりと構成された曲が存在する。あるアイディアが浮かんでも、それを具体化させるためには、全くの即興ではそれは不可能だ。曲を作ることによってこそ、具体化出来ることもある。だからこそ自由にアイディアを形に出来るのだ。「禁止のための禁止」には「自由は」ない。さて、そんなガネーリン・トリオの一人、ドラマーのタラソフが、１９９２年 NYC のギャラリーで行ったサウンド・インスタレーションの模様を録音したアルバムがこの「Water Music」。簡単に言えば天井から落ちてくる水を、下のバケツが受け止めて、バチバチ、ポチポチ、バタバタ音をたてると言うシロモノ。録音だからある決まった位置、限られた時間に録音された、水が落ちて発する音しかここでは聴くことが出来ない。そこは想像力を働かせれば、限りなく音の風景は頭の中に広がって行くというものだ。ギャラリーの中を歩きながらだとどう聴こえるだろうかとか、じっと椅子に座って聴いていても、人間って多くの色々な音の集団の中から、一点に集中してある音を大きく取り出せて聴ける動物なのだ。その能力を駆使すれば楽しさ倍増。また、頭の向き、と言うか耳の向きをちょっと変えるだけでも聞こえ方が変わる。サウンド・インスタレーションのイベントに行った時はお試しあれ。（末冨健夫）

Toru Takemitsu　WATERSCAPE（BMG ビクター）

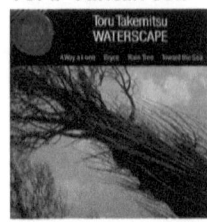

今年（2016 年）没後 20 年となる武満徹（1930～1996）ほど、水に関わる作品を多く書いた現代音楽の作曲家はほかにいないのではないだろうか。武満が影響を受けたとされるドビュッシー、そしてその流れを汲むラヴェルといった作曲家が、しばしば水の移ろいを印象派の画家さながらに「描写」したのに対し、武満は、水のありようそのものを音楽でもって試行しようとしていたように見える。弦楽四重奏の為の『ア・ウェイ・ア・ローン』（1980）、フルート、2 台のハープ、マリンバとパーカッションの為の『ブライス』（1976）、3 人の打楽器奏者の為の『雨の樹』（1981）、アルト・フルートとギターの為の『海へ』（1981）の 4 曲を収録したこのディスクは、そうした作品群の一端を知るのに適している。楽器編成はそれぞれ大きく異なるものの、全 4 曲を一つの「水の組曲」として聴いてみると、空間性と時間性を合わせ持った多様な「水の風景」が垣間見えてくる。しかし、作品のタイトル（シニフィアン）に水に関する単語が含まれていようとも、作品の内容（シニフィエ）に水を連想させる音の動きが含まれていようとも、じっくりと聴き込めば、「音を聴く」営為がまさにそれ自体を通して水のリフレクションのように聴き手に問い返されていることにも気付くだろう。水から音へ、音から水へ、そして、音そのものへ。細部を入念に掬い上げた演奏も秀逸である。（小森俊明）

Annea Lockwood: A SOUND MAP OF THE HUDSON RIVER（Lovelymusic/1989）

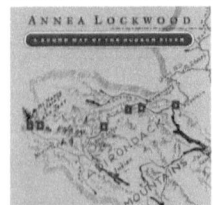

Annea Lockwood(1939-)はニュージーランド出身の作曲家で、現在はアメリカの大学で教えている。この作品は作曲者の解説にもある通り、ハドソン川の水源たるティアー・オブ・ザ・クラウズ湖から、川を下り、ついに下の湾（つまり大西洋）に至るまでの、ある聴覚上の旅である。というのは文字通りの意味であって、ティアー・オブ・ザ・クラウズ湖からハドソン川の様々なスポットでレコーディングされた水の音を、編集によって繋ぎ合わせ、リニアな音楽として仕上げた作品である。基本的に電子音の類いは一切用いられず、水の音を電子的に変調する、といったこともない。ただ、ありのままの水流の音と、時折 SE のように挿入される鳥の鳴き声とがあるのみである。このように書くと、よく CD 売り場で見るいわゆるヒーリング音楽や環境音楽と何が違うのか、という疑問は当然出てくる。実際鳥の鳴き声の挿入にしても、同一音源を何度も連続で再利用しているなどのチープさが少し目についた。作曲者の、「ある人が諸々のリズムとピッチの複雑な編み目を熱心に聴くとき水の運動の音が作りだす、精神と肉体の特別な状態のための」音楽というコンセプトは、それはそれで面白さはあるのだが、それならば、後半のガチョウのような鳴き声を組み合わせて生成した複雑で「音楽的」なリズムは、やはり人工的で恣意的なものであるし、そこで瞑想的な水の流れが断ち切られてしまったような印象も受けた。しかし何より、ノイズゼロで聴こえてくる水の純度の高いサウンドは、非常にクオリティの高いものであると言わねばならない。川の位置の変遷も、実に自然に接合されていて、そのことがリニアな音楽に自然な起伏を与えている。聴いていて実に心地よい。ここに聴く音楽とヒーリング音楽との違いは、後者は単に「録った」ものであるのに対し、前者は「作った」ものであるという点にある。というのは前述の編集のことを指しているのみでなく、音響そのものの作りこみを指しているのであり、具体的に言えばノイズの除去やその他リスナーには直接は把握できない職人技の如き丁寧な仕事がなされているのが分かる（彼女がどこまでマスタリングに関わったのかは当然分からないが、それよりもむしろ一つの完成された音楽作品としてのクオリティの高さを強調したい）。なお近年、彼女は伝統的なクラシックの楽器を使った「書かれた」音楽に再帰しているようである。（織田理史）

あとがき

　昨今、本が売れないと言う話を良く聞く。ところが本の出版数は減っているわけではなく、むしろ本が売れないからこそ自転車操業的に本をどんどん出版すると言う、読者のための本と言うより出版社のための出版という自己目的化状況が続いているのである。もっともそれは出版界だけの現象ではない。必要でなくてもたえずハードやソフトをヴァージョンアップし、過剰の機能を付加し消費を回転させなければ、資本主義社会は成り立たないのである。しかし、今私達にとって大切なのは必要な人に必要なだけ情報を届けると言う、過度にものを所有しない自己意識改革なのである。その意味で私達の本創りに対する理念はあらかじめ出版事業計画を立て、全体の内容を決定するのではなく、まず社会の生き証人としてのアーチストにフォーカスをし、そこから生まれる様々な出来事とほどよい緊張関係を保ちながら、たまたま本と言う形に生起するなら、それが理想的姿なのである。本書はアースアーチスト池田一氏の特集でスタートし、様々な分野の方にご執筆いただいたが、特に池田氏の仕事は残すアートではなく、プロジェクトを遂行するプロセスそれ自体がアートである。従って本書によってそのプロセスを読者の方々と共感・共有できればなによりの喜びである。
　さあ一緒に行き先のない船に乗って旅をしようではありませんか。（河合）

アートクロッシング創刊号の、また池田一氏の特集の編集に関わることが出来、真に光栄に思っている。アートクロッシングという名の通り、寄せられた原稿はそれぞれとてもユニークかつ多彩な内容で、思想・芸術・アート等々の自由の横断・交差が実現（実践）されたものと思う。
アートや音楽における実績が乏しいにもかかわらず、私に編集を任せて頂いた河合孝治氏、またその水の思想によって私のアート観を根底から見つめ直させて頂いた池田一氏、また多岐にわたる内容で大いに勉強させて頂いた執筆者の方々に、心からの感謝を申し上げます。（織田）

著者プロフィール

池田一
大阪生まれ。京都大学大学院修了。地球環境問題、特に水に関する問題と強く結びついたアートワークを世界的規模で展開し内外で高い評価を受けているアーティスト。1991年、21回サンパウロ・ビエンナーレでは、特別招待アーティストとして、日本人で初めてメイン・ステージを担当（ちなみにその前年度メインステージはヨーゼフ・ボイスであった）。1995年、国連50周年記念アートカレンダーでは「世界の12人のアーティスト」に選抜された。また2008年5月には、ニューヨークの国連本部で行われた環境セミナーでは東・東南アジア、オセアニア地域の代表として選抜され環境アートプロジェクトからの提案を行う。

今村純子
シモーヌ・ヴェイユのイメージ思考を手掛かりに、映画論・建築論・絵画論・文学論を展開している。著書に、『シモーヌ・ヴェイユの詩学』（慶應義塾大学出版会、2010年）、編著に、『現代詩手帖特集版 シモーヌ・ヴェイユ』（思潮社、2011年）、訳書に、ミクロス・ヴェトー『シモーヌ・ヴェイユの哲学』（慶應義塾大学出版会、2006年）、シモーヌ・ヴェイユ『前キリスト教的直観』（法政大学出版局、2011年）などがある。

斎藤 恵
東京藝術大学音楽学部器楽科卒業。同大学大学院音楽研究科器楽・音楽学修了。同大学音楽学部楽理科非常勤助手を経て現在、大妻女子大学教授。共著：『音楽表現（編：三森桂子・小畠エマ）』（一藝社）、『実践しながら学ぶ子どもの音楽表現（編：石井玲子）』（保育出版社）、『芸術とメディアの諸相』（タイケン）等。演奏活動：阿佐ヶ谷教会アムネスティ・コンサート、霊南坂教会水曜チャペル・コンサート、東京女子大学昼休みコンサート、東京女子大学ヴェラ祭コンサート、大妻女子大学ヒーリング・コンサート、那須水害チャリティー・コンサート、東日本大震災チャリティー・コンサート他。学会：日本音楽学会、日本音楽教育学会、美学会、美術史学会、芸術メディア研究会他。

宮田徹也
1970年、横浜生れ。日本近代美術思想史研究。岡倉覚三、宮川寅雄、針生一郎を経て敗戦後日本前衛美術に到達。ダンス、舞踏、音楽、デザイン、映像、文学、哲学、批評、研究、思想を交錯しながら文化の【現在】を探る。

小森俊明
東京藝術大学を経て同大学院修了（作曲専攻）。日本交響楽振興財団作曲賞、東京国際室内楽作曲コンクール、EXPERIMENTAL SOUND, ART & PERFORMANCE FESTIVAL（トーキョーワンダーサイト）等に入賞、入選。あらゆるタイプの演奏の現場を経験。既成のジャンルと制度に捉われない自由な視座のもと、芸術全般および哲学・思想にも目配りしつつ、さまざまな分野での作曲、舞台作品等への楽曲提供、異分野のアーティストとのコラボレーション、編曲、演奏（自作自演、即興演奏を含む）、教育、執筆等を行う。2011年、サイエンスチャンネルの番組監修。国内外で作品発表を行うほか、楽譜出版（音楽之友社、JFC、イレーヌ）、CDリリース（JFC、JILA、Chap Chap Records）や、放送、誌上批評もされている。桐朋学園大学講師を経て現在、藝大神奈川同声会役員、日本イザイ協会顧問、一般社団法人日本作曲家協議会会員、芸術メディア研究会会員。

相田アキラ
写真映像作家、写真評論家。1968年、東京都生まれ。日本大学藝術学部写真学科卒、同大学院修士課程修了。現代美術へと昇華した写真や映像作品といった現代の先端的な表現を研究領域としている。日本映像学会会員。日本写真芸術学会会員。JPS（日本写真家協会）奨励賞受賞。日本大学藝術学部写真学科・学科奨励賞受賞。共著に『芸術とメディアの諸相』芸術メディア研究会編〈タイケン〉がある。本年4月に電子出版型としては初の写真集となる「CRPJAPAN TOKYO Perspective Landscape "Tokyo" /東京の透視図」をKindleから発行した。
URL：http://www.akiraaida.com

河合孝治
サウンド・アーチスト＆コンセプター、フリーエージェントプロデューサー＆エディター
音楽を中心に様々なアート、身体表現、そして哲学、仏教からも芸術の素地を学ぶ。ISEA電子芸術国際会議、サンタフエ国際電子音楽祭、ETHデジタルアート週間（スイス）、チリ・サンディアゴ国際電子音楽祭"Ai-maako 2006"、ISCM世界音楽の日々2011（豪）、ブールジュ国際電子音楽祭（仏）、Opus-medium project、東京創造芸術祭などで、パフォーマンスや作品を発表している。

らり琉０郎
【出版物】
芸術メディア研究会研究誌『Cross Talk』（ISSN 1884-0043）3号　2012年；シナリオ『いのせんとわーるど』『芸術とメディアの諸相』（ISBN 978-4-924769-38-0）2013年；目のなかに見える光-スピルバーグに表される人と人との結びつきを形成する４つの徴の考察-『フリー・ミュージック 1960~80: 開かれた音楽のアンソロジー』2016年
【映像作品】
JAILO VEVEN OW (1994) Created by LALILULE ROID production/12 min. Video Color Producer/Director/Script: Shiro Yamashita   Recipient of 6th Annual Fukuoka Civic Art Festival, Art Film Division, Special Jury Award (1998).   A long day's journey of a prisoner of love. What if your assumption that your lover shares the same feeling as yours is wrong?
UNDER THE WOMEN (1994) Created by LALILULEROID production/Video 18 min. Color Producer/Director/Script: Shiro Yamashita   An exploration of an addiction to love. A man who can't escape from his obssession for women.
B-Movie(1986) Created by LALILULEROID production/18 min. 8mm Color Producer/Director/Script: Shiro Yamashita   A homage to Film Noir. The distorted image of betrayal, murder, man, and woman who dances.
慕情/O／Nouveau、Some Sketch 4 TWO ～堰撒空相図～（2017）   under construction Created by LALILULEROID   Producer/Director/Script: Shiro Yamashita   Montage ladles consciousness on bodies that present and past cross each other and grid projects recollection of places. While material exist as they are, bricolage express what human presence are.

末冨健夫
サウンド・プロデューサー、防府市在住。１９８９年、「カフェ・アモレス」をオープン。翌年から店内及び市内外のホール等で、内外のインプロヴァイザーを中心にライヴを企画。９４年ちゃぷちゃぷレコードを立ち上げ、姜泰煥、吉沢元治、レオ・スミス、ミシャ・メンベルグ＆豊住芳三郎、川口賢哉などのアルバムを制作。2015年「埋蔵音源発掘シリーズ～Free Jazz Japan in Zepp ちゃぷちゃぷ」（販売:ユニバーサルミュージック）ではエヴァン・パーカー＆吉沢元治、ハンベニング＆豊住芳三郎、高木元輝、崔善培カルテットなどのアルバムをプロデュースしている。また「ちゃぷちゃぷミュージック」でライヴの企画、子供の合唱団の運営等も行っている。http://www.chapchap-music.com

織田理史（おだまさふみ）
幼少よりチェロとピアノを学ぶ。成城大学にて哲学と芸術を総合的に学び、上智大学大学院哲学研究科にてドゥルーズの多様体論を中心に研究する。和声法、オーケストレーションを篠田昌伸氏に師事、MAX/MSP、DTMを山口紘氏に師事、POPSの理論を船橋識圭氏に師事。
　現在はアカデミックな哲学の文脈を踏まえつつ、ドゥルーズ以後の思弁的実在論、および京都学派の無の哲学等を自由に解釈しながら、そのいずれにも与さない「外部主義」とも呼ぶべき独自の実在論の構築を目指している。その理論的成果は音楽活動という形で実践的にアウトプットされている。

北山聖子
1982年長野県生まれ。
東京造形大学絵画科在学中に学生自主運営スペースnodeの運営に携わり、様々な企画展を協同で企画する。卒業後2009年よりパフォーマンスアートを始め国内外で活動をしている。クロード・レヴィ＝ストロースの「ブリコラージュ（器用仕事）」をパフォーマンスアートの根幹と考え、簡易なマテリアルと行為の間に意味を生成するパフォーマンスを展開する。他に映像、インスタレーション、絵画作品も展開する。また松蔭高校関内学習センター、NPO法人教育☆ステーション横浜の講師として、不登校や生きづらさを抱える中高生に美術、英語を教え、生きる力を取り戻して貰えるよう日々尽力している。
2009〜2012NIPAF (Nippon International Performance Art Festival) 参加、チッタゴン美大（バングラ）、サンティニケタン美大、ギャラリー21（インド）にてパフォーマンス、2013年 台湾にて個展「Contact」、EXTRA! vol4」/Academia de San Carlos（メキシコ）、2014「Miami International Performance Art Festival」/（マイアミ　アメリカ）、「Poetry Action」（東京）長谷寺秋分祭）（長野）「おてらハプン！」（滋賀）「パン屋会」（埼玉）「東京創造芸術祭」等に参加。

Art Crossig FirstIssue((Black&White Edition))
Copyright©2017 by TPAF
All Right reserved
Published by TPAF
1-42-8-107 Minamiogikubo Suginamiku
Tokyo, Japan
ISBN 978-4906858101

アート・クロッシング創刊号(モノクロ版)
著者：池田一、河合孝治、宮田徹也、織田理史、
　　　相田アキラ、末冨健夫、斎藤恵、小森俊明、
　　　今村純子、北山聖子、らり琉〇郎、
編集：河合孝治、織田理史
表紙デザイン：池田一
表紙写真：児玉龍郎
発行者・発行所：TPAF
東京都杉並区南荻窪1-42-8-107
ISBN 978-4906858

www.ingramcontent.com/pod-product-compliance
Lightning Source LLC
Chambersburg PA
CBHW031919240526
45464CB00021B/296